REVISÃO DO LANÇAMENTO TRIBUTÁRIO:
HIPÓTESES E LIMITES

CIP-BRASIL. CATALOGAÇÃO NA PUBLICAÇÃO
SINDICATO NACIONAL DOS EDITORES DE LIVROS, RJ

M646r

Miranda, Túlio Terceiro Neto Parente
Revisão do lançamento tributário: hipóteses e limites / Túlio Terceiro Neto Parente Miranda. - 1. ed. - São Paulo : Noeses, 2024.

270 p. ; 23 cm.
Inclui bibliografia
ISBN 978-65-89888-95-6

1. Direito tributário. 2. Lançamento tributário. I. Título.

23-83672

CDU: 34:336.22

Gabriela Faray Ferreira Lopes - Bibliotecária - CRB-7/6643

Túlio Terceiro Neto Parente Miranda
Mestre em Direito Tributário pela USP.
Especialista em Direito Tributário pelo IBET.
Advogado.

REVISÃO DO LANÇAMENTO TRIBUTÁRIO: HIPÓTESES E LIMITES

2024

Copyright © Editora Noeses 2024
Fundador e Editor-chefe: Paulo de Barros Carvalho
Gerente de Produção Editorial: Rosangela Santos
Arte e Diagramação: Renato Castro
Revisão: Georgia Evelyn Franco
Designer de Capa: Aliá3 - Marcos Duarte

Data de atualização: 01.11.2023

TODOS OS DIREITOS RESERVADOS. Proibida a reprodução total ou parcial, por qualquer meio ou processo, especialmente por sistemas gráficos, microfílmicos, fotográficos, reprográficos, fonográficos, videográficos. Vedada a memorização e/ou a recuperação total ou parcial, bem como a inclusão de qualquer parte desta obra em qualquer sistema de processamento de dados. Essas proibições aplicam-se também às características gráficas da obra e à sua editoração. A violação dos direitos autorais é punível como crime (art. 184 e parágrafos, do Código Penal), com pena de prisão e multa, conjuntamente com busca e apreensão e indenizações diversas (arts. 101 a 110 da Lei 9.610, de 19.02.1998, Lei dos Direitos Autorais).

2024

Editora Noeses Ltda.
Tel/fax: 55 11 3666 6055
www.editoranoeses.com.br

Aos meus pais: Sávio e Germana

AGRADECIMENTOS

Este livro é fruto da minha dissertação de mestrado defendida na Faculdade de Direito do Largo de São Francisco, na Universidade de São Paulo, e aprovada com distinção *magna cum laude*. Esse resultado não teria sido alcançado sem a participação, na minha vida, de algumas pessoas.

Agradeço, primeiramente, ao meu orientador, professor Paulo de Barros Carvalho, exemplo de uma vida dedicada à Ciência, pela confiança depositada, pela disponibilidade e por toda orientação ao longo do trabalho.

Aos professores Tácio Lacerda Gama, Paulo Ayres Barreto e Marina Vieira de Figueiredo, pela instigante arguição e pelas relevantes observações tecidas na banca de defesa da dissertação, que muito contribuíram para o amadurecimento desta obra.

Aos meus pais, Sávio e Germana, a quem dedico este livro, pelo desmedido amor, pelas renúncias e por cada gota de suor derramada para nos proporcionar o melhor.

À Bruna, com quem partilho meus dias, pelo amor e pela cumplicidade.

À minha filha Pietra, um amor que transborda e que me mostrou que a vida é para valer.

Ao meu irmão Caio, meu primeiro amigo, exemplo de decência e um paradigma profissional, a quem faço um agradecimento especial pela revisão desta obra.

Ao meu irmão Graco, companheiro de uma vida, que me dá a certeza de que nunca estarei só.

Aos meus sobrinhos Caio Filho, Giovanna e Ester, por encher nossa vida de alegria.

Meu avô Dorgival (*in memorian*) que, onde quer que esteja, estará sempre comigo.

À minha avó Marlene, que sempre nos ensinou, na prática, o valor da família.

Ao meu tio Dorgival Júnior, por todas as oportunidades concedidas e por sempre se fazer presente, principalmente, na adversidade.

À Talita Marson Mesquita, amiga leal e brilhante advogada, a quem devo grande parte da minha formação na advocacia tributária.

Aos meus sócios, especialmente José Carlos Rivitti e Daniel Borges Costa, com quem aprendo diariamente, pelo proveitoso convívio e pelos ensinamentos; e à Karem Jureidini Dias, uma inspiração no exercício da advocacia, por toda força e estímulo desde o início do processo seletivo do mestrado.

Ao Lucas Galvão de Britto, um ouvido sempre atento, que me estimulou a persistir no ingresso do mestrado na USP.

À Jacqueline Mayer Ude Braz, a quem recorri nos momentos de agonia que surgiram durante o mestrado e de quem sempre recebi socorro.

Ao amigo e sócio Francisco Secaf, que me acompanhou desde a elaboração do projeto de pesquisa, um agradecimento especial pelos debates, pelas orientações e por toda colaboração ao longo do trabalho.

VIII

Ao José Eduardo Toledo, um amigo sempre disposto a ajudar.

A toda equipe do Rivitti Dias Advogados.

Não poderia deixar de agradecer a Samuel Gaudêncio, por ter me trazido para São Paulo e ter me apresentado ao professor Paulo de Barros Carvalho. Sem isso, nada teria sido possível.

Às amizades construídas e reforçadas na Faculdade de Direito da USP, representadas por Thais de Laurentiis, Francisco Mileo, Rodolfo Gil, Tiago Carneiro, Eduardo Halperin, João Alho Neto, Viviane Strachicini, Tadeu Puretz, Leonardo Branco, Salvador Cândido Júnior e Bruno Fulginiti.

x

PREFÁCIO

Excelente a dissertação de mestrado que Tulio Parente Miranda oferece como contribuição à doutrina do Direito Tributário brasileiro. E seu título é Revisão do Lançamento Tributário: hipóteses e limites.

Devo dizer que muito se tem escrito sobre a matéria, porém alguns tópicos continuam obscurecidos pela ausência de uma posição mais firme e consistente acerca da compostura sintático-semântica desse instituto de tão grande relevância para a implantação dos tributos no Brasil. Expressando-me de outro modo, a figura do lançamento é imprescindível no processo de positivação que o sistema jurídico-constitucional estabelece, tendo em vista a rigorosa fixação do quantum devido pelo sujeito passivo, no que concerne ao nascimento, às alterações inerentes à sua trajetória existencial e ao momento extremo de sua extinção.

Por outro lado, o lançamento é o ponto de convergência de praticamente todas as questões atinentes à cobrança das receitas coativas do Estado. Não há qualquer sentido em pensar-se no exercício do direito subjetivo ao crédito tributário, sem que seu montante esteja devidamente apurado num procedimento administrativo que tenha por objetivo final a produção de ato chamado, aqui em nosso país, de "lançamento". Além disso, cumpre assinalar que tanto o procedimento, como seu agente gerador, como o próprio ato final, tudo há de

XI

estar previsto em normas jurídicas e em consonância com os chamados princípios constitucionais tributários brasileiros.

A propósito do tema, convém sempre lembrar que os doutrinadores nacionais não pouparam linhas para discutir sobre a circunstância de tratar-se o lançamento de um ato, de um procedimento ou de um plexo de normas relativas ao ato ou ao procedimento. Nesse mesmo período, de duas décadas de operoso debate, o Professor espanhol Gregório Robles interveio com a proposição teorética magistral que abrangia a figura da "liquidación" pelos três ângulos segundo os quais se pretendia estudá-lo, com exclusividade, para uni-los numa única figura. Assim, podemos hoje mencionar o lançamento como necessariamente composto pela conjunção de um procedimento que, corretamente cumprido, dá ensejo ao aparecimento de um ato: tudo isso rigorosamente concretizado na entidade "lançamento". Os três estudos, portanto, adquirem feição simultânea, sem preeminências. Operam em conjunto e somente em termos analíticos, ser-nos-á possível fazer a decomposição.

Agora, o Autor desenvolve seus escritos para pesquisar as hipóteses e limites do lançamento e, ao fazê-lo enriquece a dissertação com argumentos produtivos e convincentes, de modo que vale a pena percorrer o texto, acompanhando suas evoluções justificadoras.

Estão de parabéns o Autor, a Editora Noeses, os leitores desse texto jurídico tributário e, porque não dizer, toda a comunidade de estudiosos que concentram nesse ramo do Direito o motivo maior de suas preocupações acadêmicas e profissionais. E aproveito para cumprimentar, também, a Universidade de São Paulo (USP), pela formação de mais um mestre de alto nível intelectual.

São Paulo, 21 de novembro de 2023.

Paulo de Barros Carvalho

Professor Emérito e Titular de Direito da PUC/SP e da USP.
Membro Titular da Academia Brasileira de Filosofia.

SUMÁRIO

AGRADECIMENTOS VII

PREFÁCIO.. XI

INTRODUÇÃO 1

CAPÍTULO I

PRESSUPOSTOS EPISTEMOLÓGICOS

1.1 SISTEMA DE REFERÊNCIA E CONSTRUCTIVISMO LÓGICO-SEMÂNTICO 9

1.2 DIREITO, LINGUAGEM E COMUNICAÇÃO ... 16

1.3 TEXTO E NORMA JURÍDICA............................ 22

1.4 NORMAS JURÍDICAS INDIVIDUAL, GERAL, ABSTRATA E CONCRETA 32

1.5 EVENTO, FATO E FATO JURÍDICO................ 36

1.6 RELAÇÃO, RELAÇÃO JURÍDICA E FATO RELACIONAL 42

1.7 INCIDÊNCIA E APLICAÇÃO NORMATIVA.... 47

CAPÍTULO II

LANÇAMENTO TRIBUTÁRIO

2.1 DEFINIÇÃO LEGAL DO LANÇAMENTO TRIBUTÁRIO 51

2.2 POLISSEMIA DA EXPRESSÃO "LANÇAMENTO TRIBUTÁRIO" 58

2.3 COMPETÊNCIA PRIVATIVA 64

2.4 ATIVIDADE OBRIGATÓRIA E VINCULADA. 69

2.5 LANÇAMENTO POR HOMOLOGAÇÃO E A CONSTITUIÇÃO DO CRÉDITO TRIBUTÁRIO 75

2.6 MODALIDADES DE LANÇAMENTOS TRIBUTÁRIOS 84

2.7 EFICÁCIA DO LANÇAMENTO TRIBUTÁRIO 86

2.8 FUNÇÃO DO LANÇAMENTO TRIBUTÁRIO. 89

CAPÍTULO III

LANÇAMENTO COMO ATO ADMININSTRATIVO

3.1 LANÇAMENTO TRIBUTÁRIO COMO ATO ADMINISTRATIVO PRODUTOR DE NORMA INDIVIDUAL E CONCRETA 93

3.2 ELEMENTOS DO ATO ADMINISTRATIVO DE LANÇAMENTO 98

3.3 ATO ADMINISTRATIVO DE LANÇAMENTO COMO PROCESSO E COMO PRODUTO – ATO-FATO E ATO-NORMA 101

    3.3.1 Ato-norma de lançamento 103

        3.3.1.1 Fato-evento do lançamento: motivação 103

3.3.1.2 Fato-conduta do lançamento: relação tributária 109

CAPÍTULO IV
ALTERABILIDADE DO LANÇAMENTO TRIBUTÁRIO

4.1 ALTERABILIDADE DO LANÇAMENTO: ARTIGO 145 DO CTN 111

4.2 IMPUGNAÇÃO DO SUJEITO PASSIVO: ARTIGO 145, INCISO I, DO CTN 116

    4.2.1 Impugnação administrativa 116

    4.2.2 Impugnação judicial 120

4.3 RECURSO DE OFÍCIO: ARTIGO 145, INCISO II, DO CTN 123

4.4 REVISÃO DO LANÇAMENTO X LANÇAMENTO DE OFÍCIO: ARTIGO 145, INCISO III, E ARTIGO 149 DO CTN 124

CAPÍTULO V
REVISÃO DO LANÇAMENTO TRIBUTÁRIO

5.1 DEFINIÇÃO DO CONCEITO DA REVISÃO DO LANÇAMENTO 127

    5.1.1 Plurivocidade da revisão do lançamento tributário 127

    5.1.2 Revisão de lançamento como categoria jurídico-positiva de índole tributária 131

5.2 HIPÓTESES E CRITÉRIOS MATERIAIS DA REVISÃO DO LANÇAMENTO 136

REVISÃO DO LANÇAMENTO TRIBUTÁRIO: HIPÓTESES E LIMITES

5.2.1 Mudança de critério jurídico	136
5.2.2 Hipóteses da revisão do lançamento tributário	149
5.2.3 Erro de fato x erro de direito	156
5.2.4 Fato não conhecido ou não provado no lançamento anterior....................................	165
5.2.5 Fraude e falta funcional	172
5.2.6 Omissão de ato ou formalidade especial..	176
5.1.1.1 Vício formal	177
5.1.1.2 Omissão de ato especial...................	181
5.3 LIMITE TEMPORAL	182
5.4 LIMITE PESSOAL	186

CAPÍTULO VI
A REVISÃO DO LANÇAMENTO
TRIBUTÁRIO NA EXPERIÊNCIA BRASILEIRA

6.1 LANÇAMENTO COMPLEMENTAR: ARTIGO 18, § 3º, DO DECRETO Nº 70.235/1972	193
6.2 IMPUTAÇÃO DE RESPONSABILIDADE TRIBUTÁRIA: INSTRUÇÃO NORMATIVA RFB Nº 1.862/2018..	196
6.3 ERRO NA IDENTIFICAÇÃO DO SUJEITO PASSIVO..	201
6.4 ERRO DE ENQUADRAMENTO	207
6.5 ERRO NA APLICAÇÃO DA ALÍQUOTA	213
6.6 ERRO NA APURAÇÃO DA BASE DE CÁLCULO	214

6.7 CLASSIFICAÇÃO FISCAL: ERRO NA ESCOLHA DO NCM 218

6.8 EQUÍVOCO NAS COMPETÊNCIAS TRIBUTÁRIAS EXIGIDAS 222

CONCLUSÕES 227

REFERÊNCIAS 231

INTRODUÇÃO

Esta obra aborda a revisão do lançamento tributário prevista no artigo 145, inciso III, e artigo 149, do CTN, analisando as suas hipóteses de cabimento e os limites para a sua aplicação. Isto é, pretende-se responder aos seguintes questionamentos: o que é a revisão do lançamento tributário? Em que circunstâncias ela pode ser realizada? Por quem? E, por fim, até quando?

Rubens Gomes de Sousa, no Relatório da Comissão Especial, designada pelo Ministro da Fazenda para elaborar o Projeto de Código Tributário Nacional[1], já chamava atenção de que a revisão do lançamento se revestia "de excepcional importância", por afetar, por um lado, o direito de constituição do crédito tributário do Fisco e, por outro lado, o direito do contribuinte à estabilidade das situações jurídicas subjetivas constituídas.

Passados mais de sessenta anos da elaboração do aludido Relatório, a importância do estudo do tema só aumentou, por, essencialmente, dois motivos: primeiro porque é um instituto atual e sempre presente na experiência tributária. Além de acompanhar as legislações fiscais nas suas sucessivas alterações, é uma figura frequentemente aplicada nos processos tributários. O segundo motivo é que a revisão do lançamento do artigo 145, inciso III, e artigo 149, do CTN, não amadureceu

---

1. Trabalhos da Comissão Especial do Código Tributário Nacional, Rio de Janeiro, 1954, p. 206.

bem ao longo de mais de cinquenta anos de vida. A experiência não lhe deu consistência e solidez. Ao contrário: à medida que o tempo passou, na verdade, o instituto veio se desfigurando, o que interfere, atualmente, na compreensão das suas características essenciais.

Apesar de todo esse período de maturação, o que, infelizmente, se percebe é que não se construiu um consenso quanto ao seu conceito normativo, aos seus requisitos de aplicação e aos seus limites.

Quanto ao primeiro ponto objeto de controvérsia (definição do conceito da revisão do lançamento), há, atualmente, pelo menos, três correntes sobre a revisão do lançamento tributário. A primeira entende que a revisão abrange todas as hipóteses de reapreciação do lançamento do artigo 145 do CTN, tendo como espécies a revisão oficiosa, de iniciativa da autoridade administrativa, a revisão por impugnação do sujeito passivo e a revisão por recurso de ofício[2]. Uma segunda corrente preconiza que o ato de revisão significa a prerrogativa que tem a autoridade fiscal para reformar ou substituir o lançamento, alterando os seus elementos[3]. Há, ainda, uma terceira corrente que também considera revisão do lançamento a constituição do crédito tributário pela autoridade fiscal, em complemento ao lançamento por homologação realizado

---

2. Cf. XAVIER, Alberto. *Do lançamento tributário:* teoria geral do ato, do procedimento e do processo tributário. Rio de Janeiro: Forense, 1998, p. 240. FIGUEIREDO, Marina Vieira de. *Lançamento tributário:* revisão e seus efeitos. São Paulo: Noeses, 2014, p. 184. GUERRA, Cláudia Magalhães. 2ª ed. *Lançamento tributário.* & sua invalidação. Juruá, 2008, p. 167-168. QUEIROZ, Mary Elbe. *Do lançamento tributário:* execução e controle. *São Paulo:* Dialética, 1999, p. 170. COELHO, Sasha Calmon Navarro. O lançamento tributário e a decadência. In: MACHADO, Hugo de Brito (org.). *Lançamento tributário e decadência.* São Paulo: Dialética, 2002, p. 413. BORGES, José Souto Maior, *Lançamento tributário.* 2ª ed. São Paulo: Malheiros, 1999. p. 254.

3. Cf. TABOADA, Carlos Palao. La revisión de oficio de los actos administrativo-tributarios. In: *Revista de Direito Tributário*, São Paulo: RT, n° 06, 1978. GIARDINO, Cléber. Auto de Infração. Revisão de ofício promovida pelo próprio agente fiscal. *Revista de direito tributário.* v. 39, São Paulo: RT, 1987, p.161. MARSILLA, Santiago Ibáñez. La actividad de comprobación y el efecto preclusivo de las liquidaciones tributarias. *Crónica tributaria*, n. 129, p. 71-112, 2008.

anteriormente[4]. Ou seja, sob um mesmo rótulo, são designados fenômenos normativos diferentes.

Aliás, o próprio Superior Tribunal de Justiça não adota uma matriz significativa uniforme em relação à revisão do lançamento, pois ora a trata como o direito de se anular o crédito tributário após a impugnação do sujeito passivo[5]; ora como a realização de lançamento de ofício para constituir diferenças tributárias, complementando o lançamento por homologação[6]; e ora como o direito de reformar o lançamento para modificar seus elementos[7].

Nesse contexto, ao não se compreender o conceito da revisão do lançamento, a rigor, não se sabe o que ele é e quais seus efeitos. Dessa forma, compromete-se a sua correta aplicação e afeta-se, consequentemente, o seu controle pelos órgãos julgadores.

Quanto ao segundo problema, qual seja, a definição dos requisitos de aplicação, não há uma precisa identificação das hipóteses de cabimento veiculadas pelo CTN. Pelo menos três fatores contribuem para esse entrave: (i) a disciplina concomitante do artigo 149 do CTN em relação ao lançamento de ofício e à sua revisão; (ii) a falta de uma solução no que toca à discussão sobre o cabimento da revisão do lançamento nos chamados "erro de fato" e "erro de direito"; e (iii) a ausência de uniformidade por parte das legislações tributárias que preveem a revisão do lançamento.

---

4. Cf. SEIXAS FILHO, Aurélio Pitanga. Lançamento tributário e a decadência. In: Machado, Hugo de Brito (coord.). *Lançamento tributário e a decadência*. Fortaleza e São Paulo: Dialética e ICET. 2002, p. 37. VAZ, Carlos. O lançamento tributário e decadência. In: Machado, Hugo de Brito (coord.). *Lançamento tributário e a decadência*. Fortaleza e São Paulo: Dialética e ICET. 2002, p. 105.

5. Superior Tribunal de Justiça, Recurso Especial nº 1678503/RS, Rel. Ministro Mauro Campbell Marques, Segunda Turma, julgado em 02/03/2021, DJe 08/03/2021.

6. Superior Tribunal de Justiça, Agravo Regimental no Recurso Especial nº 1238475/MG, Rel. Ministro Arnaldo Esteves Lima, Primeira Turma, julgado em 03/09/2013, DJe 10/09/2013.

7. Superior Tribunal de Justiça, Recurso Especial nº 1905365/RJ, Rel. Ministro Gurgel de Faria, Primeira Turma, julgado em 23/02/2021, DJe 03/03/2021.

Quanto à primeira causa, como o artigo 149 do CTN disciplina, ao mesmo tempo, o lançamento de ofício e a revisão de lançamento, não há consenso quanto aos incisos aplicáveis a um e a outro.

Com relação à segunda razão, embora o CTN não trate explicitamente do "erro de fato" e do "erro de direito", muito se discute sobre a possibilidade de revisão do lançamento nessas situações. O "erro de fato" consistiria no descompasso entre o enunciado denotativo, contido no fato jurídico tributário, e o enunciado probatório. Já o "erro de direito" se caracterizaria pela desarmonia entre o lançamento e a norma geral e abstrata que regula a sua produção.

A repercussão dos chamados "erro de fato" e "erro de direito" na revisão do lançamento já era alvo de divergência no âmbito do Supremo Tribunal Federal[8] em meados do século passado. Em 1958, em acórdão proferido no Recurso Extraordinário n. 37.141, ao abordar a possibilidade de o Fisco rever o lançamento, decidiu-se que a existência de erro de fato viabilizaria a sua alteração, vedando-a na hipótese de erro de direito. Por sua vez, a mesma Suprema Corte, quando do julgamento do Recurso Extraordinário n. 38.164, em 1959, firmou convicção no sentido de que ambos, o erro de fato e o erro de direito, autorizariam a revisão do lançamento tributário.

O tema, com passar do tempo, ainda não foi pacificado, rendendo renitentes discussões. Uma corrente da doutrina[9] defende a tese de que, quando eivado de erro de fato, o lançamento seria passível de revisão, ao passo que, quando maculado de erro de direito, não sendo suscetível a ato revisional.

---

8. Cf. Supremo Tribunal Federal, Recurso Extraordinário n° 37141, Relator(a): Min. Ribeiro da Costa, Segunda Turma, julgado em 26/08/1958.
Cf. Supremo Tribunal Federal, Recurso Extraordinário 38164, Relator(a): Min. Henrique D'avilla, Primeira Turma, julgado em 14/05/1959.

9. Cf. SOUSA, Rubens Gomes de. *Estudos de direito tributário*. São Paulo: Saraiva. 1950, p. 235; CANTO, Gilberto Ulhôa. *Temas de direito tributário*. Rio de Janeiro: Alba. 1964, Vol. I, p. 176; CARVALHO, Paulo de Barros. *Curso de Direito Tributário*. 25ª ed. São Paulo: Saraiva, 2013, p. 397 e 398; DERZI, Misabel Abreu Machado. *Direito tributário brasileiro*. 11ª ed. Rio de Janeiro: Forense, 2010, p. 811.

Outra parcela[10], contudo, sustenta que, presente um ou outro, o ato de lançamento deve ser revisado.

O terceiro ponto que promove desorientação nos intérpretes, ainda em relação aos requisitos de aplicação (segundo problema), é a previsão de revisão do lançamento, nas legislações tributárias dos entes federativos, com hipóteses de cabimento díspares, sem a apresentação de um padrão normativo semelhante[11].

---

10. Cf. SANTI, Eurico Marcos Diniz de. *Lançamento tributário*. São Paulo: Max Limonad, 2001, p. 266 e 267; FIGUEIREDO, Marina Vieira de. *Lançamento tributário: revisão e seus efeitos*. São Paulo: Noeses, 2014, p. 184; MACHADO, Hugo de Brito. *Curso de direito tributário*. 8. ed. São Paulo: Malheiros, 1993, p. 124.

11. Cf. Art. 13, da Lei n. 13.457/2009, do Estado de São Paulo: "Art. 13 - Estando o processo em fase de julgamento, os erros de fato e os de capitulação da infração ou da penalidade serão corrigidos pelo órgão de julgamento, de ofício ou em razão de defesa ou recurso, não sendo causa de decretação de nulidade".
Art. 56, inciso X, da Lei n. 11.580/96, do Estado do Paraná: "Art. 56 (...) X - Se, após a lavratura do auto de infração e antes da decisão de 1ª Instância, for verificado erro na capitulação da pena, existência de sujeito passivo solidário ou falta que resulte em agravamento da exigência, será lavrado auto de infração revisional, do qual será intimado o autuado e o solidário, se for o caso, abrindo-se prazo de trinta dias para apresentação de reclamação"
Art. 168, inciso II, § 1º, da Lei n. 6.763/1975, do Estado de Minas Gerais: "Art. 168. Recebida e autuada a impugnação com os documentos que a instruem, a repartição fazendária competente providenciará, conforme o caso: (...) II - a reformulação do crédito tributário. § 1º. Caso o lançamento seja reformulado e resulte em aumento do valor do crédito tributário, inclusão de nova fundamentação legal ou material ou alteração da sujeição passiva, será aberto ao sujeito passivo o prazo de trinta dias para impugnação, aditamento da impugnação ou pagamento do crédito tributário com os mesmos percentuais de redução de multas aplicáveis nos trinta dias após o recebimento do Auto de Infração.
Art. 65, da Lei n. 2.315/2001, do Estado do Mato Grosso do Sul: "Art. 65. O julgador pode dar ao fato apurado definição jurídica diversa da que constar no lançamento ou no ato de imposição de penalidade pecuniária ou encargo pecuniário, desde que mantidas as mesmas circunstâncias materiais em que se fundou o ato original de formalização, observadas as regras do art. 60, no que couber."
Art. 219-B, da Lei Complementar n. 19/1997, do Estado do Amazonas: "Art. 219-B. Os erros de capitulação da penalidade e os de fato constantes no AINF, cujos elementos informativos sejam suficientes para determinar com segurança a matéria tributável e a natureza da infração, poderão ser corrigidos, de ofício ou em razão de impugnação ou recurso, na própria decisão do órgão de julgamento, caso a correção leve à aplicação de uma pena equivalente ou menos gravosa.".
Artigo 84, § 7º, da Lei n. 15.614/2014, do Estado do Ceará: "Art. 84 (...) § 7º. Estando o processo administrativo-tributário em fase de julgamento, a ausência ou o erro na indicação dos dispositivos legais e regulamentares infringidos e dos que cominem a

Logo, não havendo uma clareza do seu campo de incidência, por decorrência lógica, também não se tem uma definição dos comportamentos exigidos para se enquadrar nas situações que autorizam a realização da revisão do lançamento. Têm, portanto, dois problemas: um de conotação, porque não se sabe suas hipóteses de cabimento; e um de denotação, porque não se sabe o que é necessário para se enquadrar nessas hipóteses.

O terceiro impasse, em relação à revisão do lançamento, é a falta de definição em relação aos limites temporal e pessoal. Na prática, o que se tem constatado, nos processos tributários, administrativos e judiciais, é a realização desregrada de mudanças nos créditos constituído, por variados agentes (autoridade lançadora, julgador administrativo e magistrados) e sem se respeitar um limite de tempo.

Uma série de legislações que regulam processos administrativos fiscais nos Estados, por exemplo, prevê, sem estabelecer qualquer marco de tempo, a permissão do julgador corrigir a qualificação jurídica dos fatos, alterando-se o enquadramento normativo da cobrança, da penalidade e da responsabilidade imputada. De igual modo, no Judiciário, não é raro o magistrado, depois de mais de uma década da realização do lançamento, corrigir o débito fiscal que foi indevidamente constituído pela autoridade administrativa, em vez de anulá-lo.

A realidade tributária brasileira evidencia que a revisão do lançamento é empregada de forma desordenada, de sorte que não há nitidez sobre quem efetivamente detém competência para realizá-la e até quando pode exercer seu direito.

Nesse prisma, o estudo tem, como foco temático, o instituto jurídico da revisão do lançamento tributário, abordando seu conceito, suas hipóteses e seus limites.

Para responder às indagações formuladas no início desta seção, o autor adota o seguinte itinerário.

---

respectiva penalidade, constantes do auto de infração, serão corrigidos pela autoridade julgadora, de ofício ou em razão de defesa ou recurso, não ensejando a declaração de nulidade do lançamento, quando a infração estiver devidamente determinada".

No primeiro capítulo, serão enunciadas as premissas adotadas no livro, analisando a importância do sistema de referência e pontuando as implicações da tomada do Constructivismo Lógico-Semântico como modelo teorético. Será igualmente abordada a imbricada relação existente entre o Direito, a comunicação e a linguagem. Em seguida, serão explicitados os sentidos atribuídos à norma jurídica, analisando, também, as suas possíveis espécies. Será enunciada em que acepção serão tomadas as expressões incidência e a aplicação normativa, analisando-se, antes disso, a fundamental diferença entre evento, fato e fato jurídico; e entre relação, relação jurídica e fato relacional.

Definidas as premissas fundamentais da obra, passa-se, no segundo capítulo, à investigação do que é lançamento tributário. Se o objeto do escrito é a revisão do lançamento, antes de passar a examinar o que é a revisão, é fundamental saber o que é o lançamento. Então, nessa segunda parte, será investigada a sua definição legal, seus elementos integrantes, modalidades, função e quem pode realizá-lo.

O terceiro capítulo dedica-se ao exame do lançamento como um ato administrativo que produz uma norma individual e concreta, esmiuçando os elementos do "ato administrativo de lançamento". Será igualmente analisado como processo (ato-fato) e como produto (ato-norma), investigando-se, ainda, as partes deste último, que são o fato-evento e o fato-conduta.

O quarto capítulo volta-se ao exame da alterabilidade do lançamento tributário, a que faz referência o artigo 145, do CTN, investigando seus possíveis efeitos e analisando as consequências que o lançamento pode sofrer em virtude da impugnação do sujeito passivo e do recurso de ofício. Em seguida, será feito um corte, distinguindo-se o lançamento de ofício da sua revisão.

O quinto capítulo será dedicado à análise da revisão do lançamento e à determinação do seu conceito, das suas hipóteses e dos seus limites pessoal e temporal, avaliando, nesse contexto, a importância de categorias como (i) critério jurídico; (ii) erro de fato; (iii) erro de direito; (iv) fato não conhecido ou que não foi possível comprovar no lançamento anterior; (v) fraude; (vi) falta funcional; (vii) formalidade especial; e (viii) ato especial.

Por fim, o sexto e último capítulo explora a revisão do lançamento na experiência tributária brasileira, fazendo-se uma análise crítica de como ela tem sido empregada nos tribunais administrativos e judiciais, e como tem sido incorporada por algumas legislações dos entes federativos.

Neste livro, como já visto, o objeto de análise é a revisão do lançamento tributário, instituto que provém do próprio direito positivo. Nessa perspectiva, enquanto objeto cultural – por ser fruto da construção humana – ele tem como ato gnosiológico a compreensão e como método de aproximação o chamado "método empírico-dialético", que parte do material empírico da experiência para se atribuir valores ao objeto.

Além do "método empírico-dialético", arrimado no construtivismo lógico-semântico, também será adotado, ao longo do trabalho, o método "hermenêutico-analítico", que toma o direito como corpo de linguagem, viabilizando a sua decomposição, para análise dos seus planos sintático, semântico e pragmático.

A metodologia adotada neste livro é de índole dogmática, que privilegia uma perspectiva normativista do direito, associado à premissa de que a interpretação jurídica pressupõe um processo discursivo, com critérios de controle racional e argumentativo, fundados no próprio ordenamento jurídico.

CAPÍTULO I

PRESSUPOSTOS EPISTEMOLÓGICOS

1.1 SISTEMA DE REFERÊNCIA E CONSTRUCTIVISMO LÓGICO-SEMÂNTICO

Toda realidade pode ser objeto de conhecimento, mas o conhecimento de uma realidade está condicionado pelo sistema de referência do sujeito cognoscente.[12]

Nesse contexto, uma questão fundamental para todo aquele que pretenda elaborar um discurso científico é adotar um sistema de referência e explicitar o sistema de referência adotado.

A sua escolha dá fundamento ao discurso, sendo um pressuposto de credibilidade e coerência. Somente com a indicação das premissas em que se amparam é possível aferir a legitimidade e a consistência das proposições construídas.

A indicação de um modelo de referência e a demonstração dos pressupostos adotados para a construção do objeto, além de serem fundamentais para a credibilidade da teoria, é um ato de humildade para com o leitor.[13]

---

12. Cf. TELLES JÚNIOR, Goffredo. *O direito quântico:* ensaio sobre o fundamento da ordem jurídica. 9ª ed. São Paulo, Saraiva, 2014, p. 227

13. CARVALHO, Paulo de Barros. Algo sobre o constructivismo lógico-semântico.

Como ensina Goffredo Telles Júnior[14] "a ideia de sistema de referência toma posição dominadora em todo o conhecimento humano. Sem sistema de referência, o conhecimento é desconhecimento".

Nessa linha, o objeto mais simples não pode ser, para nós, sempre igual a si próprio, mas, pelo contrário, é sempre diferente, segundo os aspectos com que se apresenta e de acordo os modos pelos quais o percebemos[15].

Sendo o Direito o objeto a ser analisado, a preocupação com o sistema de referência se intensifica, em razão da complexidade do objeto e da multiplicidade de enfoques que lhe podem ser dados.[16] Trata-se de uma realidade complexa e, como tal, pode ser objeto de diversos pontos de vista cognoscitivos. Nele, entrecruzam-se o psíquico, o social-histórico, os valores[17].

Nesse prisma, Eduardo Bittar[18] ressalta que o Direito se trata de um fenômeno de difícil apreensão, porquanto é dinâmico, mutante e sistematicamente estruturado.

Apesar de ser um objeto sempre presente, tendo em vista a sua permanente manifestação na vida social, é impossível compreendê-lo e explicar satisfatoriamente as suas diversas formas de manifestação apenas por uma única fórmula.

In: CARVALHO, Paulo de Barros (Coord.) et CARVALHO, Aurora Tomazini (Org.). *Constructivismo lógico-semântico*. São Paulo: Noeses v. 1, 2014, p. 18.

14. TELLES JÚNIOR, Goffredo. *O direito quântico:* ensaio sobre o fundamento da ordem jurídica. 9ª ed. São Paulo, Saraiva, 2014, p. 231

15. BERGSON, Henri. *Matéria e memória.* Trad. Paulo Neves. São Paulo: Martins Fontes, 1999.

16. VILANOVA, Lourival. Sobre o conceito do direito. In: *Escritos jurídicos e filosóficos*. Axis Mundi, 2003, p. 1/2.

17. VILANOVA, Lourival. Sobre o conceito do direito. In: *Escritos jurídicos e filosóficos*. Axis Mundi, 2003, p. 40.

18. BITTAR, Eduardo Carlos Bianca. *Linguagem jurídica.* São Paulo: Saraiva, 2001, p. 59-60.

Por isso Max Ernest Mayer[19] assevera que "ainda não tem havido um purista nem um filósofo que tenha acertado em formular uma definição do direito unanimemente aceita."

No entanto, mesmo em um horizonte infinito de possibilidades abertas ao pensamento, cabe àquele que pretende examinar cientificamente o Direito escolher o itinerário que irá percorrer, exigindo uma tomada de posição, seja na delimitação do campo da investigação, seja na escolha do modelo em que se amparará para construção das proposições.

Salienta-se que todo conhecimento do objeto requer cortes e mais recortes científicos, os quais, demarcando o espectro da análise, desempenham a função de simplificar a complexa realidade existencial.[20] Dessa forma, sempre que alguém analisa o Direito faz de algum ponto de vista, e a mudança no modo de olhá-lo pode conduzir a conclusões díspares.[21]

No presente livro, o modelo teórico adotado é o constructivismo lógico-semântico, que se trata de uma vertente metodológica que adota a linguagem como constitutiva da realidade. Nessa perspectiva, os objetos não são meramente descritos pelo indivíduo, mas, antes, construídos mentalmente por ele. Sendo a linguagem o conjunto estruturado de signos, o constructivismo lógico-semântico analisa o objeto em todas as instâncias semióticas, quais sejam, a lógica, semântica e pragmática.

O modelo constructivista propõe-se amarrar os termos da linguagem, segundo esquemas lógicos que deem firmeza à mensagem, pelo cuidado especial com o arranjo sintático da frase, sem deixar de preocupar-se com o plano do conteúdo, escolhendo as significações mais adequadas à fidelidade da enunciação.[22]

---

19. MAYER, Max Ernst et al. *Filosofía del derecho*. Labor, 1937.

20. CARVALHO, Paulo de Barros. O Absurdo da Interpretação Econômica do Fato Gerador Direito e sua autonomia O Paradoxo e sua Interdisciplinariedade. *Cadernos da Escola de Direito*, v. 1, n. 7, 2017.

21. IVO, Gabriel. *Norma jurídica:* produção e controle. São Paulo: Noeses, 2006, p XXIX.

22. Cf. CARVALHO, Paulo de Barros. Algo sobre o constructivismo lógico-semântico. In: CARVALHO, Paulo de Barros (Coord.) et CARVALHO, Aurora Tomazini

REVISÃO DO LANÇAMENTO TRIBUTÁRIO: HIPÓTESES E LIMITES

Essa metodologia presta-se à construção de seu objeto partindo da estruturação lógica (plano da expressão) e semântica (plano das significações) das proposições, voltando sua atenção, também, para o plano da pragmática, que é a instância dos utentes da linguagem[23].

O plano sintático analisa os vínculos dos signos entre si, ou seja, como eles se relacionam, como se articulam, independentemente do objeto a que se referem. No nível sintático, portanto, se consideram os signos independentes da sua significação e das pessoas que os usam[24]. Essa instância, portanto, se relaciona com as propriedades formais das manifestações linguísticas.[25]

O plano semântico tem como núcleo de investigação a relação do signo (suporte físico) com o objeto significado. Michel Bréal propôs o termo "semântica" para designar a ciência das significações e das leis que presidem a transformação dos sentidos.[26]

Para Pierre Guirraud, significação é o processo que associa a um objeto, um ser, uma noção ou um acontecimento, um signo capaz de evocá-los.[27] Para ele, a semântica é o estudo do sentido das palavras, que é o resultado mental do processo psicológico da significação.

(Org.). *Constructivismo lógico-semântico*. São Paulo: Noeses v. 1, 2014, p. 4.

23. Cf. "Na linguagem, facilmente se destacam, abstratamente, essas três dimensões da objetivação. Um sistema de objetos físicos – sons e sinais gráficos -, um sistema de significados e um sistema de relações recíprocas entre sujeitos usuários da linguagem." (VILANOVA, Lourival. *Causalidade e relação no direito*. 5ª Ed. São Paulo: Noeses, 2015, p. 16).

24. Cf. CAPELLA, Juan Ramón. *El derecho como lenguaje: un análisis lógico*. Ediciones Ariel, 1968, p. 22

25. Cf. OLIVEIRA, Manfredo Araújo de. *Reviravolta linguístico-pragmática na filosofia contemporânea*. Edições Loyola, 1996, p. 83

26. BRÉAL, Michel. *Essai de sémantique: (science des significations)*. Hachette, 1904.

27. GUIRAUD, Pierre. *A semântica*. 3ª Ed. MASCARENHAS, Maria Elisa (trad.) Difel, 1980, p. 15.

12

A semântica, portanto, estuda a relação entre os signos e as coisas significadas às quais se referem. [28]

Já a pragmática tem como foco de estudo o elo entre o signo e aqueles que utilizam a linguagem, perquirindo a maneira e as condições em que os termos são empregados pela comunidade social. Tercio Sampaio Ferraz Júnior preconiza que a pragmática investiga a relação do termo por quem e para quem o usa.[29]

São examinadas, nessa instância, as relações dos signos com usuários, vale dizer, como as expressões linguísticas são utilizadas nas relações comunicacionais.[30]

A pragmática, nesse contexto, revela grande importância no processo de significação. As palavras, que se referem a objetos, pessoas e lugares, estão condicionadas pelos usos, intenções e comportamentos dos sujeitos em uma comunidade linguística. Não se pode entender a linguagem como um depósito de significações acabadas e estáticas, que permaneçam invariáveis em quaisquer situações de uso.[31]

Para Wittgeinstein, não há que se falar em significações, mas em usos, considerando que o significado de uma expressão depende do modo como a usamos.[32]

O uso das palavras vai formando seu significado de modo histórico e social. O uso e a significação, ao longo dos tempos, evoluem simultaneamente, em uma dinâmica dialética na qual um alimenta o outro. Como disse Camões "mudam-se

---

28. Cf. OLIVEIRA, Manfredo Araújo de. *Reviravolta linguístico-pragmática na filosofia contemporânea.* Edições Loyola, 1996, p. 83

29. FERRAZ JÚNIOR. Tercio Sampaio. *Introdução ao estudo do direito.* 4ª ed. São Paulo: Atlas, 2014, p. 37.

30. Cf. CAPELLA, Juan Ramón. *El derecho como lenguaje:* un análisis lógico, Ediciones Ariel, 1968, p. 22.

31. Cf. ALVES, Alaôr Caffé. Dialética e direito. *Linguagem, sentido e realidade.* Fundamentos a uma teoria crítica da interpretação do direito. São Paulo: Manole, 2010, p. 416.

32. WITTGENSTEIN, Ludwig. *Investigações filosóficas.* Trad. José Carlos Bruni. São Paulo: Nova Cultural, 1999, p. 43.

os tempos, mudam-se as vontades, muda-se o ser, muda-se a confiança; todo o mundo é composto de mudança"[33].

Esse cenário evolutivo permite dotar a linguagem de uma relativa autonomia em relação ao que ela designa.[34] Por isso Pierre Guirraud[35] afirma que as palavras são criações humanas e, como a maior parte das criações humanas, têm vida própria: nós as criamos e elas se criam.[36]

Essa afirmação deve ser vista com temperamentos, visto que a linguagem não tem vida própria senão a partir da comunidade social, que é quem lhe dá vida. Ela, a sociedade, portanto, cria, semeia e transforma a linguagem.

O sentido é sempre produto da história e das construções humanas. Não existe sentido nas coisas consideradas em si mesmas. A fonte dos significados é imanente à ação do homem, não podendo a ele transcender.[37] O mundo das significações, justamente por ser uma construção humana, é sempre condicionado

---

33. CAMÕES, Luís Vaz de. Mudam-se os tempos, mudam-se as vontades. *Revista de Psicanálise Stylus*, n. 33, p. 291-291, 2016.

34. Cf. ALVES, Alaôr Caffé. Dialética e direito. *Linguagem, sentido e realidade*. Fundamentos a uma teoria crítica da interpretação do direito. São Paulo: Manole, 2010, p. 295.

35. GUIRAUD, Pierre. *A semântica*. 1972. Tese de Doutorado. Difusão Europeia do Livro.

36. Cf. "Uma sandália não é uma sandália fora do contexto em que uma sandália é uma sandália. Nos pés de uma atriz que se mostra e mostra a sandália em um anúncio de TV, a sandália é objeto da propaganda. Nem é (ainda) sandália que alguém vai usar para proteger-se da aspereza do solo. A sandália, objeto do uso e/ou de desejo, que indústria multiplicará em massa. Mas, muito menos, a sandália do rebelde semita que sucumbiu em Massada, no cerco romano. Desta, resta um sentido talvez meramente simbólico, que sobrevive em desvios metafóricos nas "sandálias do pescador". Que é, afinal, uma sandália? Um sentido espalhado por detalhes significativos multifários? Um detalhe impresso no solo de areia que acabou de ser pisado? Ou um detalhe impressor em que se apoia o peso dos pés? Uma tira ligada a uma sola ou uma sola recortada por mãos, que a ligam a uma tira? Um trabalho de utilidade ou futilidade para cobrir os pés de uma estética atraente, como nos pés da atriz que se mostra e a mostra: amostra?" (FERRAZ JÚNIOR, Tercio Sampaio. Apresentação. In: ALVES, Alaôr Caffé. *Dialética e direito. Linguagem, sentido e realidade*. Fundamentos a uma teoria crítica da interpretação do direito. São Paulo: Manole, 2010, p. XIX.).

37. Cf. ALVES, Alaôr Caffé. *Dialética e direito*. Linguagem, sentido e realidade. Fundamentos a uma teoria crítica da interpretação do direito. São Paulo: Manole, 2010, p. IX.

historicamente: é sempre localizado, particularizado e culturalmente situado. No dizer de Alaôr Caffé Alves[38] "o homem vai se realizando como possibilidade atualizada dentro de cada momento, de cada fase", de tal sorte que, "em cada fase, ele é sempre original; ele nunca é o mesmo, é sempre um novo homem, produto da história. Ele age sobre o mundo e, nessa ação, modifica o seu meio e modifica a si mesmo, inclusive sobre várias formas de perceber o mundo e de falar sobre ele."

É importante frisar que a significação não existe sem um suporte material que lhe dê expressividade. Ela depende da manifestação no plano sintático, pois todo sentido precisa de uma base material para se fazer presente, somente podendo exprimir-se mediante um ser objetivado. No entanto, o sentido não se reduz ao suporte material que o fez existir concretamente no mundo social. As palavras nos levam ao sentido, mas não são diretamente o sentido.[39]

Feitas essas considerações, cabe destacar que a sintática, a semântica e a pragmática, a rigor, não são ciências autônomas, tendo em vista que elas não se voltam para o estudo de um objeto independente.[40] Elas investigam dimensões do fenômeno linguístico, que, para ser plenamente compreendido, deve ser analisado na sua totalidade, de maneira sincrética. Os níveis sintáticos, semânticos e pragmáticos devem ser analisados conjuntamente, considerando o relacionamento recíproco entre eles. O estudo de apenas um aspecto da linguagem de forma isolada, na sua singularidade particular, conduziria a um reducionismo semiótico, de modo que a entidade linguística não seria investigada em sua inteireza.[41]

---

38. ALVES, Alaôr Caffé. Formação lógico-linguística do conhecimento e a construção do discurso científico. In: CARVALHO, Paulo de Barros (Coord.) et BRITTO, Lucas Galvão de (Org.). *Lógica e Direito*. São Paulo: Noeses, 2016, p. 22.

39. Cf. ALVES, Alaôr Caffé. Dialética e direito. *Linguagem, sentido e realidade*. Fundamentos a uma teoria crítica da interpretação do direito. São Paulo: Manole, 2010, p. 55.

40. Cf. ECO, Umberto. *Limites da interpretação*. São Paulo: Editora Perspectiva, 1990.

41. Cf. BITTAR, Eduardo Carlos Bianca. *Linguagem jurídica*. São Paulo: Saraiva, 2001, p. 53.

Dessa forma, o constructivismo lógico-semântico se preocupa em arranjar os elementos da linguagem com base em firmes esquemas sintáticos e recolhendo as significações mais precisas, com o propósito de, com isso, assegurar solidez à mensagem e rigor ao discurso.

A relevância da adoção do constructivismo lógico-semântico para a análise do Direito se revela ao se considerar a realidade jurídica como manifestação linguística, devendo ser, portanto, construída pelo intérprete, a partir da investigação dos aludidos planos lógico, semântico e pragmático.

Tomando o Direito como porção de linguagem, a incursão ao plano sintático possibilita o conhecimento dos vínculos de estrutura do sistema e de seu elemento, a norma jurídica, ou seja, as articulações internormativas e intranormativas; o campo semântico é a esfera da atribuição de significação a partir da leitura dos enunciados prescritivos; e a camada da pragmática investiga o modo como as pessoas utilizam a linguagem do direito na comunidade a que pertencem.

1.2 DIREITO, LINGUAGEM E COMUNICAÇÃO

O Direito constitui um conjunto de normas jurídicas, em um determinado espaço territorial e em um intervalo de tempo. Ele deve ser tomado como objeto da cultura, criado pelo homem para organizar os comportamentos intersubjetivos, canalizando-os em direção aos valores que a sociedade quer ver realizados.[42]

A norma jurídica é dirigida a um ser humano, voltando-se para um determinado ou indeterminado número de pessoas.[43] Ela regula o comportamento humano enquanto este se refere – mediata e imediatamente – a outro indivíduo, de tal

---

42. Cf. CARVALHO, Paulo de Barros. *Fundamentos jurídicos da incidência*. 9ª ed. São Paulo: Saraiva, 2012, p. 26.

43. Cf. KELSEN, Hans. *Teoria geral das normas*. trad. José Florentino Duarte–Porto Alegre: Fabris, 1986, p. 38.

modo que o seu objeto é o comportamento de um ser em face de um, vários ou todos os outros humanos.

Trata-se, portanto, de uma ordem social, visto que disciplina a conduta na medida em que ela está em relação com outras pessoas.[44] Como preconiza Lourival Vilanova, o sistema social é um processo, um tecido cujos pontos são relações de homem a homem. No dizer de Geraldo Ataliba, "são comportamentos humanos relacionados"[45].

Nesse contexto, o direito é um complexo de normas reguladoras da conduta exterior dos indivíduos, baseado na circunstância de que, para os humanos, viver é conviver, e a convivência social só é possível mediante um sistema que ordene os atos individuais, mediante um especial processo de coercibilidade.[46]

Ter como substrato a conduta humana é característica necessária da norma e não meramente possível. Só a conduta humana é capaz de ser regulada normativamente, pois somente ela é possível de liberdade e a liberdade é condição da possibilidade de todo dever-ser.[47]

Se o direito visa a regular as condutas humanas intersubjetivas, e pressupõe a interação de agentes e a vida em sociedade, ele só pode cumprir seus desígnios por meio da comunicação.

Somente mediante o processo comunicacional é possível promover entendimentos entres seres humanos, por meio da transmissão de mensagens, que correspondem a um tipo de signo que é dirigido por um emissor ao destinatário, com a

---

44. Cf. VILANOVA, Lourival. *Causalidade e relação no direito*. 5ª ed. São Paulo: Noeses, 2015, p. 80.

45. ATALIBA, Geraldo. *Hipótese de incidência tributária*. 5ª ed. São Paulo: Malheiros, 1999, p. 22.

46. Cf. VILANOVA, Lourival. Sobre o conceito do direito. In: *Escritos jurídicos e filosóficos*. Axis Mundi, 2003, p. 57.

47. Cf. VILANOVA, Lourival. Sobre o conceito do direito. In: *Escritos jurídicos e filosóficos*. Axis Mundi, 2003, p. 74.

REVISÃO DO LANÇAMENTO TRIBUTÁRIO: HIPÓTESES E LIMITES

finalidade de que este capte seu sentido e, assim, se estabeleça uma comunhão de ação entre ambos[48].

Nesse prisma, a norma jurídica é vista como modo de comunicação que permite, por meio da emissão de mensagens prescritivas, a determinação das relações entre os seres humanos.[49]

O direito, na verdade, se especializa na produção de um tipo particular de comunicação, que procura garantir expectativas de comportamentos assentadas em normas jurídicas[50].

Nesse contexto, é oportuna a lição de Gregorio Robles[51], que desenvolveu a teoria comunicacional do direito:

> A teoria comunicacional concebe o direito como um sistema de comunicação, cuja função pragmática é organizar a convivência humana mediante, basicamente, a regulação das ações. (...) O direito não é uma coisa, mas um meio de comunicação social. É um subsistema social cuja função consiste na organização total

---

48. Cf. ROBLES, Gregorio. *O direito como texto:* quatro estudos de teoria comunicacional do direito. São Paulo: Manole, 2005, p. 79.

49. Cf. BITTAR, Eduardo Carlos Bianca. *Linguagem jurídica.* São Paulo: Saraiva, 2001, p. XVI.
Cf. FERRAZ JÚNIOR. Tercio Sampaio. *Introdução ao estudo do direito.* 4ª ed. São Paulo: Atlas, 2014, p. 101.
Cf. "O ordenamento jurídico pode ser visto como um sistema de comunicação, como mecanismo de intercâmbio mensagens mais imperativas que informativas." (MÜLLER, Friedrich. *Direito, linguagem e violência:* elementos de uma teoria constitucional I. Porto Alegre: SA Fabris, 1995, p. 38).
"O direito, sendo linguagem, há de pressupor uma intenção, um propósito, para a comunicação, conhecer dessa função é indispensável à boa compreensão da mensagem que integra o processo comunicativo não só do direito, mas de todo subsistema linguístico." (BRITTO, Lucas Galvão de. *O lugar e o tributo.* São Paulo: Noeses, 2014, p. 46).
"Por fim, há também a possibilidade de considerar a norma como um fenômeno complexo que envolve não só a vontade de seu comando, mas também diferentes situações estabelecidas entre partes que se comunicam. Nesse caso, a norma é vista como comunicação, isto é, troca de mensagens entre seres humanos, modo de se comunicar que permite a determinação das relações entre os comunicadores: subordinação, coordenação." (FERRAZ JÚNIOR. Tercio Sampaio. *Introdução ao estudo do direito.* 4ª ed. São Paulo: Atlas, 2014, p. 101).

50. Cf. CAMPILONGO, Celso Fernandes. *O direito na sociedade complexa.* Saraiva, 2017, p. 162.

51. ROBLES, Gregorio. *O direito como texto:* quatro estudos de teoria comunicacional do direito. São Paulo: Manole, 2005, p. 1.

do sistema social por meio da verbalização das instituições, por meio da expressão linguística dos conteúdos normativos. (...) O direito só pode ter implantação social quando seus destinatários – que são todos os membros de determinada sociedade – podem entender seus conteúdos verbalizados. O direito existe como fenômeno social real na medida em que os membros da sociedade acatam suas normas, o que evidentemente requer sua prévia produção verbalizada (alguém tem que emitir a mensagem: a autoridade) e a prévia compreensão desta (os membros da sociedade devem estar dispostos a entender).

A comunicação, por sua vez, pressupõe a linguagem, enquanto conjunto estruturado de signos por meio dos quais os seres humanos se comunicam.[52] O direito, portanto, é um sistema de comunicação, e a comunicação humana se concretiza por meio da linguagem.[53] Para Wittgenstein, a linguagem é a maneira segundo a qual os homens interagem, constituindo a expressão de práxis comunicativa interpessoal.[54]

---

52. Cf. CARVALHO, Paulo de Barros. *Direito tributário, linguagem e método*. São Paulo: Noeses, 2013. IVO, Gabriel. Norma jurídica: produção e controle. São Paulo: Noeses, 2006.
Cf. "Linguagem – capacidade humana de emitir e receber informações pelo uso de signos. Pode ser percebia de duas formas distintas. Numa delas, de feição restrita, é instrumento de comunicação, algo que medeia e propicia o vínculo entre sujeito e objeto. Noutra, a linguagem é mais que instrumento, podendo ser compreendida como condição de possibilidade de todo e qualquer conhecimento." (GAMA, Tácio Lacerda. *Competência tributária*. São Paulo: Noeses, 2009, p. XLVI).
Cf. "A imagem de qualquer coisa, processo ou situação traz em si mesma, diretamente, um sentido perceptivo que nos permite compreendê-la perfeitamente sem a necessidade de auxílio discursivo. Para comunicá-la, tanto para comunicar nossas percepções, precisamos de linguagem. (...) Comunicamos abstratamente através das palavras" ALVES, Alaôr Caffé. *Dialética e direito. Linguagem, sentido e realidade. Fundamentos a uma teoria crítica da interpretação do direito*. São Paulo: Manole, 2010, p. 335.

53. Ortiz-Osés, Andrés. *Comunicación y experiencia interhumana*, Bilbao, 1977.
Cf. "O direito manifesta-se pela linguagem. Porta de entrada para qualquer processo interpretativo é a linguagem, instrumento de comunicação do direito" (BARRETO, Paulo Ayres. *Contribuições: regime jurídico, destinação e controle*. São Paulo:Noeses, 2006, p. 8).
Cf. "La filosofia della comunicazione è dunque un´antropologia filosofica umanistica che parte dal fatto della comunicazione... L´uomo è prima di tutto un essere linguístico" (Volli, Ugo *Lezioni di filosofia della comunicazione*. Roma: Laterza, 2008, p.XI)
Cf. "Não há comunicação sem linguagem, nem linguagem e comunicação sem sentido". (FALCÃO, Raimundo Bezerra. *Hermenêutica*. São Paulo: Malheiros, 1997, p.71).

54. WITTGENSTEIN, Ludwig. *Investigações filosóficas*. Trad. José Carlos Bruni. São Paulo: Nova Cultural, 1999.

É a linguagem, pois, que assegura a intersubjetividade da comunicação, possibilitando o entendimento entre as pessoas.[55] A comunicação, em outras palavras, é a linguagem em movimento.[56]

Para Eros Grau é "fato incontestável que o direito é, fundamentalmente, comunicação", havendo, dessa forma, "a necessidade – inafastável – de penetrarmos o nível linguístico na prática das atividades próprias do profissional do direito."[57]

Nesse contexto, Lourival Vilanova[58] afirma que "altera-se o mundo social, mediante a linguagem das normas, uma classe da qual é a linguagem das normas do Direito." Assim, o direito se revela como prática de linguagem na forja social, revelando-se um instrumento de intervenção do homem sobre o homem.[59]

Tercio Sampaio Ferraz salienta que a relação entre o Direito e a linguagem se revela em três sentidos diferentes: (i) considerando que o direito tem uma *linguagem*, tomando o termo como significativo, concomitantemente, de língua e discurso; (ii) assumindo a existência de um *linguagem do direito*, aparecendo, nesse caso, como objeto de disciplina jusnormativa, em que são abordadas questões referentes à própria disciplina da língua jurídica; e (iii) tomada no sentido de *direito enquanto linguagem*, o que leva à afirmação da tese da intranscendentalidade da linguagem, no sentido de que o jurista, em todas as suas atividades (legislação, teorização, jurisdição) não transcende os limites da língua.[60]

---

55. Cf. LAFONT, Cristina. *The linguistic turn in hermeneutic philosophy*. Tradução de José Medina. Baskerville: Massachusetts Institute, 1999, p. 18.

56. Cf. CARVALHO, Cristiano. *Teoria do sistema jurídico*: direito, economia, tributação. São Paulo: Quartier Latin, 2005, p. 136.

57. GRAU, Eros Roberto. *Por que tenho medo dos juízes*: (a interpretação/aplicação do direito e os princípios). 9ª Ed. São Paulo: Malheiros, 2018, p. 143.

58. VILANOVA, Lourival. *As estruturas lógicas e o sistema do direito positivo*. São Paulo: Noeses, 2005, p. 42.

59. Cf. BITTAR, Eduardo Carlos Bianca. *Linguagem jurídica*. São Paulo: Saraiva, 2001, p. XVI.

60. FERRAZ JÚNIOR, Tercio Sampaio. *Teoria da norma jurídica*: ensaio de pragmática da comunicação normativa. Rio de Janeiro: Forense, 1978, p. 6.

Nesse sentido, convém reproduzir a lição de Castanheira Neves, expondo a simbiose entre o Direito e a linguagem:

> o Direito é linguagem e terá de ser considerado em tudo e por tudo como linguagem. O que quer que seja e como quer que seja, o que quer que ele se proponha e como quer que nos toque, o Direito é-o numa linguagem e como linguagem – propõe-se sê-lo numa linguagem (nas significações linguísticas em que se constitui e exprime) e atinge-nos através dessa linguagem, que é.

Estudar o Direito em seu movimento de sentido, como linguagem, no entanto, não significa reduzi-lo apenas a realidades de signos.[61] Embora o direito seja essencialmente um fenômeno linguístico, o estudo que se desenvolve aqui é jurídico, pois, ao estudar a norma, não dispensamos as características operacionais da teorização jurídica.[62]

---

61. Cf. BITTAR, Eduardo Carlos Bianca. *Linguagem jurídica*. São Paulo: Saraiva, 2001, p. XVII. MOUSSALLEM, Tárek Moysés. *Revogação em matéria tributária*. São Paulo: Noeses, 2005, p. 56.
Cf. "Quero dizer, com tudo isso, que na tarefa de interpretar o sistema brasileiro tomo o direito positivo em vigor como um corpo de linguagem prescritiva que se dirige à região material das condutas humanas, nas suas relações de intersubjetividade. Isso não implica redução do direito à linguagem. Significa, simplesmente, que opto, dentro da pluridimensionalidade com que se apresente o fenômeno jurídico, pelo segmento linguístico, como algo inerente e indissociável a toda e qualquer manifestação do direito. (CARVALHO, Paulo de Barros. Obrigação tributária: definição, acepções, estrutura interna e limites conceituais. In: (Coord.) LEITE, Geilson Salomão; CAVALCANTI FILHO, José Paulo *Extinção do crédito tributário:* homenagem ao professor José Souto Maior Borges. Belo Horizonte: Forum, 2013, p. 75.)
Cf. "A tese de que o direito é linguagem não deve ser considerada como uma tese ontológica forte, algo assim como quiséssemos dizer que o direito é só linguagem." (ROBLES, Gregorio. *Teoría del derecho*. Civitas, 1998, p 140)

62. Cf. GUASTINI, R. *Le Fonti del Diritto – fondamenti teorici*. Milano: Giuffrè. Editore, 2010, p. 3.
Cf. FERRAZ JÚNIOR, Tercio Sampaio. *Teoria da norma jurídica*: ensaio de pragmática da comunicação normativa. Rio de Janeiro: Forense, 1978, p. 8.
Cf. "o direito positivo é linguagem e não somente linguagem" (VILANOVA, Lourival Lógica, ciência do direito e direito. In: CARVALHO, Paulo de Barros (Coord.) et BRITTO, Lucas Galvão de (Org.). *Lógica e direito*. São Paulo: Noeses, 2016, p. 138).

1.3 TEXTO E NORMA JURÍDICA

O Direito é um complexo de normas jurídicas, vertido em linguagem prescritiva, voltado para o campo das condutas humanas, no seu convívio social, visando à implementação de certos valores consagrados pela sociedade em um dado momento histórico.[63]

Tomado o Direito como conjunto de normas jurídicas, não há como bem compreendê-lo senão investigando as suas estruturas mínimas, que são justamente as normas jurídicas.

Inicialmente, é importante ressaltar que nem todas as normas são jurídicas. Há preceitos jurídicos e preceitos não jurídicos[64]. O termo "norma" designa um mandamento, uma prescrição, uma ordem[65], impondo que algo *deve* ser[66]. Nesse caso, o verbo "dever" é empregado para exprimir um ato intencional dirigido à conduta de outrem[67]. Logo, a norma não estabelece a conduta que é, mas a conduta que deve ser.

---

63. "O direito é um conjunto de linguagens prescritivas, e não descritiva, narrativa ou informativa. O direito não trata de informar, mas de ordenar. No entanto, sempre que ordena, informa sobre aquilo que ordena." (ROBLES, Gregorio. *O direito como texto:* quatro estudos de teoria comunicacional do direito. São Paulo: Manole, 2005, p. 79).

64. "As relações sociais jurídicas ou não jurídicas são constitutivamente relações normadas. Sempre há norma, ou do uso e costume, ou moral, ou religiosa, ou econômica, ou de cortesia, de urbanidade, ou regra de linguagem, de comunicação, do vestir, do trabalho, do lazer; há regramento no conduzir de um veículo, no andar a pé, no horário de dormir, de acordar, de fazer refeições etc.; no estar num templo, numa festividade cívica, numa oficina, numa universidade, num campo de jogos." (VILANOVA, Lourival. *Causalidade e relação no direito*. 5ª ed. São Paulo: Noeses, 2015, p. 81).

65. Cf. KELSEN, Hans. *Teoria geral das normas*. Porto Alegre: Fabris, 1986, p. 1

66. Cf. KELSEN, Hans. *Teoria pura do direito*. 8ª ed. São Paulo: Martins Fontes, 2012, p. 5-7.

67. Cf. VILANOVA, Lourival. Sobre o conceito de direito. *Escritos Jurídicos e Filosóficos*. São Paulo: Axis Mvndi, v. 1, 2003, p. 54.

Na linguagem das normas, não se diz, como na lei natural, que, se A é, B é; se diz que, se A é, B deve ser.[68] Daí afirmar-se que a norma é um *dever-ser*[69].

Nesse prisma, Bernardo Ribeiro de Moraes ressalta que o que a norma estabelece como *dever-ser não acontecerá inevitavelmente no mundo social, pois, se obrigatoriamente acontecesse, ela perderia o seu caráter deôntico para transformar-se em uma lei da natureza, sem caráter normativo.*[70]

O que confere a qualidade de jurídica à norma é a circunstância de pertencer ao sistema do direito. Noberto Bobbio, nessa linha, ressalta que para caracterizar uma norma como jurídica bastará dizer que ela que pertence a um ordenamento jurídico, remetendo o problema da determinação do significado de "jurídico" da norma para a relação de pertinência ao ordenamento[71]. No mesmo esteio, Gregorio Robles[72] também defende que "as normas jurídicas são jurídicas exatamente porque pertencem a um determinado ordenamento jurídico", concluindo que "não há normas jurídicas que não façam parte de um ordenamento, assim como não há células que não façam parte de um organismo". É o sistema do direito, portanto, que demarca, no universo social, a área do juridicamente relevante.[73]

---

68. Cf. KELSEN, Hans. *Teoria pura do direito*. 8ª ed. São Paulo: Martins Fontes, 2012, p. 5/7.

69. Cf. "o dever-ser, como já escrevera Alvaro Ribeiro, encontra seu espaço entre o real e o ideal, servindo de ponte para que o homem ultrapasse as dificuldades que o mundo circundante lhe impõe carregando o seu ímpeto transformador para imiscuir, em sua vida, os valores que prefere" (BRITTO, Lucas Galvão de. *O lugar e o tributo*. São Paulo: Noeses, 2014, p. 48).

70. MORAES, Bernardo Ribeiro de. *Compêndio de Direito Tributário*, primeiro volume, 4ª ed. Rio de Janeiro: Forense, 1995, p. 15.

71. BOBBIO, Norberto. Norberto. *Teoria do ordenamento jurídico*. São Paulo: Edipro, 2011, p. 43.)

72. ROBLES, Gregorio. *O direito como texto*: quatro estudos de teoria comunicacional do direito. São Paulo: Manole, 2005, p. 87.

73. Cf. VILANOVA, Lourival. A teoria do direito em Pontes de Miranda. *Escritos Jurídicos e Filosóficos*. São Paulo: Axis Mvndi, v. 1, 2003, p. 409.

Ressalta-se que o sistema do direito se distingue de outros sistemas normativos por ser uma ordem coativa, que impõe, por meio da força estatal[74], um ato de coerção dirigido à pessoa que se comportou de forma contrária à conduta prescrita, privando-a da vida, da liberdade, de bens econômicos e de outros bens.[75]

É digno de nota que considerando que a norma jurídica, como qualquer expressão, é uma manifestação linguística, ela carrega consigo a marca da ambiguidade, podendo apresentar diferentes acepções[76]. Aqui, essa ambiguidade ainda é

---

74. Cf. "Coação psíquica exercem-na todas as ordens sociais com certo grau de eficácia, e muitas – como, porventura, a religiosa – exercem-na numa medida ainda mais ampla do que a ordem jurídica. Esta coação psíquica, não é, pois, uma característica que distinga o Direito das outras ordens sociais." (KELSEN, Hans. *Teoria pura do direito*. 8ª ed. São Paulo: Martins Fontes, 2012, p. 38).

75. KELSEN, Hans. *Teoria pura do direito*. 8ª ed. São Paulo: Martins Fontes, 2012, p. 36-38.
Cf "o Direito é essencialmente coativo, porém não é esse seu aspecto individualizador, já que outros sistemas normativos são também coativos. As regras religiosas, sempre que transgredidas, dão ensejo à incidência de sanções, seja num âmbito extraterreno, seja no próprio campo da consciência, quando o infrator, segundo suas crenças, passa a considerar-se culpado. As normas de civilidade prescrevem deveres que, uma vez descumpridos, desencadeiam sanções que se traduzem na reação dos membros da sociedade contra o transgressor. Aquele que não observa os preceitos da moral, por que venha a infringi-los, sofrerá, como consequência, a pecha de amoral ou de imoral, conforme o caso, com todas as implicações que o qualificativo acarreta. Isso demonstra que todos os sistemas normativos são essencialmente coativos, não servindo, pois, tal aspecto, para diferençar o sistema jurídico de outros sistemas de normas. Qual seria, então, o traço individualizador do Direito, em cotejo com os demais sistemas normativos? O elemento caracterizador está na forma ou no modo com que a coatividade é exercida. Só o Direito coage mediante o emprego da força, com a aplicação, em último grau, das penas privativas da liberdade ou por meio da execução forçada. Essa maneira de coagir, de garantir o cumprimento dos deveres estatuídos em suas regras, é que assinala o Direito, apartando-o de outros sistemas de normas". (CARVALHO, Paulo de Barros. *Teoria da norma tributária*. São Paulo: Lael, 1974, p. 30-31).

76. Cf. "la mayor parte de las palabras son ambiguas, y que todas las palabras son vagas esto es, que su campo de referencia es indefinido, pues consiste en un núcleo o zona central y un nebuloso círculo exterior de incertidumbre." (ROSS, Alf. *Sobre el derecho y la justicia*, Buenos Aires: Eudeba, 1963, p. 130).
Cf. "Vagueza e ambiguidade são expressões que não se pode confundir. Embora a mesma palavra possa ser, ao mesmo tempo, vaga e ambígua, vagueza e ambiguidade são duas propriedades muito distintas. Um termo é ambíguo num determinado contexto, quando tem dois significados distintos e o contexto não esclarece em qual dos dois se usa. Por outro lado, um termo é vago quando existem "casos limítrofes"

mais acentuada, pois as significações construídas a partir da expressão "norma jurídica" são relacionadas entre si.

Por esse mesmo rótulo, é comum referir-se aos instrumentos introdutores de normas, aos documentos normativos, aos enunciados prescritivos e ao sentido que se atribui a esses enunciados prescritivos[77].

Todavia, a norma jurídica, usada em vários sentidos, a rigor, não se confunde com os enunciados prescritivos ou disposições, que são os textos do direito. Os enunciados são suporte físico, a expressão material do direito. São quaisquer disposições que compõem os textos do sistema jurídico[78]. O texto jurídico, surpreendido em seu aspecto literal, é uma fração da norma, mas não é, ainda, a norma mesma.

As normas jurídicas são os significados construídos pelo intérprete, a partir da interpretação dos textos do direito. O enunciado é o objeto da interpretação; a norma jurídica é o seu resultado, vale dizer, é o enunciado interpretado.[79] Trata-se da instância do conteúdo normativo.

---

de tal natureza que é impossível determinar o termo se aplica ou não a eles. Neste sentido, a maioria das palavras é vaga." (COPI, Irving. *Introdução à Lógica*. São Paulo: Mestre Jou, 1979. p. 107/108).
Cf. CARRIÓ, Genaro R. *Notas sobre derecho y lenguage*. 4ª ed. Buenos Aires: Abeledo-Perrot, 1994.
Cf. "A ambiguidade é característica inerente às palavras que muitas vezes são ensejo a mais de um significado" (LINS, Robson Maia. *Curso de direito tributário brasileiro*. São Paulo: Noeses, 2019. E-book Kindle).
Cf. MOUSSALLEM, Tárek Moysés. *Fontes do direito tributário*. São Paulo: Max Limonad, 2001. p. 54.

77. IVO, Gabriel. O direito e a inevitabilidade do cerco da linguagem. In: CARVALHO, Paulo de Barros (Coord.) et CARVALHO, Aurora Tomazini (Org.). *Constructivismo lógico-semântico*. São Paulo: Noeses v. 1, 2014, p. 74/75.

78. Cf. "Não vemos as normas, porquanto o que se abre aos nossos olhos são os textos prescritivos por meio dos quais elas são transmitidas." (IVO, Gabriel. *Norma jurídica:* produção e controle. São Paulo: Noeses, 2006, p. XXXIII).

79. Cf. GUASTINI, Riccardo. *Interpretar y argumentar*. Trad. Silvina Álvarez Medina. Madrid: Centro de Estudios Políticos y Constitucionales, 2014, p. 78 e 79.
Cf. Deve distinguir-se entre enunciado (formulação, disposição) da norma e norma. A formulação da norma é qualquer enunciado que faz parte do texto normativo (de uma fonte de direito). Norma é o sentido ou significado adscrito a qualquer

REVISÃO DO LANÇAMENTO TRIBUTÁRIO: HIPÓTESES E LIMITES

Nesse sentido, eis a lição de Paulo de Barros Carvalho[80]:

> Uma coisa são os enunciados prescritivos, isto é, usados na função pragmática de prescrever condutas; outra, as normas jurídicas, como significações construídas a partir dos textos positivados e estruturadas consoante a forma lógica dos juízos condicionais.

Não há uma equiparação entre enunciado prescritivo e a norma jurídica. Não existe uma relação de correspondência biunívoca entre o enunciado e a norma jurídica, de modo que a uma disposição corresponderia apenas uma única norma e vice-versa.

Distinguindo o enunciado da sua significação, não se quer sustentar, com isso, que a disposição e a norma jurídica são categorias heterogêneas e independentes. Eles não são passíveis de cisão na dinâmica jurídica, como se fossem divisíveis e pudessem ser partidos em distintos pedaços. Ao contrário, são diferentes aspectos do mesmo fenômeno normativo: um revela a dimensão do texto (enunciado prescritivo), enquanto o outro manifesta a dimensão do conteúdo (norma jurídica).[81]

As significações não têm uma existência independente dos enunciados que as expressam.[82] O texto jurídico, embora não contenha imediatamente a norma jurídica, como ressalta Frederich Muller[83], é o ponto de partida para a sua construção.

---

disposição (ou a um fragmento de disposição, combinação de disposições, combinações de fragmentos de disposições). Disposição é parte de um texto ainda a interpretar; norma é a parte de um texto interpretado. (CANOTILHO, José Joaquim Gomes. *Direito constitucional*. 6ª ed. Coimbra: Almedina, 1993, p. 203).

80. CARVALHO, Paulo de Barros. *Fundamentos jurídicos da incidência*. 9ª ed. São Paulo: Saraiva, 2012, 46.

81. Cf. GRAU, Eros Roberto. *Por que tenho medo dos juízes:* (a interpretação/aplicação do direito e os princípios). 9ª ed. São Paulo: Malheiros, 2018, p. 43.

82. Cf. GUASTINI, Riccardo. *Interpretar y argumentar*. Madrid: Centro de Estudios Políticos y Constitucionales, 2014, p. 79.

83. Cf. MULLER, Friedrich. *Juristische Methodik*. 5ª Ed. Berlin: Duncker & Humblot, 1993, p. 169.

Nesse sentido, Eros Grau[84] afirma que a norma, apesar de ser produto da interpretação, parcialmente preexiste, em estado de potência, no invólucro do enunciado normativo.

O enunciado jurídico não é uma ferramenta que deve ser manipulada facilmente de acordo com as conveniências do aplicador. Para ser Direito, deve ser preservado o seu caráter normativo, cumprindo-se a mensagem prescritiva veiculada.

Embora o discurso jurídico comporte a retórica e as estruturas argumentativas, deve se ter em mente que ele não é um conjunto de narrativas. Por isso, Lenio Streck afirma que o Direito deve ser levado a sério, de maneira que o intérprete não pode partir de um grau zero de sentido, visto que é necessário que o texto diga algo. O texto (lei) e a norma (sentido concretizado) não podem ser descolados.[85]

O intérprete não pode atribuir os sentidos que mais lhe aprouver, como se pudesse dispor livre e conscientemente dos enunciados prescritivos do direito.[86] Dizer que a interpretação é potencialmente ilimitada não significa que não tenha objeto e que corra por conta própria.[87]

Do ângulo hermenêutico, a interpretação deve partir do texto, analisando-se os vocábulos e, principalmente, a forma como são usados. Deve-se sopesar a ordem das palavras e o modo como elas são conectadas, para construir o adequado sentido da norma. Nesse esteio, como diz Tercio Sampaio Ferraz[88], "a primeira presunção hermenêutica está em que o intérprete deve ater-se ao vocábulo utilizado como ponto de partida".

---

84. GRAU, Eros Roberto. *Por que tenho medo dos juízes:* (a interpretação/aplicação do direito e os princípios). 9ª Ed. São Paulo: Malheiros, 2018, p. 46.

85. Cf. STRECK, Lenio Luiz. Para além da retórica, uma hermenêutica jurídica não relativista. In *Interpretação, retórica e linguagem.* Salvador: JusPodivm, 2018, p. 23.

86. Cf. STRECK, Lenio Luiz. Para além da retórica, uma hermenêutica jurídica não relativista. In *Interpretação, retórica e linguagem.* Salvador: JusPodivm, 2018, p. 14/18

87. Cf. ECO, Umberto et al. *Interpretação e superinterpretação.* São Paulo: Martins Fontes, 1993, p. 28.

88. FERRAZ JÚNIOR, Tercio Sampaio. Argumentação jurídica. Barueri: Manole, 2014, p. 58.

Assim, no domínio do direito, sendo os textos jurídicos dotados de imperatividade, com função prescritiva e visando a regular a vida em sociedade, os termos escolhidos pela autoridade competente devem ser rigorosamente consideradas pelo intérprete. Parafraseando o professor Paulo Ferreira da Cunha, não são palavras que o vento leva, mas palavras que devem estar solidamente enraizadas no solo[89].

Nessa perspectiva, no universo jurídico, deve ser vista com ressalvas a afirmação de Alicia Ruiz e Carlos Carcova[90] de que "enquanto disposições, nada dizem: eles dizem o que os intérpretes dizem o que elas dizem".

O sujeito, ao interpretar os enunciados do Direito, não tem como se desvencilhar dos pré-juízos oriundos da tradição a que pertence, não havendo que se cogitar um intérprete envolto em um mundo próprio e isolado[91]. O aplicador do Direito é, desde sempre, um ser integrante de um mundo linguístico, estando inserido, invariavelmente, em um ambiente histórico-cultural[92].

No sistema do direito o que, na realidade, existe é uma comunidade em interação, em um contexto linguístico do qual fazem parte, ao mesmo tempo, os textos jurídicos e os intérpretes.[93]

---

89. CUNHA, Paulo Ferreira da. Veredas da retórica & direito. In *Interpretação, retórica e linguagem*. Salvador: JusPodivm, 2018, p. 225.

90. RUIZ, Alicia EC; CÁRCOVA, Carlos María. *Derecho y transición democrática*. Materiales para una teoría crítica del derecho, 1991, p. 320

91. Cf. "Sendo o conhecimento produzido pelo homem, está condicionado ao contexto em que se opera, ou seja, depende do meio social, do tempo histórico e até da vivência do sujeito cognoscente". (LINS, Robson Maia. Considerações sobre o conceito de norma jurídica e a pragmática da comunicação na decisão judicial na jurisprudência do supremo tribunal federal. CARVALHO, Paulo de Barros (Coord.) et CARVALHO, Aurora Tomazini (Org.). *Constructivismo lógico-semântico*. São Paulo: Noeses v. 1, 2014, p. 178)

92. Cf. STRECK, Lênio Luiz. Para além da retórica, uma hermenêutica jurídica não relativista. In *Interpretação, retórica e linguagem*. Salvador: JusPodivm, 2018, p. 21.

93. Cf. STRECK, Lênio Luiz. Para além da retórica, uma hermenêutica jurídica não relativista. In *Interpretação, retórica e linguagem*. Salvador: JusPodivm, 2018, p. 18/19.

Nessa linha, Dardo Scavino[94] diz que o sujeito nunca pensa ou fala aleatoriamente, pois, por estar sempre imerso em uma cultura, obedece, sem notar, a um conjunto de regras, de pressupostos ou pré-juízos coletivos. Para ele, esse fenômeno se assemelha aos hipnotizados de Charcot[95], que seguem um conjunto de instruções sem perceber o que estão fazendo.

Dessa forma, não se pode, livremente, adjudicar significações aos textos do direito, pois isso atentaria contra o Estado Democrático de Direito, que pressupõe que a ordem jurídica seja cumprida nos seus limites textuais.

Importante ressaltar que, na interpretação jurídica, os enunciados devem referir a algo real, a um dado objetivo, de tal modo que é o texto que atua como mediador entre o intérprete e a realidade jurídica referida[96].

Cabe destacar, por outro lado, que parcela significativa dos dispositivos jurídicos são plurívocos, providos, portanto, das chamadas incertezas significativas. No entanto, a despeito de o Direito ser carregado de plurivocidade e de uma carga de vagueza, a construção de sentido da linguagem jurídica não é arbitrária, fruto apenas de um critério decisionista do intérprete.

---

94. SCAVINO, Dardo. La lógica y el (del)conocimiento del sujeto. In: CARVALHO, Paulo de Barros (Coord.) et BRITTO, Lucas Galvão de (Org.). *Lógica e Direito*. São Paulo: Noeses, 2016, p. 70-71.

95. Jean-Martin Charcot foi um médico e cientista francês, que se notabilizou nas áreas de psiquiatria e neurologia na segunda metade do século XIX. Foi um dos maiores clínicos e professores de medicina da França e, com Guillaume Duchenne, o fundador da moderna neurologia. Suas maiores contribuições para o conhecimento das doenças do cérebro foram o estudo da afasia e a descoberta do aneurisma cerebral e das causas de hemorragia cerebral. Durante as suas investigações, Charcot concluiu que a hipnose era um método que permitia tratar diversas perturbações psíquicas, em especial a histeria. Charcot foi professor dos célebres Sigmund Freud, Joseph Babinski, Pierre Janet, Albert Londe e Alfred Binet. (ENCYCLOPEDIA BRITANNICA, 2018. Disponível em: https://www.britannica.com/biography/Jean-Martin-Charcot. Acesso em: 18 de junho de 2019.).

96. Cf. MASSINI, Carlos Ignacio. La prudência jurídica. Introducción a la gnoseología del derecho. Buenos Aires: Lex Nexis, 2006, p. 63. Cf. MAINO, Carlos Alberto Gabriel. Razón, práctica, interpretación y sus fuentes. In *Interpretação, retórica e linguagem*. Salvador: JusPodivm, 2018, p. 127.

REVISÃO DO LANÇAMENTO TRIBUTÁRIO: HIPÓTESES E LIMITES

Sobre o tema, convém trazer a lição de Marcelo Neves[97]:

> embora seja inegável que da complexidade da sociedade moderna resulta uma enorme plurivocidade e vagueza constitucional, condicionada programaticamente pelos valores, interesses e expectativas presentes na esfera pública pluralista, não se pode afirmar que a linguagem jurídica seja arbitrária. É verdade que os sentidos objetivos são construídos em cada contexto específico de uso, mas os sentidos construídos socialmente passam a ter uma força que ultrapassa a vontade ou disposição subjetiva do eventual intérprete ou utente. Portanto, na interpretação jurídica, não se trata de extrair arbitrariamente de uma infinidade de sentidos dos textos normativos a decisão concretizadora, nos termos de um contextualismo decisionista, mas também é insustentável a concepção ilusória de que só há uma solução correta para cada caso, conforme os critérios de um juiz hipotético racionalmente justo.

Nesse contexto, sobretudo dentro de um sistema normativo, há referenciais que permitem circunscrever o âmbito de significação das palavras e reduzir a fluidez dos conceitos.[98] Daí a importância da hermenêutica para a devida interpretação dos textos jurídicos.

Feitas essas considerações sobre as significações normativas, cabe destacar que, embora se reconheça força prescritiva às frases isoladas dos textos positivados, para expedir comandos jurídicos, é necessário que as construções de sentido, elaboradas a partir das mensagens do direito, estejam estruturadas sob a forma de juízo hipotético-condicional, que é a fórmula lógica das normas (jurídicas, morais, religiosas ou técnicas)[99] e o modo por meio do qual as linguagens prescritivas se manifestam.[100]

---

97. NEVES, Marcelo. *Entre Têmis e Leviatã:* Uma relação difícil: o Estado democrático de direito a partir e além de Luhmann e Habermas. São Paulo: Martins Fontes, 2006, 206.

98. MELLO, Celso Antônio Bandeira de. *Curso de direito administrativo.* 24ª ed. São Paulo: Malheiros, 2007, p. 947.

99. Cf. VILANOVA, Lourival. *As estruturas lógicas e o sistema de direito positivo.* 4ª ed. São Paulo: Noeses, 2010, p. XXV.

100. Cf. CARVALHO, Aurora Tomazini de. *Curso de teoria geral do direito:* o constructivismo lógico-semântico. 3ª Ed. São Paulo: Noeses, 2013, p. 285.

Os mandamentos jurídicos, para terem sentido e, portanto, serem devidamente compreendidos pelo destinatário, devem revestir um *quantum* de estrutura formal.[101] Somente as significações construídas a partir dos textos positivados e estruturados na forma de lógica de juízos condicionais[102] são capazes de exprimir uma mensagem jurídica com sentido completo.[103]

É certo, porém, que, para obter as normas jurídicas articuladas sob a estrutura de juízos hipotéticos-condicionais, são imprescindíveis as unidades enunciativas esparsas do sistema positivo, pois somente com a associação delas, integrando-se, é possível construir o sentido completo do dever-ser.[104]

Essa forma lógica de juízo hipotético-condicional é composta de uma fórmula dual, enlaçando duas proposições: (I) uma hipótese (ou antecedente), como parte da norma que tem a função de descrever situação de fato de possível ocorrência, implicando (II) um consequente (ou prescritor), que é a parte da norma que tem a função de prescrever condutas humanas intersubjetivas.

Eurico de Santi[105] ressalta que o direito positivo se destaca pela intrínseca homogeneidade sintática de seus elementos, preconizando que toda norma jurídica apresenta idêntica estrutura hipotético-condicional, isto é, associa, num nexo de causalidade jurídica (imputação), a descrição de um fato de

---

101. Cf. CARVALHO, Paulo de Barros. *Fundamentos jurídicos da incidência.* 9ª ed. São Paulo: Saraiva, 2012, p. 42.

102. Cf. "Se dois enunciados se combinam mediante a alocação da palavra "se" antes do primeiro e a inserção da palavra "então" entre eles, o resultante enunciado composto é um condicional (também chamado enunciado hipotético, implicativo ou implicação). Num enunciado condicional, o componente que se encontra entre o "se" e o "então" tem nome de antecedente (ou o implicante ou – raramente – a prótese) e o componente que se segue à palavra "então" tem o nome de consequente (ou o implicado, ou – raramente – apódose). (COPI, Irving. *Introdução à Lógica.* São Paulo: Mestre Jou, 1979, p. 234).

103. CARVALHO, Paulo de Barros. *Direito tributário, linguagem e método.* São Paulo: Noeses, 2013, p. 129.

104. Idem, p. 131.

105. SANTI, Eurico Marcos Diniz de. *Lançamento tributário.* revista e ampliada. São Paulo: Max Limonad, 2001, p. 40.

possível ocorrência no mundo objetivo (hipótese) a uma relação deôntica (consequência).

Para afastar a ambiguidade da expressão "norma jurídica", Paulo de Barros Carvalho[106] distingue norma jurídica em sentido amplo e norma jurídica em sentido estrito. A primeira refere a todo e qualquer conteúdo decorrente de um elemento textual do direito positivo, enquanto a segunda alude somente às construções de significações articuladas em juízos hipotético-condicionais:

> interessa manter o secular modo de distinguir, empregando "normas jurídicas em sentido amplo" para aludir os conteúdos significativos das frases do direito posto, vale dizer, aos enunciados prescritivos, não enquanto manifestações empíricas do ordenamento, mas como significações que seriam construídas pelo intérprete. Ao mesmo tempo, a composição articulada dessas significações, de tal sorte que produza mensagens como sentido deôntico-jurídico completo, receberia o nome de "normas jurídicas em sentido estrito".

Para este livro, para evitar ambiguidades, adotaremos a expressão (i) norma jurídica para referir aos enunciados prescritivos e às significações construídas isoladamente, a partir dos referidos enunciados, bem assim àquelas significações estruturadas deonticamente; e a expressão (ii) norma jurídica em sentido estrito para designar o juízo hipotético-condicional que vincula a realização de um fato à previsão de uma consequência.[107]

1.4 NORMAS JURÍDICAS INDIVIDUAL, GERAL, ABSTRATA E CONCRETA

As normas jurídicas em sentido estrito, como visto, manifestam-se articuladas sob a forma de juízo hipotético, em que uma situação de fato descrita na hipótese normativa (ou

---

106. CARVALHO, Paulo de Barros. *Direito tributário, linguagem e método*. São Paulo: Noeses, 2013, p. 131.

107. Cf. GAMA, Tácio Lacerda. *Competência tributária*. São Paulo: Noeses, 2009, p. XLIX.

32

antecedente) implica, no consequente normativo, a prescrição de uma relação jurídica entre duas ou mais pessoas.

Levando em consideração as situações de fatos descritas na hipótese ou antecedente normativo, é possível segregar as normas jurídicas em abstratas e concretas. Já tomando por base o campo de destinatários a quem o consequente normativo se dirige, as normas jurídicas podem ser divididas em individuais e gerais. Percebe-se, com isso, que a abstração ou concretude relacionam-se ao antecedente; e a generalidade ou individualidade ao consequente normativo.[108]

As normas jurídicas são abstratas quando, na sua hipótese, descrevem uma classe de acontecimentos de possível ocorrência, oferecendo os critérios de identificação de um evento futuro e incerto, não delimitado no tempo e no espaço.[109] Essa descrição de certa situação de possível ocorrência ainda não é um fato propriamente dito, mas indica as notas típicas que nele devem estar contidas.[110] São, portanto, enunciados normativos de caráter conotativo[111], pois selecionam classes de predicados que um acontecimento deve reunir para tornar-se

---

108. Cf. MEIRA, Liziane Angelotti. *Tributos sobre o comércio exterior*. Editora Saraiva, 2012, p.58.

109. CARVALHO, Aurora Tomazini de. *Curso de teoria geral do direito:* o constructivismo lógico-semântico. 3ª Ed. São Paulo: Noeses, 2013, p. 306-361.

110. IVO, Gabriel. Norma jurídica: *produção e controle*. São Paulo: Noeses, 2006, p 43.

111. Cf. Sobre denotação e conotação: "Num certo sentido, o significado de um termo consiste na classe de objetos a que o termo pode ser aplicado. Este sentido da palavra "significado", o seu sentido referencial, tem recebido tradicionalmente o nome significado extensivo ou denotativo. Um termo genérico ou de classe denota os objetos a que pode corretamente ser aplicado, a coleção ou classe desses objetos constitui a extensão ou denotação do termo. (...) As propriedades possuídas por todos os objetos que cabem na extensão de um termo recebem o nome de intensão ou conotação desse termo. Os termos genéricos ou de classe têm um significado intensivo ou conotativo e um extensivo ou denotativo. Assim, a intensão ou conotação do termo "arranha-céu" consiste nas propriedades comuns a todos os edifícios que ultrapassam uma certa altura, ao passo que a extensão ou denotação desse termo é uma classe que contém o Empire State Building, o Chrysler Building, a Wrigley Tower etc." (COPI, Irving. *Introdução à lógica*. São Paulo: Mestre Jou, 1979, p. 119/120).

fato jurídico[112] (Ex.: se cometer homicídio; se causar danos a terceiros; se auferir renda etc).

Uma norma jurídica é considerada concreta quando o fato descrito em seu antecedente já se realizou em tempo e espaço determinados, remetendo a acontecimentos passados (Ex.: Antônio, em 23 de maio de 2017, recebeu de herança bem imóvel no Estado da Paraíba; José, em 31 de dezembro de 2018, era proprietário de um imóvel, no perímetro urbano do Município de São Paulo).

A norma é classificada como geral quando o seu consequente não individualiza os sujeitos da relação jurídica, regulando o comportamento de uma classe indeterminada de pessoas (Ex.: a classe dos devedores que não efetuarem o pagamento no tempo, lugar e forma estabelecida, deverá arcar com os encargos da mora; o conjunto de descendentes que ofenderem fisicamente seus ascendentes deverá ser deserdado).

A norma jurídica é individual quando o consequente apresenta elementos que individualizam os sujeitos ativo e passivo da relação jurídica.

Noberto Bobbio[113] ressalta que, se combinando os quatro requisitos, o da generalidade, o da abstração, o da individualidade e o da concretude, as normas jurídicas podem ser de quatro tipos: normas gerais e abstratas; normas gerais e concretas; normas individuais e abstratas; e normas individuais e concretas.

Celso Antônio Bandeira de Mello[114], porém, preconiza que o autor italiano incorreu em equívoco ao propor as possíveis combinações entre os quatro tipos de normas: gerais, individuais, abstratas e concretas. Para ele, toda norma abstrata

---

112. CARVALHO, Paulo de Barros. *Fundamentos jurídicos da incidência*. 9ª ed. São Paulo: Saraiva, 2012, p. 218.

113. BOBBIO, Norberto. *Teoria da norma jurídica*. São Paulo: Edipro, 2003, p.130.

114. DE MELLO, Celso Antônio Bandeira. *O conteúdo jurídico do princípio da igualdade*. 3ª ed. São Paulo: Malheiros, 1993, p.27-28.

é simultaneamente geral, porquanto alcança uma generalidade de pessoas.

Para a premissa adotada nesta obra, a posição de Bandeira de Mello deve ser vista com temperamentos, pois a generalidade e abstração não são atributos que se coimplicam, tendo em vista que o primeiro está ligado ao campo dos destinatários contemplados no consequente normativo, enquanto o segundo está relacionado às descrições dos acontecimentos veiculados nas hipóteses normativas. Isto é, enquanto a generalidade é um atributo vinculado ao consequente normativo, a abstração diz respeito à hipótese normativa.

Não se pode afirmar que todas as normas que descrevem, na sua hipótese, classes de acontecimentos de possível ocorrência implicam, no seu consequente, relações jurídicas entre pessoas indeterminadas. As normas que ostentam uma hipótese abstrata podem implicar um consequente geral ou individual, de sorte que é possível, embora com menor frequência, que associe a descrição de uma situação de fato de possível ocorrência a um vínculo jurídico entre sujeitos específicos.

Nesse sentido, oportuna é a lição de Paulo de Barros Carvalho[115], diferenciando generalidade e individualidade de abstração e concretude:

> Costuma-se referir a generalidade e a individualidade da norma ao quadro de seus destinatários: geral, aquela que se dirige a um conjunto de sujeitos indeterminados quanto ao número; individual, a que se volta a certo indivíduo ou a grupo identificado de pessoas. Já a abstração e a concretude dizem respeito ao modo como se toma o fato descrito no antecedente. A tipificação de um conjunto de fatos realiza uma previsão abstrata, ao passo que a conduta especificada no espaço e no tempo dá caráter concreto ao comando normativo.

Assim, em síntese, as normas jurídicas podem ser das seguintes espécies: (i) gerais e abstratas: têm como hipótese a

---

115. CARVALHO, Paulo de Barros. *Fundamentos jurídicos da incidência*. 9ª Ed. São Paulo: Saraiva, 2012, p. 57-58.

descrição de um evento futuro e incerto e seu consequente estabelece uma relação entre sujeitos não determinados; (ii) gerais e concretas: têm como antecedente a descrição de um acontecimento passado e seu consequente estabelece relações de caráter geral, entre sujeitos não especificamente determinados; (iii) individuais e abstratas: descrevem, em suas hipóteses, também eventos futuros e incertos, mas prescrevem relações entre pessoas determinadas; e (iv) individuais e concretas: descrevem, no antecedente, um fato consumado no tempo e espaço e, no consequente, estabelecem relações jurídicas entre sujeitos determinados.[116]

1.5 EVENTO, FATO E FATO JURÍDICO

De acordo com Strawson, há uma distinção entre os fatos e os objetos da experiência. Estes são as coisas, pessoas e acontecimentos do mundo. Já os fatos são os enunciados linguísticos sobre os objetos da experiência. Isto é, são aquilo que afirmamos sobre os objetos e não os objetos sobre os quais versam os enunciados.[117]

No mesmo sentido é a posição de Jurgen Habermas[118], para quem os objetos estão no mundo, enquanto os fatos não. De acordo com o autor, com os objetos fazemos experiências, ao passo que com os fatos afirmamos. Não podemos experimentar fatos e nem afirmar objetos.

---

116. Cf. CARVALHO, Aurora Tomazini. *Curso de teoria geral do direito:* o constructivismo lógico-semântico. Editora Noeses, 2013.

117. P. F. Strawson. Verdad. *In: Ensayos lógico-lingüísticos,* Madrid: Tecnos, 1984, p. 223.

118. Cf. "los objetos de la experiencia son aquello acerca de lo que hacemos afirmaciones o de lo que enunciamos algo: aquello que afirmamos de los objetos, es un hecho cuando tal afirmación está justificada. Los hechos tienen, pues, un status distinto que los objetos. (...) Con los objetos hago experiencias, los hechos los afirmo; no puedo experimentar hechos ni afirmar objetos (o experiencias con los objetos). Al afirmar un hecho me puedo basar en experiencia y referirme a objetos. "(HABERMAS, Jürgen. *Teoría de la acción comunicativa:* complementos y estudios previos. Tradução de Roberto Jiménez Redondo. 3ª ed. Madrid: Cátreda, 1997, p. 117).

Karl-Otto Apel[119], baseado no raciocínio de Strawson, sustenta que não se pode confundir o fato de que César foi assassinado no Senado com o próprio acontecimento que ocorreu no ano 44 aC. O fato, segundo alega, se pode afirmar ou negar em um discurso, mas não é algo do mundo da experiência.

Esses acontecimentos do mundo, no esteio da posição de Tercio Sampaio Ferraz Jr., são os eventos. O fato, por sua vez, não é algo sensível, concreto, mas um elemento linguístico. Em ilustrativo exemplo, o professor sustenta que "a travessia do Rubicão por Cesar é um evento. Todavia, 'Cesar atravessou o Rubicão' é um fato." [120]

O evento, uma vez acontecido, se esvai no tempo e no espaço, remanescendo vestígios, marcas por ele deixado.[121] As situações ocorridas no mundo se perdem, de modo que mal as percebemos e elas já fazem parte do passado[122]. Eles somente podem ser reconstruídos, escritos e compreendidos, nas circunstâncias atuais, por meio da linguagem. O acesso a esses acontecimentos se dá por meio da linguagem que os enuncia, justamente porque são únicos e irrepetíveis. O passado é irremissível, esgota-se, consumindo-se no tempo e no espaço.[123]

---

119. APEL, Karl-Otto. *Teoría de la verdad y ética del discurso*. Tradução de Roberto Smilg. Barcelona: Caidós, 1991, p.88.

120. FERRAZ JÚNIOR. Tercio Sampaio. *Introdução ao estudo do direito*. 4ª ed. São Paulo: Atlas, 2014, p. 37

121. TOMÉ, Fabiana Del Padre. *A prova no direito tributário*. 3ª ed. São Paulo: Noeses, 2011, p. 35.

122. "Se pudermos conceber um espaço de tempo que não seja suscetível de ser subdividido em mais partes, por mais pequeninas que sejam, só a esse podemos chamar de tempo presente. Mas este voa tão rapidamente do futuro ao passado que não tem nenhuma duração. Se a tivesse, dividir-se-ia em passado e futuro. Logo, o tempo presente não tem nenhum espaço." (AGOSTINHO, Santo. *Confissões*. Col. Os Pensadores. São Paulo: Abril Cultural, 1980, p. 267)

123. Cf. CARVALHO, Aurora Tomazini de. *Curso de teoria geral do direito*: o constructivismo lógico-semântico. São Paulo: Noeses, p. 530.
Cf. IVO, Gabriel. O direito e a inevitabilidade do cerco da linguagem. In: CARVALHO, Paulo de Barros (Coord.) et CARVALHO, Aurora Tomazini (Org.). *Constructivismo lógico-semântico*. São Paulo: Noeses v. 1, 2014, p. 83.

Heráclito, um dos principais filósofos da Antiguidade pré-socrática, já dizia que ninguém pode entrar duas vezes no mesmo rio, pois quando nele se entra novamente não se encontra as mesmas águas, e o próprio ser, de igual maneira, já se modificou.

Gabriel Ivo, no mesmo tom, pontua que "o gracioso movimento de uma bailarina jamais poderá ser captado em sua riqueza e delicadeza pelo fato que o relata."[124]

Nesse contexto, o fato é o relato linguístico de um evento, que, por sua vez, são os objetos, pessoas, acontecimentos. A linguagem é construtora do fato. Ele apenas se revela como tal quando vertido em linguagem. Desse modo, os fatos não falam por si sós. Eles dependem da presença humana para falar. Sem o homem vertendo em linguagem o evento não há o fato.

O enunciado factual refere-se a acontecimentos passados do mundo fenomênico, com a determinação das condições de espaço e de tempo em que se deu a ocorrência.[125]

Já o fato jurídico é relato, na linguagem do Direito, do evento que, a rigor, se enquadre na classe de situações descrita na norma abstrata, preenchendo os critérios de identificação (material, temporal e espacial) nela indicados.

Assim, para se qualificar como fato jurídico e integrar o sistema jurídico, o fato deve ser vertido em linguagem jurídica, isto é, deve seguir o rito estabelecido pelo Direito, obedecendo à forma linguística imposta por ele.

É o próprio Direito que estabelece o modo como os fatos devem se constituir para serem considerados juridicamente. Sem estarem revestidos da linguagem imposta, os fatos, por mais evidentes que sejam e por mais que se enquadrem nas situações descritas nas leis, não são erigidos à categoria de fato jurídico.

---

124. IVO, Gabriel. *Norma jurídica:* produção e controle. São Paulo: Noeses, 2006, p 56.

125. CARVALHO, Paulo de Barros. *Fundamentos jurídicos da incidência.* 9ª ed. São Paulo: Saraiva, 2012, 141.

Essa linguagem competente exigida pelo Direito, esse código jurídico específico, é a linguagem das provas, por intermédio da qual as coisas, os acontecimentos ocorridos na vida real ingressam no mundo jurídico.[126] A prova é a forma que o direito escolheu para registrar os eventos que são relevantes para ele, de maneira que é a partir do enunciado probatório que se tem acesso, no domínio jurídico, aos acontecimentos que ocorreram no mundo fenomênico. É por meio da prova que o Direito reconstrói e retorna ao passado, pois não é possível aprisionar o evento sucedido no pretérito e tampouco retroceder para surpreender situação passada. Trata-se, portanto, da forma de ser dos objetos no Direito.[127] Por isso, nesse contexto, Jeremías Bentehm diz que arte de um processo não é essencialmente outra coisa senão a arte de administrar as provas.[128]

Como pontua Kelsen, o Direito, que essencialmente estabelece certos fatos como condição para determinadas consequências jurídicas, também deve prescrever como se comprovar a existência desses fatos[129].

---

126. Cf. TOMÉ, Fabiana Del Padre. A prova no direito tributário. 3ª ed. São Paulo: Noeses, 2011-2012, p. 328.

127. "A situação de facto enquanto enunciado deve reflectir, por meio da linguagem e das formas de expressão de que dispõe, a situação de facto verificada, tal como ela se apresenta no processo ao tribunal; o juiz descreve-a como um facto que se verificou nestes termos e não de outro modo. De que meios dispõe o tribunal para conhecer que uma situação de facto se verificou efectivamente assim? (...) O juiz, que se vê colocado perante a questão de se uma situação de facto que lhe é exposta se verificou efectivamente assim, não percepcionou, em regra, ele próprio os factos, mas é informado por percepções alheias. É, com certeza, possível que ele próprio venha posteriormente a inspeccionar determinados objectos pertinentes à situação à situação de facto como, por exemplo, um instrumento de ocorrência, o documento sobre cuja interpretação as partes discutem, o lugar do acidente, resquícios de uma coisa destruída. Mas os eventos pretéritos – e é deles que em regra se trata – já não são perceptíveis agora." (LARENZ, Karl. Metodologia da Ciência do Direito. Lisboa: Fundação Calouste Gulbenkian, 2014, p. 429).

128. BENTAHM, Jeremías. Tratado de las pruebas judiciales. Volumen I. Ediciones Jurídicas Europa-América. Buenos Aires. 1971, p.10.

129. "La esencia del orden jurídico consiste en enlazar a ciertos hechos, como condiciones, determinadas consecuencias. Sin embargo, cuando el orden jurídico, de manera general, enlaza a ciertos hechos, como condiciones, determinadas consecuencias, de manera necesaria debe prescribir también cómo debe comprobarse

REVISÃO DO LANÇAMENTO TRIBUTÁRIO: HIPÓTESES E LIMITES

Cabe ao próprio ordenamento jurídico estabelecer o procedimento de constituição dos fatos jurídicos, isto é, o itinerário que deve ser seguido para que o fato passe a integrar o sistema do direito e a desencadear as relações jurídicas.

Nesse contexto, oportunas são as palavras de Paulo de Barros Carvalho:

> os fatos jurídicos serão aqueles enunciados que puderem sustentar-se em face das provas em direito admitidas. Aqui, no hemisfério do direito, usar competentemente a linguagem significa manipular de maneira adequada os seus signos e, em especial, a simbologia que diz respeito às provas, isto é, às técnicas que o direito positivo elegeu para articular os enunciados fácticos com que opera. De ver está que o discurso prescritivo do direito posto indica, fato por fato, os instrumentos credenciados para constituí--los, de tal sorte que os acontecimentos do mundo social que não puderem ser relatados com tais ferramentas de linguagem não ingressam nos domínios do jurídico, por mais evidentes que sejam.

Por isso que, enquanto não vertido em linguagem jurídica, pode haver fato social, político, histórico, econômico, religioso, mas não um fato jurídico.[130] É o próprio direito, e não a mera percepção física ou sensorial do homem, que atesta o fato jurídico. Ausente a prova jurídica do fato, não há que se falar em incidência, que exige o conhecimento do fato mediante os enunciados probatórios que o direito prescreve. Não se trata, pois, de um conhecimento empírico, mas um conhecimento jurídico.[131]

---

auténticamente la existencia del hecho condicionante en un caso concreto, para que la consecuencia estatuida pueda ser realizada. Por ello, no son los hechos en sí a los que están enlazadas las consecuencias jurídicas, sino a la determinación constitutiva de los hechos dentro de un procedimiento jurídico. Es inevitable, por tanto, la determinación, en un procedimiento regular, de los hechos condicionantes." (KELSEN, Hans. ¿Qué es un acto jurídico?, trad, de Ulises Schmill Ordóñez, Isonomía. *Revista de Teoría y Filosofía del Derecho*, núm. 4, abril de 1996, p. 68-69).

130. CARVALHO, Aurora Tomazini de. *Curso de teoria geral do direito:* o constructivismo lógico-semântico. Editora Noeses, p. 533.

131. IVO, Gabriel. *Norma jurídica:* produção e controle. São Paulo: Noeses, 2006, p. 59.

Assim, por exemplo, a morte só se torna fato jurídico com o atestado de óbito; o nascimento, com a certidão de nascimento; o casamento com a certidão de casamento; a propriedade de um imóvel com o registro do título no Registro do Imóvel.

Isso quer dizer que a ocorrência, no mundo social, do evento enquadrado nas situações descritas na hipótese normativa não tem o condão de tornar o acontecimento fato jurídico. De igual modo, o evento relatado em linguagem que não seja jurídica, torna-se um fato, mas não um fato jurídico. Em ambos os casos, não há o surgimento de consequências jurídicas, pois somente os fatos jurídicos têm essa aptidão.

Apenas por meio das provas, que é a linguagem própria do direito, se consegue realizar a subsunção do evento ao conceito da hipótese (abstrata) normativa, promovendo-se a aplicação da norma jurídica, mediante a edição de uma norma individual e concreta. É o relato do evento no antecedente da norma individual e concreta, o qual deve ser amparado pelas provas, que constitui o fato jurídico.

A aplicação do direito, pois, pressupõe a norma individual e concreta, que, por sua vez, constitui o fato jurídico. Antes da norma individual e concreta não há aplicação do direito e nem fato jurídico. Há apenas hipotéticas previsões abstratas suscetíveis de serem aplicadas. Somente com o surgimento do fato jurídico, ganhando concretude, é que são propagados direitos e deveres.

O fato jurídico corresponde a um enunciado protocolar, denotativo, posto na posição sintática de antecedente de uma norma individual e concreta, emitido, portanto, com função prescritiva, em um determinado ponto do processo de positivação do direito.

Decompondo o raciocínio acima, diz-se que é "enunciado", por se tratar de formulação linguística; "factual", por se referir a um acontecimento concreto (passado); "protocolar", pois marca a existência jurídica de uma situação; "denotativo", por representar um elemento que está incluído na classe veiculada na hipótese normativa; e "posto na posição sintática de antecedente de uma norma individual e concreta", para enfatizar a necessidade de sua constituição em linguagem jurídica, uma vez que somente assim se aplica o direito e se faz propagar os efeitos jurídicos prescritos no consequente normativo.[132]

O fato jurídico é, portanto, um relato linguístico, no antecedente de norma concreta, que denota um acontecimento previsto na hipótese de uma norma abstrata, promovendo a instauração, modificação e extinção de relações jurídicas.

1.6 RELAÇÃO, RELAÇÃO JURÍDICA E FATO RELACIONAL

A relação é uma das categorias de Aristóteles, que define o relativo como a referência de uma coisa a outra. É aquilo cujo ser consiste em comportar-se de certo modo para com alguma coisa.

Para Nicola Abbagnano, relação é o modo de ser ou comportar-se dos objetos entre si.[133] Lourival Vilanova preconiza que as relações são estruturas formais, compostas de um termo antecedente e de um termo consequente e, ainda, de uma espécie de operador: o operador relacionante[134].

Relação, em outras palavras, é o vínculo estabelecido entre, pelos menos, dois termos, unidos por um operador, que tem a função de relacionar os referidos termos.

O Direito é um sistema relacional, compondo-se interiormente de relações e exteriormente funcionando como um sistema relacionador do sistema social.[135]

---

132. CARVALHO, Aurora Tomazini de. *Curso de teoria geral do direito*: o constructivismo lógico-*semântico*. São Paulo: Noeses.

133. MORA, José Ferrater. *Dicionário de filosofia*. TOMO 4.(Q-Z). Lisboa: Edições Loyola, 2001, p. 2498. ABBAGNANO, Nicola. *Diccionario de Filosofia*. 5ª. ed. Revisada e Ampliada, São Paulo: Martins Fontes, 2007, 841.

134. VILANOVA, Lourival. *Causalidade e relação no direito*. 5ª ed. São Paulo: Noeses, 2015, p. 85.

135. Idem, p. 81.

Essa miríade de relação que permeia o plexo normativo se verifica a partir dos vínculos entre (i) norma e o sistema jurídico; (ii) norma jurídica com outras normas jurídicas; (iii) hipótese com o consequente normativo; (iv) na consequência abstrata, entre um sujeito qualquer com outro; (vi) da norma jurídica com o fato; (vii) entre a hipótese norma e o fato jurídico tributário (relação de inclusão); (viii) a alocação de uma relação social, natural ou jurídica na hipótese normativa; (ix) o fato jurídico tributário e a relação jurídica; (x) na relação jurídica, entres sujeitos determinados (norma individual e concreta).[136]

A todas essas relações damos o nome de relação jurídica em sentido amplo, pois são relações existentes no sistema do direito.

Em sentido estrito, a relação jurídica é a decorrência do fenômeno de aplicação e incidência das normas gerais e abstratas.[137] É aquela que se estabelece entre sujeito de direitos, em razão da ocorrência do fato jurídico. É concreta, uma vez que prescreve um comportamento determinado e não uma conduta-tipo (abstrata); e é individual, pois os termos da relação (sujeito ativo e sujeito passivo) são identificáveis, individualizáveis, não meras categorias de sujeitos quaisquer.[138]

Somente com o surgimento do fato jurídico, com a edição da norma individual e concreta, por meio da incidência e aplicação das normas gerais e abstratas, a relação jurídica é desencadeada, enlaçando dois ou mais sujeitos, em torno de uma conduta modalizada como proibida, permitida ou obrigatória.

Pelo menos um sujeito ostentará a condição de sujeito ativo, credor, pretensor, titular do direito subjetivo de exigir; e o outro será o sujeito passivo, devedor, posto na contingência de cumprir determinada prestação.

---

136. SANTI, Eurico Marcos Diniz de. *Lançamento tributário*. revista e ampliada. São Paulo: Max Limonad, 2001, p. 74.

137. PAULINO, Maria Ângela Lopes. A teoria das relações na compreensão do direito positivo, In: CARVALHO, Paulo de Barros (Coord.) et CARVALHO, Aurora Tomazini (Org.). *Constructivismo lógico-semântico*. São Paulo: Noeses v. 1, 2014, p. 376.

138. SANTI, Eurico Marcos Diniz de. *Lançamento tributário*. revista e ampliada. São Paulo: Max Limonad, 2001, p. 588.

No consequente da norma geral e abstrata, não há que se cogitar de existência, ainda, a relação jurídica como efeito jurídico, pois lá apenas são contemplados, em caráter conotativo, os critérios e notas para a futura formação da relação jurídica.[139]

Nesse sentido, eis a lição de Paulo de Barros Carvalho[140]:

> Resumindo: no plano das normas gerais, teremos apenas a indicação de classes com as notas que um acontecimento precisa ter para ser considerado fato jurídico (no antecedente), implicando a indicação de classes com as notas que uma relação tem de ter para ser considerada como relação jurídica (no consequente). Um enunciado conotativo implicando outro enunciado conotativo. (...) No consequente da norma geral e abstrata, não temos ainda o vínculo, apenas os critérios para determiná-lo, isto é, as classes de predicados que a relação deverá conter. Somente com o enunciado do consequente da norma individual e concreta é que aparecerá o fato da relação jurídica, na sua integridade constitutiva, atrelando dois sujeitos (ativo e passivo), em torno de uma prestação submetida ao operador deôntico modalizado (O, V e P).

As relações jurídicas pertencem ao domínio do concreto. Como ressalta Lourival Vilanova sem a interposição do fato jurídico não ocorre o processo eficacial de efetivação da relação jurídica. Relações jurídicas abstratas, somente no nível internormativo e no intranormativo, são relações lógico-formais e formais-jurídicas, de sorte que há classes (ou tipos, conjuntos, gêneros, espécies) de efeitos, mas os efeitos propriamente ditos estão no campo da concretude.

Assim, relação jurídica é tomada como concreção do que *in abstrato* a norma esquematiza.[141] É o efeito da incidência

---

139. PAULINO, Maria Ângela Lopes. A teoria das relações na compreensão do direito positivo, In: CARVALHO, Paulo de Barros (Coord.) et CARVALHO, Aurora Tomazini (Org.). *Constructivismo lógico-semântico*. São Paulo: Noeses v. 1, 2014, p. 380.

140. CARVALHO, Paulo de Barros. *Fundamentos jurídicos da incidência*. 9ª ed. São Paulo: Saraiva, 2012, p. 213-214.

141. VILANOVA, Lourival. *Causalidade e relação no direito*. 5ª ed. São Paulo: Noeses, 2015, p. 103-111.

normativa, vale dizer, da normatividade, que estabelece a causalidade jurídica.[142]

A relação jurídica em sentido estrito é, por excelência, dado de aplicação do direito. É por meio dela que emergem os direitos e deveres, regulando, efetivamente, a convivência humana, no contexto social. É em virtude dos efeitos jurídicos propagados por imputação no consequente normativo que os fatos jurídicos adquirem tanta relevância.[143]

Diferentemente do fato jurídico, que se apresenta na forma de um enunciado descritivo, declarando um evento que aconteceu no passado, a relação jurídica veiculada, sempre, no consequente da norma individual e concreta, projeta-se para o futuro, estabelecendo, a partir da unidade de tempo nela estabelecida, um dever-ser, isto é, uma conduta devida por um sujeito perante outro sujeito de direito.[144]

Uma marca necessária da relação jurídica em sentido estrito é ser interpessoal. Invariavelmente, dar-se-á entre sujeitos de direito, isto é, entre sujeito e sujeito, não entre sujeito e coisa. Para Kelsen[145], a relação jurídica pode ser definida como "relação entre sujeitos jurídicos, quer dizer, entre o sujeito de um dever jurídico e o sujeito do correspondente direito". Lourival Vilanova[146], na mesma toada, afirma que "o lado eficacial do fato jurídico é sempre inter-humano, inter-relacional. O simples ser sujeito de direito é efeito dentro dum plexo de

---

142. VILANOVA, Lourival. *Causalidade e relação no direito*. 5ª ed. São Paulo: Noeses, 2015, p. 111.

143. PAULINO, Maria Ângela Lopes. A teoria das relações na compreensão do direito positivo. IN: CARVALHO, Paulo de Barros (Coor.). *Construtivismo lógico-semântico*, v. 1. São Paulo: Noeses, 2014, p. 380. CARVALHO, Paulo de Barros. *Curso de direito tributário*. 22ª ed. São Paulo: Saraiva, 2010, p. 349

144. CARVALHO, Paulo de Barros. *Fundamentos jurídicos da incidência*. 9ª ed. São Paulo: Saraiva, 2012, 205.

145. KELSEN, Hans. *Teoria pura do direito*. 8ª ed. São Paulo: Martins Fontes, 2012, p. 182.

146. VILANOVA, Lourival. *Causalidade e relação no direito*. 5ª ed. São Paulo: Noeses, 2015, p. 49.

REVISÃO DO LANÇAMENTO TRIBUTÁRIO: HIPÓTESES E LIMITES

relações de conduta. É-se pessoa num contexto inter-relacional de condutas em possíveis interferências".

A interpessoalidade da relação jurídica não se altera, quer nas relações obrigacionais, quer nas chamadas relações reais.[147] Nesses casos, com bem pontua Pontes de Miranda[148] "o vínculo é entre sujeito de direito e as outras pessoas, a respeito das coisas".

Feitas essas considerações, destaca-se que as relações jurídicas contempladas no consequente normativo, que se instauram com o surgimento do fato jurídico tributário, também consubstanciam fatos, na medida em que se manifestam por meio de enunciados linguísticos, condicionados por dadas circunstâncias de espaço e tempo. São, portanto, os fatos jurídicos relacionais.

Observa-se, portanto, que o nascimento da relação jurídica, com o surgimento do vínculo entre os sujeitos de direito, também se manifesta por meio de um fato, instaurando-se mediante a formação de um enunciado linguístico. Assim, com a incidência da norma individual e concreta, tem-se o surgimento de dois fatos: o fato-causa (fato jurídico) e o fato-efeito (relação jurídica).

Nesse sentido, traz-se a lição de Paulo de Barros Carvalho:[149]

> Pois bem, para que haja o fato jurídico e a relação entre sujeitos de direito que dele, fato, se irradia, necessária se faz também a existência de uma linguagem: linguagem que relate o evento acontecido no mundo da experiência e linguagem que relate o vínculo jurídico que se instala entre duas ou mais pessoas. (...) "Eis que o nascimento dos direitos e deveres subjetivos no texto da relação jurídica também se manifesta por um fato, instaurando-se mediante a formação de um enunciado linguístico,

---

147. VILANOVA, Lourival. *Causalidade e relação no direito*. 5ª ed. São Paulo: Noeses, 2015, p. 103.

148. MIRANDA, Francisco Cavalcanti Pontes de. *Tratado de Direito Privado*, tomo V. Campinas: Bookseller, 2000, p. 442.

149. CARVALHO, Paulo de Barros. *Fundamentos jurídicos da incidência*. 9ª ed. São Paulo: Saraiva, 2012, 201-204.

> protocolar e denotativo. (...) Quando se diz que, ocorrido o fato, nasce a relação jurídica, estamos lidando com o acontecimento de dois fatos: do fato-causa (fato jurídico) e do fato-efeito (relação jurídica). (...) Agora a demonstração ad rem de que a relação jurídica é um fato e de que tal fato se configura como um enunciado de linguagem, pode ser obtida pensando numa relação objetiva qualquer, inserida no mundo jurídico por meio de uma sentença judicial. (...) É com a edição da norma individual e concreta que os enunciados factuais vão surgir para os domínios do direito, compondo aquele território que dissemos ser da "facticidade jurídica". Nele, teremos fatos jurídicos *stricto sensu* e fatos jurídicos relacionais (as relações jurídicas).

Constata-se, portanto, que a edição da norma individual e concreta constitui o fato jurídico, fazendo surgir, por imputação normativa, outro enunciado factual, que corresponde à relação jurídica. Trata-se, pois, de um fato (fato jurídico em sentido estrito) que suscita outro fato (fato jurídico relacional), promovendo, por meio desse vínculo factual, o movimento das engrenagens do sistema do direito, visando a alterar a realidade social.

A causalidade jurídica, então, é internormativa e interfactual. Por isso que Lourival Vilanova[150] chama de causalidade interna os vínculos que o sistema de normas estabelece entre os fatos (fatos-eventos e fatos-condutas).

1.7 INCIDÊNCIA E APLICAÇÃO NORMATIVA

A incidência normativa consiste no fenômeno por meio do qual a linguagem do direito se projeta sobre o campo material das condutas sociais intersubjetivas, visando à estabilização das relações humanas.

Como ressalta Paulo de Barros Carvalho[151], a incidência jurídica se reduz, pelo prisma lógico, a duas operações

---

150. VILANOVA, Lourival. *Causalidade e relação no direito*. 5ª ed. São Paulo: Noeses, 2015, p. 17.

151. CARVALHO, Paulo de Barros. *Fundamentos jurídicos da incidência*. 9ª ed. São Paulo: Saraiva, 2012, p. 33.

formais, quais sejam, (i) subsunção ou inclusão de classes; e (ii) a implicação. Vejamos:

> Percebe-se que a chamada "incidência jurídica" se reduz, pelo prisma lógico, a duas operações formais: a primeira, de subsunção ou de inclusão de classes, em que se reconhece que uma ocorrência concreta, localizada num determinado ponto do espaço social e numa específica unidade de tempo, inclui-se na classe dos fatos previstos no suposto da norma geral e abstrata; outra, a segunda, de implicação, porquanto a fórmula normativa prescreve que o antecedente implica a tese, vale dizer, o fato concreto, ocorrido *hic et nunc*, faz surgir uma relação jurídica também determinada, entre dois ou mais sujeitos de direito.

De acordo com o referencial teórico adotado neste escrito, não se concebe a incidência como um fenômeno consistente na projeção da norma, por si só e por conta própria, sobre os fatos nela descritos, fazendo propagar consequências jurídicas tão logo os acontecimentos se concretizem no mundo da experiência.

Na realidade, é importante dizer que não se dará a incidência se não houver um ser humano fazendo a subsunção e promovendo a implicação que o preceito normativo determina. As normas não incidem por força própria. As normas são incididas. A incidência é realizada pelo homem.[152]

Para que haja a incidência, é necessário que o intérprete identifique a ocorrência do acontecimento descrito na hipótese de uma norma geral e abstrata no mundo fenomênico e relato-o de acordo com a linguagem do direito, fazendo irromper o vínculo relacional alocado no consequente da norma, o que se dá por meio da constituição da norma individual e concreta, pelo sujeito aplicador do direito.

Isto é, a mera ocorrência da situação no mundo descrita pela hipótese não é suficiente para que uma norma jurídica

---

152. CARVALHO, Paulo de Barros. *Fundamentos jurídicos da incidência*. 9ª ed. São Paulo: Saraiva, 2012, p. 33.
Cf. IVO, Gabriel. Teoria sobre as incidências: a incidência como operação linguística. In: CARVALHO, Paulo de Barros (Coord.) et CARVALHO, Aurora Tomazini (Org.). *Constructivismo lógico-semântico*. São Paulo: Noeses v. 2, 2018, p. 282.

incida, sendo necessário que o acontecimento ocorrido seja "contado" na forma própria que o direito prescreveu.[153]

Como sustenta Gabriel Ivo[154], "o momento da aplicação não significa uma mera adequação com a incidência que aconteceu, mas a concreção da incidência".

Para a norma jurídica incidir, ela deve ser aplicada. E a aplicação da norma jurídica pressupõe a edição da norma individual e concreta, que, por sua vez, depende de um ato de vontade humano.

No ato de aplicação e incidência, o intérprete, entendendo que o evento ocorrido no mundo da experiência satisfaz os critérios de identificação traçados na hipótese de incidência (hipótese da norma geral e abstrata), relata-o em linguagem competente, promovendo, a um só tempo: (i) a subsunção; (ii) a construção do fato jurídico; (iii) a imputação; e (iv) a construção de relação jurídica.

É oportuno reproduzir a lição de Gabriel Ivo[155], ao tratar da incidência e aplicação normativa. Vejamos:

> Separar os dois momentos como se um, o da incidência, fosse algo mecânico ou mesmo divino que nunca erra ou falha, e o outro, o da aplicação, como algo humano, vil, sujeito ao erro é inadequado. É pensar que nada precisa de interpretação. E mais, a incidência automática e infalível reforça a ideia de neutralidade do aplicador. Assim, a incidência terá sempre o sentido que o homem lhe der. Melhor: a incidência é realizada pelo homem. A norma não incide por conta própria: é incidida.

---

153. CARVALHO, Paulo de Barros. Obrigação tributária: definição, acepções, estrutura interna e limites conceituais. In: (Coord.) LEITE, Geilson Salomão; CAVALCANTI FILHO, José Paulo *Extinção do crédito tributário: homenagem ao professor José Souto Maior Borges*. Belo Horizonte: Forum, 2013, p. 85.

154. IVO, Gabriel. Teoria sobre as incidências: a incidência como operação linguística. In: CARVALHO, Paulo de Barros (Coord.) et CARVALHO, Aurora Tomazini (Org.). *Constructivismo lógico-semântico*. São Paulo: Noeses v. 2, 2018, p. 282.

155. IVO, Gabriel. *Norma jurídica: produção e controle*. São Paulo: Noeses, 2006, p. 62.

A incidência não é um fenômeno independente da aplicação. A norma incide porque é aplicada, de maneira que, não havendo o ser humano para aplicá-la, não haveria incidência normativa. É o relato em linguagem jurídica, feito pelo intérprete, que constitui a incidência e a aplicação, tornando o direito dinâmico e fazendo-o se projetar para a realidade social.

CAPÍTULO II

LANÇAMENTO TRIBUTÁRIO

2.1 DEFINIÇÃO LEGAL DO LANÇAMENTO TRIBUTÁRIO

O Código Tributário Nacional ("CTN"), em seu artigo 142, ao tratar do lançamento, definiu-o da seguinte forma:

> Art. 142. Compete privativamente à autoridade administrativa constituir o crédito tributário pelo lançamento, assim entendido o procedimento administrativo tendente a verificar a ocorrência do fato gerador da obrigação correspondente, determinar a matéria tributável, calcular o montante do tributo devido, identificar o sujeito passivo e, sendo caso, propor a aplicação da penalidade cabível.

O citado artigo 142, *caput*, do CTN estabelece a forma como deve se conduzir a autoridade fiscal, para realizar o lançamento. Quando se questiona o que deverá a autoridade lançadora fazer, responde o artigo 142: (i) verificar a ocorrência do fato gerador da obrigação; (ii) determinar a matéria tributável; (iii) calcular o montante do tributo devido; (iv) identificar o sujeito passivo; e (v) aplicar a penalidade cabível, se for o caso. Trata-se do "âmbito material de validade" do lançamento.[156]

---

156. BORGES, José Souto Maior. *Lançamento tributário*. 2ª ed. São Paulo: Malheiros, 1999, p. 139.

De acordo com Alberto Xavier[157], um dos vícios apresentado no artigo 142, *caput*, do CTN, é – em vez de trazer uma definição precisa e concisa do lançamento – veicular uma enumeração exemplificativa, desprovida de rigor, de operações lógicas do processo subsuntivo de aplicação da lei tributária aos fatos concretos.

Analisando a definição trazida pelo referido enunciado normativo, inicialmente, deve-se ressaltar que o lançamento tributário não é uma atividade administrativa que "é tendente" a verificar fato gerador, determinar matéria tributável, calcular o montante do tributo, identificar sujeitos e imputar penalidade. O lançamento pressupõe que todas as investigações necessárias tenham sido feitas e que "o fato gerador tenha sido identificado nos seus vários aspectos subjetivo, material, quantitativo, espacial, temporal, pois só com essa prévia identificação é que o tributo pode ser lançado"[158].

Para compreender o instituto na sua inteireza, por uma questão didática, será decomposta a definição do lançamento tributário, para examinar, por parte, cada um dos seus elementos.

Considerando que, mais adiante, será abordada, em uma seção própria, a natureza jurídica do lançamento, em que será investigado o seu caráter procedimental, o exame, aqui, iniciar-se-á pela expressão "verificar a ocorrência do fato gerador da obrigação correspondente".

O teor da expressão ora investigada não possui rigor técnico. O lançamento, na realidade, não investiga a existência do chamado fato gerador. Na verdade, ele depende da identificação da situação de fato que corresponde à descrição da hipótese tributária, já que, somente depois de constatada, o lançamento é realizado para constituir o crédito tributário.

---

157. Cf. XAVIER, Alberto. *Do lançamento tributário: teoria geral do ato, do procedimento e do processo tributário*. Rio de Janeiro: Forense, 1998, p. 24-25.

158. AMARO, Luciano. *Direito tributário brasileiro*. 14ª ed. São Paulo: Saraiva, 2008, p. 345.

Em outras palavras, a análise, por meio de operação mental, do enquadramento da situação ocorrida à descrição legislativa deve ser feita em um momento anterior ao ato final de lançamento. Se é verificado que não há o encaixe entre o evento e a hipótese normativa, não há pensar em lançamento. Havendo, por outro lado, o enquadramento, o lançamento deve certificar o evento tributário, declarando que o enunciado denotativo apresenta as propriedades conotadas pelo enunciado normativo, aplicando as normas tributárias.

Nessa perspectiva, o lançamento não é uma atividade vocacionada para examinar se houve ou não a ocorrência do evento tributário. Essa é uma etapa anterior, visto que o lançamento é justamente o resultado dessa verificação.

Nesse contexto, Fábio Fanucchi destaca que o lançamento marca o fim das averiguações, indagações, levantamentos, tendentes a apurar o fato gerador e determinar o montante da prestação que lhe corresponda.[159]

A verificação do fato gerador pela autoridade lançadora, a que alude o artigo 142 do CTN, deve ser interpretada como o dever de a autoridade lançadora descrever formalmente o evento tributário ocorrido no mundo fenomênico, enquadrando-o na descrição hipotética da norma jurídica tributária, de modo a extrair seus efeitos jurídicos, que conduzem à determinação do montante da obrigação tributária e à individualização dos sujeitos dessa relação.[160]

Nesse prisma, identificado o evento tributário no mundo fenomênico, deve a autoridade fiscal realizar o seu relato, apontando a ação realizada e as circunstâncias de espaço e tempo que a envolveram, constituindo, dessa forma, o fato jurídico e aplicando a norma tributária.

---

159. FANUCCHI, Fábio. *A decadência e a prescrição em direito tributário*. 3ª ed. Resenha Tributária, 1976, p. 37.

160. MARINS, James. Lançamento tributário e decadência (fragmentos de um estudo). In: MACHADO, Hugo de Brito (coord.). *Lançamento tributário e decadência*. São Paulo: Dialética, 2002, p. 314.

A segunda operação que integra a definição do lançamento tributário veiculada pelo artigo 142 do CTN é a "determinação da matéria tributável".

O verbo "determinar" significa conformar por inteiro, definir, espancar generalidades, dar o perfil completo, o desenho absoluto, nítido, claro, cristalino[161].

Já expressão "matéria tributável" não passou ilesa às críticas da doutrina, que pontuou que o "sentido normativo dessa expressão é deveras impreciso"[162] e que é censurável do ponto de vista científico[163].

Há autores que a utilizam como sinônimo do critério material do fato gerador, isto é, a base material sobre a qual incide o tributo. Para Ruy Barbosa Nogueira[164], por exemplo, matéria tributável é "a situação descrita pela lei como pressuposto material do fato gerador". Ele defende que a autoridade fiscal, a título de determinação da matéria tributável, deve confrontar a situação ocorrida com a lei tributária, para se certificar se há o perfeito enquadramento.

Embora seja admissível tomar a expressão "matéria tributável" como sinônimo de materialidade do tributo, não parece que o legislador, na definição do artigo 142 do CTN, tenha indicado duas operações para tratar especificamente da determinação do fato jurídico tributário, tendo em vista que já há a previsão de verificação da ocorrência do fato gerador da obrigação.

---

161. MARTINS, Ives Gandra. Lançamento tributário e decadência. In: MACHADO, Hugo de Brito (coord.). *Lançamento tributário e decadência*. São Paulo: Dialética, 2002, p. 281.

162. BORGES, José Souto Maior. *Lançamento tributário*. 2ª ed. São Paulo: Malheiros, 1999, p. 148.

163. XAVIER, Alberto. *Do lançamento tributário:* teoria geral do ato, do procedimento e do processo tributário. Rio de Janeiro: Forense, 1998, p. 40.

164. NOGUEIRA, Ruy Barbosa. *Curso de direito tributário*. 14ª ed. São Paulo: Saraiva, 1995, p. 222.

Na verdade, o CTN, ao fazer referência à "matéria tributável", está se referindo à base de cálculo.[165] Logo, determinar a matéria tributável significa apurar a base de cálculo do tributo, prevista em lei[166].

O elemento que aparece após a determinação da matéria tributável, na definição do lançamento, prevista no artigo 142 do CTN, é "calcular o montante devido".

Observa-se que a referida norma separa a operação "determinar a matéria tributável" de "calcular o tributo devido", reconhecendo, normativamente, que se trata de etapas diferentes. É certo, porém, que uma não tem relevância jurídica sem o outra, porquanto o que importa é o resultado da conjugação das duas operações, o qual leva à fixação do tributo devido.[167] Essas atividades são operações lógicas de liquidação que compõem o ato jurídico global de aplicação da lei tributária, que é o lançamento.[168]

O cálculo do tributo devido inclui a aplicação da alíquota sobre a base de cálculo, previamente convertida em cifra[169] Trata-se da apuração do valor do tributo a ser pago, em função do fato jurídico tributário. Aqui ocorre o que Rubens Gomes de Sousa chamava de "valoração quantitativa"[170].

---

165. BORGES, José Souto Maior. *Lançamento tributário*. 2ª ed. São Paulo: Malheiros, 1999, p. 148. XAVIER, Alberto. *Do lançamento tributário:* teoria geral do ato, do procedimento e do processo tributário. Rio de Janeiro: Forense, 1998, p. 40.

166. Cf. OLIVEIRA, Ricardo Mariz de. Do lançamento. *Cadernos de Pesquisas Tributárias*, n. 12. São Paulo: Editora Resenha Tributária, 1988, p. 97-139.

167. Cf. BORGES, José Souto Maior. *Lançamento tributário*. 2ª ed. São Paulo: Malheiros, 1999, p. 150.

168. XAVIER, Alberto. *Do lançamento tributário: teoria geral do ato, do procedimento e do processo tributário*. Rio de Janeiro: Forense, 1998, p. 40.

169. BECKER, Alfredo Augusto. *Teoria geral do direito tributário*. São Paulo: Saraiva, 1963, p. 341-343.

170. SOUSA, Rubens Gomes de. *Compêndio de legislação tributária*. Rio de Janeiro: Edições Financeiras, 1964, p. 78.

A atividade seguinte a que faz referência o artigo 142 do CTN é a identificação do sujeito passivo, que corresponde à individualização de quem será colocado na contingência de cumprir a prestação tributária. Isto é, são as pessoas obrigadas ao pagamento do tributo ou da penalidade pecuniária.

Trata-se de uma operação mais ampla que a individualização da pessoa que praticou o evento tributário. Nessa etapa cabe determinar o contribuinte, aquele que mantém relação pessoal e direta com fato gerador (artigo 121, inciso I, do CTN), e o responsável que, embora não mantenha vínculo pessoal e direto com o fato gerador (Artigo 121, inciso II, do CTN), possui um elo imposto pela lei com a prestação tributária. O termo "responsável", aqui, é tomado como gênero que engloba todas as formas de sujeição passiva indireta, por transferência (solidariedade, sucessão e responsabilidade em sentido estrito) e por substituição[171].

A última operação mencionada pelo CTN, na definição do lançamento, é a propositura da penalidade cabível, que, de acordo com o próprio enunciado, deve acontecer se for o caso.

De partida, deve-se ressaltar que a expressão "propor a penalidade cabível" não deve ser interpretada como sinônimo de que caberia à autoridade apenas sugerir a sanção, cujo ato aplicação dependeria da atuação de outro agente fiscal. Se tomada nesse sentido, pelo menos em relação à penalidade, deveria haver dupla participação fazendária para legitimá-la.[172]

Na verdade, quando se configurar a hipótese, a autoridade lançadora deve aplicar a penalidade pecuniária, e não apenas a propor. Ou seja, com o lançamento, a penalidade é efetivamente aplicada.

Embora seja indiscutível que o tributo é diferente da penalidade, não há óbice – como reconhece o próprio artigo 142,

---

171. SOUSA, Rubens Gomes de. *Compêndio de legislação tributária.* Rio de Janeiro: Edições Financeiras, 1964, p. 68.

172. Cf. BORGES, José Souto Maior. *Lançamento tributário.* 2ª ed. São Paulo: Malheiros, 1999, p. 164.

caput, do CTN – que, por meio do mesmo veículo introdutor, seja constituído o tributo e, também, a sanção pecuniária, fazendo incidir as normas tributária e punitiva.[173]

Aliás, o próprio CTN, no seu artigo 149, especialmente no inciso VI, deixa claro que o lançamento também é vocacionado a aplicar sanção tributária, ao estabelecer como uma das hipóteses de lançamento de ofício a "ação ou omissão do sujeito passivo, ou de terceiro legalmente obrigado, que dê lugar à aplicação de penalidade pecuniária".

Paulo de Barros Carvalho[174] lembra que, muitas vezes, sob o rótulo de "auto de infração", são introduzidas pelo menos duas normas individuais e concretas: (i) uma constitutiva do tributo; e (ii) outra de aplicação de penalidade, pela circunstância de o sujeito passivo não ter recolhido, em tempo hábil, a quantia pretendida pela Fazenda.

Nessa circunstância, se o antecedente dessa norma é um ilícito, o seu consequente corresponde à aplicação de penalidade; se o antecedente é uma materialidade lícita, então o lançamento produzirá regra cujo consequente é uma relação jurídica tributária[175].

Embora na maior parte dos casos haja constituição concomitante do tributo e da multa, há hipóteses em que não é cabível a aplicação da penalidade. Tanto é assim que o próprio artigo 142 do CTN estabelece que a penalidade somente é aplicada se for o caso. Aliás, o próprio CTN[176], no seu artigo

---

173. MACHADO, Hugo de Brito. In: LIMONGI, Rubens (coord). *Enciclopédia Saraiva do direito*. São Paulo: Saraiva, v. 48, 1977, p. 16.

174. CARVALHO, Paulo de Barros. *Curso de direito tributário*. 30ª ed. São Paulo: Saraiva Educação, 2019, p. 501.

175. DIAS, Karem Jureidini. *Fato tributário:* revisão e seus efeitos jurídicos. 2ª ed. São Paulo: Noeses, 2019, p. 60.

176. Art. 100. São normas complementares das leis, dos tratados e das convenções internacionais e dos decretos:
I - os atos normativos expedidos pelas autoridades administrativas;
II - as decisões dos órgãos singulares ou coletivos de jurisdição administrativa, a que a lei atribua eficácia normativa;

100, parágrafo único, estabelece que deve ser excluída a imposição de penalidades, quando tenham sido observadas as normas complementares.

2.2 POLISSEMIA DA EXPRESSÃO "LANÇAMENTO TRIBUTÁRIO"

Berliri, ao estudar o lançamento tributário (*accertamento* em italiano) advertiu que são atribuídos à aludida expressão significados às vezes ostensivamente diferentes, gerando confusão e equívoco, o que é prejudicial para toda tentativa de clarificação.[177]

Alberto Xavier alerta que o significado técnico adquirido no Direito Processual e no Direito Administrativo contribuiu para a consolidação do conceito de *accertamento*, assim entendido como todo ato, sentença ou ato administrativo, que se limitam a verificar e a declarar a existência de determinadas situações da vida e a extrair os correspondentes efeitos jurídicos. Para o aludido autor, a influência da doutrina italiana no país tem representado um obstáculo a uma correta análise dos problemas inerentes à legislação tributária, pois por *accertamento* designa-se (i) a função pública vocacionada a verificar a existência e a mensurar as prestações tributárias individuais; (ii) o procedimento ou conjunto de atos organicamente coordenados por meio dos quais se realiza a função mencionada no item anterior; (iii) o ato conclusivo do procedimento; e (iv) a situação fática da vida já declarada ou verificada.[178]

III - as práticas reiteradamente observadas pelas autoridades administrativas;
IV - os convênios que entre si celebrem a União, os Estados, o Distrito Federal e os Municípios.
Parágrafo único. A observância das normas referidas neste artigo exclui a imposição de penalidades, a cobrança de juros de mora e a atualização do valor monetário da base de cálculo do tributo.

177. BERLIRI, Antonio. *Principi di diritto tributario*, 2º Volume, Mião: Giuffrè, 1967, p. 380.

178. XAVIER, Alberto. *Do lançamento tributário*: teoria geral do ato, do procedimento e do processo tributário. Rio de Janeiro: Forense, 1998, p. 29.

58

É relevante destacar que as construções doutrinárias que examinam institutos correlatos em outros países devem ser analisadas com cuidado, visto que se trata de categorias instituídas por outras ordens jurídicas, com contornos próprios traçados por outros sistemas.

Antônio Carlos de Martins Mello[179] pondera que há uma tendência, nos países civilizados, de uniformização das legislações, "de acordo com as experiências convergentes a um mesmo padrão universal, com pequenas peculiaridades".

No entanto, é importante ter em mente que essas pequenas peculiaridades existentes em cada ordenamento alteram as regras do jogo e tornam as categorias diferentes, impedindo de tratá-las como um objeto idêntico.

No Brasil, originalmente, o anteprojeto do aludido código não qualificava o lançamento como um procedimento. José Frederico Marques, em razão disso, o criticou, taxando-o de falho, justamente por não trazer explicitamente essa qualificação.[180]

A crítica do referido doutrinador foi acolhida, tendo sido incorporada ao anteprojeto - que, posteriormente, se tornaria o Código Tributário Nacional - a definição do lançamento como procedimento administrativo, pelo menos do seu artigo 142.

Embora caiba também à doutrina a formulação de uma definição da categoria, nada impede que elas sejam trazidas pelo próprio sistema do direito. As definições legislativas estão presentes em todos os sistemas jurídicos e o intérprete deve, em vez de somente sustentar que o legislador agiu indevidamente, utilizar o preceito legal para tentar superar divergências doutrinárias.[181]

---

179. MELLO, Antônio Carlos de Martins. Lançamento tributário e decadência. In: MACHADO, Hugo de Brito (coord.). *Lançamento tributário e decadência*. São Paulo: Dialética; Fortaleza: ICET, 2002. p. 10.

180. Cf. NOGUEIRA, Ruy Barbosa. *Teoria do lançamento tributário*, São Paulo: Ed. RT, 1965, p. 33.

181. MACHADO, Hugo de Brito. Lançamento tributário. *Cadernos de Pesquisas Tributárias*, n. 12, 1988, p. 218.

Na realidade, o lançamento é instituto que deve ser analisado levando em consideração a estrutura e as características que foram adotadas pelo respectivo ordenamento jurídico. Ou seja, para que ele seja compreendido é necessário o conhecimento do próprio sistema jurídico que o criou e que o disciplina, de modo que a noção sobre o lançamento é obtida a *posteriori*.

A definição do lançamento é um conceito jurídico-positivo[182], somente apreensível a partir do conhecimento do ordenamento jurídico. Por isso, o conceito de lançamento, no direito pátrio, pode não corresponder ao conceito de lançamento que é adotado pelo direito argentino, italiano ou alemão. Cada um deles tem um âmbito de validade determinado, no tempo e no espaço, pela correspondente ordem jurídica.

A incorporação desses pré-conceitos oriundos de outros países – sem atinar para as eventuais diferenças existentes nos regramentos dos países e sem investigar o modo como o instituto foi aqui positivado – pode atrapalhar a compreensão do instituído consagrado no nosso ordenamento. Pode gerar o que José Eduardo Monteiro de Barros chamou que "arremedos tupiniquins"[183].

Para se compreender um instituto jurídico, de natureza jurídico-positiva, deve o intérprete investigar o conjunto de normas jurídicas que o disciplina. Nessa linha, Bernardo Ribeiro de Moraes[184] asseverou que "o conjunto de normas disciplinadoras do lançamento forma um instituto jurídico, em cujo bojo encontramos várias regras de direito regulando o mesmo objeto material".

---

182. Aos conceitos jurídico-positivos se contrapõem os conceitos lógicos-jurídicos, os quais constituem pressupostos fundamentais para a Ciência do Direito e cuja apreensão se dá a priori, de modo que não estão vinculados às mudanças no direito positivo. É o caso, por exemplo, das noções de relação jurídica, direito subjetivo, objeto, dever jurídico, etc. (BORGES, José Souto Maior. *Lançamento tributário*. 2ª ed. São Paulo: Malheiros, 1999, p. 94).

183. BARROS, José Eduardo Monteiro de. Teoria geral do lançamento. In. *Elementos de direito tributário*. São Paulo: Ed. RT, 1978.

184. MORAES, Bernardo Ribeiro de. *Sistema tributário da Constituição de 1969*. São Paulo: Ed. RT, 1973, p. 122.

TÚLIO TERCEIRO NETO PARENTE MIRANDA

Nessa perspectiva, para ter uma visão completa do lançamento, não pode o intérprete analisar só o artigo 142 do CTN, visto que se trata de preceito que não esgota o seu campo objetal, dado que oferece uma visão normativa parcial do instituto.

Aquele que pretende compreendê-lo deve analisar o conjunto de disposições do CTN que versa sobre o tema, a partir de combinação da norma definitória com outras normas com as quais mantém relação de interdependência, examinando todo o contexto normativo que o envolve.

Observa-se, com isso, que a norma veiculada pelo artigo 142 do CTN não regula com exclusividade o instituto do lançamento. Dá-lhe, na verdade, um regramento parcial, sendo complementada pelas outras normas preceituadas no CTN que também tratam do lançamento. É nesse sentido que Souto Maior Borges diz que o artigo 142 do CTN é uma norma jurídica não autônoma.[185]

Ao longo do tempo, tem-se analisado a definição e a natureza jurídica do lançamento em uma perspectiva dualista, de maneira que o lançamento ou era considerado exclusivamente um ato, ou era considerado unicamente um procedimento.

Procedimento consiste em vários atos jurídicos sucessivos voltados para o mesmo objetivo, dos quais cada ato subsequente necessariamente pressupõe o anterior, e prepara e anuncia o subsequente. [186]

Já o ato administrativo é toda manifestação unilateral de vontade da Administração Pública que, agindo nessa qualidade, tenha por fim imediato adquirir; resguardar transferir,

---

185. BORGES, José Souto Maior. *Lançamento tributário*. 2ª ed. São Paulo: Malheiros, 1999, p. 98.

186. "consiste in più atti giuridici successivi diretti alla medesima finalità, dei quali ogni atto che segue presuppone necessariamente il precedente, e prepara e preannuncia il susseguente." (BETTI, Emilio. *Trattato di Diritto Civile Italiano*, vol. 15, tomo II, 2ª ed., Torino: Unione Tipografico-Editrice Torinese, 1950, p. 300).

modificar, extinguir e declarar direitos, ou impor obrigações aos administrados ou a si própria[187].

Do modo que o lançamento foi concebido, na realidade, o CTN adotou uma posição includente da caracterização como ato administrativo e como procedimento. Nitidamente instituiu um modelo de lançamento tributário plurívoco, ora tratando-o como procedimento, ora tratando-o como ato.

O CTN, por exemplo, trata o lançamento como procedimento anterior à prática de constituição do crédito tributário, nos artigos 142, 154, 173, parágrafo único; aborda como ato de constituição do crédito, nos artigos 145, *caput*, e 150, *caput*; e como ato formalizador do crédito tributário e como o procedimento que o antecede, no parágrafo 1º, do artigo 144.

Nesse contexto, propõe-se, com base no próprio regramento positivado, uma superação da segregação do lançamento entre ato administrativo e procedimento administrativo como categorias alternativas e excludentes. O lançamento, portanto, pode ser visto como ato administrativo e como procedimento administrativo, e não como ato administrativo ou procedimento administrativo.

Nesse sentido, Estevão Horvath defende que não se pode aceitar que o lançamento seja apenas ato ou lançamento, alternativamente, visto que há um procedimento – no sentido de uma sequência de atos juridicamente encadeados visando a desembocar num ato final – e o próprio ato final, ambos designados lançamento.[188]

É importante, ressaltar, no entanto, que, embora possa se chamar de lançamento o procedimento - assim entendido como o conjunto de atos, termos e etapas que evoluem para

---

187. MEIRELLES, Hely Lopes. *Direito Administrativo Brasileiro*, 23ª ed. São Paulo: Malheiros, 1998, p. 131.

188. HORVATH, Estevão. *Lançamento tributário*. 2ª ed. São Paulo: Quartier Latin, 2010, p. 47. No mesmo sentido: ROCHA, Sergio André. *Processo administrativo fiscal:* controle administrativo do lançamento tributário. 3ª ed. Rio de Janeiro: Lumen Juris, 2009, p.278.

alcançar determinada finalidade – somente podemos considerá-lo ultimado com o ato conclusivo que é o "ato de lançamento". Ou seja, podemos ter o início do procedimento administrativo fiscal, mas ele só poderá ser considerado um procedimento de lançamento tributário caso ele seja concluído com o ato de lançamento.

É nessa linha que Luís Eduardo Schoueri[189] afirma que "não cabe falar em início de lançamento ou lançamento pela metade. Ou há lançamento, tendo ocorrido toda a série de atos prevista na lei, ou não houve lançamento". Não se considera realizado o lançamento "até que o último dos atos que o compõem tenha ocorrido".

A caracterização do procedimento de lançamento, portanto, se dá em uma visão retrospectiva. Se houve o ato de lançamento, é possível verificar o procedimento de lançamento, como o conjunto encadeado de etapas, termos e atos que culminaram com o ato de lançamento. Se, no entanto, não chegou a se constituir o crédito tributário, o bloco dos atos coordenados que foram praticados pode ser chamado de procedimento, mas não procedimento de lançamento.

Na realidade, convém destacar, como ensina Gregorio Robles[190], que ato, procedimento e norma são três conceitos que, de tão assimilados chegam a ser quase intercambiáveis. Porém, cada um dos termos tem uma preponderância em relação a determinado aspecto. A palavra "ato" sugere a ideia de um fenômeno já finalizado, considerado em sua totalidade como uma realidade produzida. "Procedimento" é um signo que sugere o conjunto de etapas necessárias para que o ato ocorra.[191] A "nor-

---

189. SCHOUERI, Luís Eduardo. *Direito tributário*. 8ª ed. São Paulo: Saraiva, 2018, p. 635 e 636.

190. MORCHÓN, Gregorio Robles. *Teoría del derecho*. Madrid: Civitas, 1998. p. 242

191. Paulo de Barros Carvalho adverte que o termo "procedimento" pode apresentar duas acepções, a saber: "Tanto a legislação como a doutrina utilizam a voz "procedimento" em duas acepções bem distintas: (1) "procedimento" como conjunto ordenado de atos administrativos e termos que evoluem, unitariamente, para a consecução de ato específico, que é sua finalidade (exemplos: procedimento administrativo tributário,

ma" é a expressão linguística do referido procedimento, vale dizer, sua manifestação explícita por meio de palavras.

Tendo em vista que toda significação de um signo nasce de um contexto[192], a acepção do termo "lançamento" será determinada em função do discurso em que esteja inserido, vale dizer, do vínculo que se estabelece com outros signos dentro de um dado enunciado.

Tem-se aqui o que Karl Engish[193] chama de relatividade dos conceitos jurídicos, que exprime a ideia de que, no sistema do direito, há uma "variação individualizante dos conceitos", de modo que o seu conteúdo é forjado em função do contexto inserido. Nessa perspectiva, a univocidade da linguagem jurídica tem de subordinar-se à relatividade material.

Nessa perspectiva, o lançamento poderá ser analisado em, pelo menos, três facetas, isto é, como: (i) norma que regula o procedimento para a produção do ato; (ii) procedimento, entendido como sucessão de atos praticados pela autoridade competente, na forma da lei; e (iii) ato, como resultado da atividade desenvolvida no curso do procedimento.[194]

2.3 COMPETÊNCIA PRIVATIVA

De acordo com o artigo 142, *caput*, do CTN, compete privativamente à autoridade administrativa constituir o crédito tributário por meio do lançamento.

---

procedimento de consulta, procedimento de licitação etc.); e (2) "procedimento" como qualquer atividade físico-material e intelectual para a produção de ato jurídico administrativo (exemplo: o funcionário, verificando o enquadramento do fato à norma, redige breve autorização, num ato jurídico administrativo isolado)." (CARVALHO, Paulo de Barros. *Curso de direito tributário*. 30ª ed. São Paulo: Saraiva, 2019, p. 465).

192. Cf. HJELMSLEV, Louis Trolle. *Prolegômenos a uma teoria da linguagem*. São Paulo: Perspectiva, 1975, p. 50.

193. ENGISCH, Karl. *Introdução ao pensamento jurídico*. Lisboa: Fundação Calouste Gulbenkian, 2001, p. 312.

194. CARVALHO, Paulo de Barros. *Direito tributário, linguagem e método*. São Paulo: Noeses, 2013, p. 518.

TÚLIO TERCEIRO NETO PARENTE MIRANDA

Um grupo de doutrinadores, interpretando esse trecho da aludida norma jurídica, entende que o legislador somente atribuiu à autoridade fiscal a competência para formalizar o crédito tributário, sendo uma atividade exclusiva da Administração Tributária.

Por exemplo, de acordo com Ives Gandra Martins, se o artigo 142 do CTN declara que compete privativamente à autoridade administrativa constituir o crédito tributário pelo lançamento, apenas o agente fiscal pode realizá-lo, até mesmo porque o advérbio utilizado pelo legislador não admite transigência.[195] No mesmo diapasão, Luís Eduardo Schoeuri sustenta que o CTN definiu o lançamento como atividade privativa da autoridade administrativa e de natureza vinculada e obrigatória, de modo que o legislador teria negado a possibilidade de o lançamento ser feito por terceiro ou pelo próprio particular.[196]

No entanto, embora seja uma regra geral que o crédito tributário deve ser constituído pela autoridade fiscal via lançamento, como será adiante esmiuçado ao tratar das modalidades de lançamento, o próprio CTN, no seu artigo 150, ressalvou a possibilidade de constituição do crédito tributário pelo sujeito passivo, no chamado "lançamento por homologação". Trata-se de uma exceção veiculada pelo próprio legislador, que permitiu o sujeito passivo reconhecer a prática do evento tributário; apurar o tributo devido; e recolher o montante apurado, sem prévio exame da autoridade fiscal[197].

Paulo de Barros Carvalho reconhece que é possível a constituição do crédito tributário pelo sujeito passivo, sem a interferência do Estado-Administração. Para ele, deixando entre parênteses as qualificações jurídicas inerentes à

---

195. MARTINS, Ives Gandra. *Cadernos de Pesquisas Tributárias*, n. 12, São Paulo: Editora Resenha Tributária, 1988, p. 35-43.

196. SCHOUERI, Luís Eduardo. *Direito tributário*. 8ª ed. São Paulo: Saraiva, 2018, p. 634.

197. Cf. CANTO, Gilberto Ulhoa. O lançamento. *Cadernos de Pesquisas Tributárias*, n. 12, São Paulo: Editora Resenha Tributária, 1988, p. 18.

REVISÃO DO LANÇAMENTO TRIBUTÁRIO: HIPÓTESES E LIMITES

autoria, substancialmente não haveria qualquer distinção, como atividade, entre o ato praticado pela autoridade fiscal e o ato empreendido pelo particular. Em ambas as hipóteses, há a descrição do evento tributário, constituindo o fato jurídico, e, por imputação normativa, o surgimento da relação tributária, com todos os seus elementos integrantes.[198]

Nesse esteio, Heleno Taveira Torres preconiza que a regra geral é de que o lançamento de tributos sempre será ato privativo de autoridade administrativa. No entanto, há, na sua visão, exceções legais, como a veiculada no artigo 150, do CTN, que designa o contribuinte como sujeito capaz de constituir lançamentos tributários, mediante antecipação do pagamento.[199]

A despeito do artigo 142 expressamente prever que cabe privativamente à autoridade administrativa constituir o crédito tributário pela via do lançamento, os enunciados prescritivos não devem ser interpretados em tiras, mas em conjunto, principalmente com outros enunciados normativos que tratam da mesma matéria, harmonizando-os[200].

Na verdade, apesar de não constituir, a rigor, um ato administrativo de lançamento, porquanto não é realizado por autoridade fiscal, a constituição do crédito tributário pelo sujeito passivo está contemplada no artigo 150 do CTN, tendo sido equiparado pelo referido diploma ao lançamento, para fins de constituição do crédito tributário. Isto é, o CTN reconheceu que atos praticados pelo contribuinte têm o mesmo efeito que o lançamento tributário, visto que também é capaz de constituir o tributo.

---

198. CARVALHO, Paulo de Barros. *Fundamentos jurídicos da incidência*. 9ª ed. São Paulo: Saraiva, 2012, p. 329.

199. TORRES, Heleno Taveira. In: AMARAL, Antonio Carlos Rodrigues do (coord.). *Curso de direito tributário*. São Paulo: Celso Bastos Editor, 2002, p. 191.

200. Cf. GRAU, Eros Roberto. *Ensaio e discurso sobre a interpretação/aplicação do direito*. 5ª ed. São Paulo: Editora Malheiros, 2006. p. 44.

Nesse sentido, eis a lição de Paulo de Barros Carvalho[201]:

> Entendo que antes disso, ao relatar em linguagem competente (na forma da lei) o acontecimento do evento, e ao passar igualmente em linguagem adequada os termos compositivos da relação jurídico tributária, determinando o objeto da conduta prestacional e todas as condições que tornam possível o recolhimento do correspondente valor, terá o administrado emitido uma norma individual e concreta que equivale, enquanto fonte normativa, ao ato jurídico-administrativo de lançamento.

Importante salientar, ainda, que a própria Constituição Federal, no seu artigo 114, VIII, consagrou a possibilidade de o Judiciário também constituir tributos, ao atribuir competência à Justiça do Trabalho para constituir as contribuições previdenciárias, decorrentes das sentenças proferidas nas demandas trabalhistas. De igual modo, também cabe destacar que, nos procedimentos de inventário e partilha judicial, a constituição e apuração do imposto sobre transmissão *causa mortis* e doação (ITCMD) cabe ao juiz, após ouvidas as partes e a Fazenda Pública Estadual, conforme disposto na seção V, do capítulo VI, do Código de Processo Civil. Walter Barbosa Corrêa chamou essa constituição de crédito tributário no Judiciário de "lançamento produzido em juízo"[202].

Embora somente a autoridade fiscal tenha competência para constituir o crédito tributário por meio do ato administrativo de lançamento - tendo em vista que se trata de ato privativo, vinculado e obrigatório – é certo que o sistema jurídico, inclusive por meio da Constituição, reconhece que os particulares e o Judiciário também praticam atos que constituem tributos.

Nesse contexto, a pessoa incumbida da formalização do crédito tributário pode ser tanto o sujeito ativo da relação

---

201. CARVALHO, Paulo de Barros. *Fundamentos jurídicos da incidência*. 9ª ed. São Paulo: Saraiva, 2012, p. 304.

202. CORREA, Walter Barbosa. O lançamento tributário e o ato administrativo nulo. *Revista de Direito Administrativo*, v. 126, p. 29-43, 1976.

tributária, o sujeito passivo ou, ainda, um terceiro,[203] a depender da escolha do legislador.[204]

Dessa forma, observa-se que a constituição de crédito tributário não é uma atividade privativa da Administração, considerando que também pode ser levada a efeito pelo sujeito passivo da obrigação tributária e pelo Poder Judiciário. Porém, se a legislação previr que a constituição do tributo cabe à Administração, a formalização do crédito tributário somente pode ser feita por meio do lançamento, não podendo, nesse caso, haver a delegação da função.[205]

Nesse contexto, será adotada a expressão "lançamento tributário em sentido estrito" para referir apenas à constituição do crédito tributário pela autoridade fiscal, enquanto o "lançamento tributário em sentido amplo" será utilizado para aludir às constituições de crédito realizadas por todos os sujeitos credenciados pelo sistema jurídico, isto é, o Fisco, os particulares e o Judiciário.

Nesse prisma, o lançamento em sentido amplo é indispensável a qualquer tributo, porquanto não há como um tributo ser cobrado ou pago sem ser previamente constituído, na linguagem estabelecida pelo sistema jurídico.

---

203. Também chamado por parte da doutrina de alterlançamento. Sobre o tema, ver: MELLO, Henrique. Os Terceiros na Sujeição Passiva Tributária e o Alterlançamento. São Paulo: Noeses, 2021.

204. BECKER, Alfredo Augusto. *Teoria geral do direito tributário*. 3ª ed. São Paulo: Lejus, 1998, p. 361.

205. Cf. "Mas como compatibilizar a figura do lançamento por homologação do art. 150 com o art. 142 do CTN, segundo o qual lançamento é privativo da Administração? A conclusão a que se chega é de que o lançamento é obrigatório unicamente quando cabe ao Fisco constituir o crédito tributário (por lançamento de ofício ou por declaração). Ao revés, no caso dos tributos sujeitos ao lançamento por homologação, em que cabe ao contribuinte realizar a atividade de apuração do tributo devido, o que ocorre é a constituição do crédito tributário sem o lançamento. Assim, apenas a constituição do crédito tributário por meio do lançamento de ofício é atividade privativa da Administração, o que não implica dizer que o contribuinte não possa dar causa à constituição do crédito tributário." (LIMA, Daniel Serra; LESSA, Donovan Mazza. A declaração de inconstitucionalidade de benefícios fiscais de ICMS e a impossibilidade de exigir retroativamente o imposto do contribuinte de direito. *Revista Dialética de Direito Tributário*, n. 209. São Paulo: Dialética, fev/2013, p. 33).

2.4 ATIVIDADE OBRIGATÓRIA E VINCULADA

O parágrafo único, do artigo 142, do CTN, prescreve que o lançamento é uma atividade vinculada e obrigatória.

Caso o CTN não tivesse qualificado o lançamento como uma atividade vinculada e obrigatória, a autoridade administrativa teria a faculdade de decidir o caminho como aplicaria as normas tributárias aos casos concretos, para constituir os créditos tributários. Todavia, como o CTN fez explicitamente essa previsão, os entes federativos, por meio das respectivas leis, devem obedecer a um procedimento específico para formalização e apuração do crédito tributário. Nessa perspectiva, o enunciado do artigo 142 do CTN também se manifesta como uma norma de estrutura que se refere à produção legislativa pelos entes federativos.[206]

Embora o CTN tenha estabelecido o que deve ser feito por meio do lançamento (certificar a ocorrência do evento tributário, determinar a matéria tributável, calcular o montante do tributo devido, identificar o sujeito passivo e, sendo caso, propor a aplicação da penalidade cabível), não deixou predeterminado o *iter* que deveria ser seguido para a formação do próprio lançamento. Isso acontece porque o preceito veiculado no CTN, como norma geral de direito tributário, deve possuir maior grau de indeterminabilidade, tendo em vista que deve ser atendido uniformemente nos planos federais, estaduais e municipais.[207]

Feitas essas ponderações, cabe destacar que a circunstância de a atividade relativa ao lançamento ser vinculada resulta também da definição de tributo prevista no artigo 3º do CTN[208], o qual estabelece que o tributo é cobrado mediante atividade administrativa plenamente vinculada[209].

---

206. Cf. SANTI, Eurico Marcos Diniz de. *Lançamento tributário*. 3ª ed. São Paulo: Saraiva, 2010, p. 113.

207. Cf. BORGES, José Souto Maior. *Lançamento tributário*. 2ª ed. São Paulo: Malheiros, 1999, p. 106.

208. Art. 3º. Tributo é toda prestação pecuniária compulsória, em moeda ou cujo valor nela se possa exprimir, que não constitua sanção de ato ilícito, instituída em lei e cobrada mediante atividade administrativa plenamente vinculada.

209. Cf. COSTA, Alcides Jorge. Faculdades da administração em matéria de lançamento

REVISÃO DO LANÇAMENTO TRIBUTÁRIO: HIPÓTESES E LIMITES

Luciano Amaro afirma que o lançamento como atividade vinculada e obrigatória significa que ele deve ser feito nos termos da lei, vale dizer, deve ser realizado sempre que a lei o determine, respeitando-se os critérios definidos, sem margem de discrição para que o sujeito ativo, por razões de conveniência ou oportunidade, decida entre lançar ou não lançar, ou lançar valor maior ou menor. Para o referido autor, o CTN foi redundante, pois ao se dizer que a atividade é vinculada, já se supõe que ela seja obrigatória, porquanto inexiste facultatividade na prática de atos vinculados.[210]

Para outros autores, porém, atividade vinculada e obrigatória não são conceitos equivalentes.

De acordo com Luís Eduardo Schoueri, atividade vinculada é aquela que o legislador prescreve o comportamento da Administração, sem liberdade para decidir se é conveniente ou oportuna sua prática. Com isso, o CTN deixa claro que a autoridade fiscal não dispõe de opção para efetuar a cobrança tributária por meio diverso. Por outro giro, ao veicular que a atividade é obrigatória, exprime o dever de que a Administração não pode abrir mão do seu direito.

James Marins leciona que a vinculação traduz a fidelidade que a autoridade fiscal deve ter aos preceitos legais no exercício do lançamento, ao passo que a obrigatoriedade significa que não se trata de uma faculdade concedida aos agentes do Fisco, mas um imperativo, uma obrigação indeclinável[211].

Ruy Barbosa Nogueira asseverava que atividade vinculada é aquela que não pode se separar da legalidade, tanto no que diz respeito ao conteúdo, quanto à forma; e obrigatória "quer dizer

---

tributário. In: *Revista de direito tributário*. SP: Malheiros, v. 68, 1995, p. 42. No mesmo sentido, vide: SCHOUERI, Luís Eduardo. *Direito tributário*. 8ª ed. São Paulo: Saraiva, 2018, p. 635 e 638.

210. AMARO, Luciano. *Direito tributário brasileiro*. 14ª ed. São Paulo: Saraiva, 2008, p. 347.

211. MARINS, James. Lançamento tributário e a decadência (fragmentos de um estudo). In; MACHADO, Hugo de Brito (coord.). *Lançamento tributário e decadência*. São Paulo: Dialética, Fortaleza: ICET, 2002, p. 314.

70

que deve ser procedida de ofício, não é facultativa, mas imperativa, não pode deixar de ser cumprida pelo administrador." [212]

Na realidade, a vinculação e a obrigatoriedade não são sinônimas. A obrigatoriedade corresponde ao dever que tem a autoridade fiscal de proceder ao lançamento, uma vez verificado o evento tributário, enquanto a vinculação significa que, no exercício do lançamento, devem ser obedecidos os parâmetros e o caminho fixados pela legislação tributária. Por isso, Paulo de Barros Carvalho assevera que a vinculação do lançamento é, no fundo, "a vinculação do procedimento aos termos estritos da lei"[213].

Ricardo Lobo Torres, com base no enunciado do artigo 142, *caput*, do CTN, defendia a existência de um princípio próprio do lançamento a que chamou de vinculação à lei, que significa que a autoridade deve promover o lançamento nos estritos termos da lei, sempre que ocorrer a situação descrita na norma no mundo fático, não lhe restando margem de discricionariedade. A seu ver, a vinculação à lei é um instrumento de concretização da igualdade, visto que "a autoridade administrativa não pode efetuar um lançamento contra um sujeito passivo e deixar de efetivá-lo, em idênticas circunstâncias, com relação a outra pessoa, movida por critérios subjetivos."[214]

O autor adverte, no entanto, que a ausência de discricionariedade não implica dizer que a autoridade fiscal não pode interpretar a lei e o fato concreto, o que é fundamental para a subsunção.

Nessa linha, Amílcar Araújo Falcão pontua que há uma confusão entre as noções de discricionariedade e de conceito indeterminado. Embora o lançamento não comporte juízo de

---

212. NOGUEIRA, Ruy Barbosa. *Curso de direito tributário*. 14ª ed. São Paulo: Saraiva, 1995, p. 223 e 224.

213. CARVALHO, Paulo de Barros. *Curso de direito tributário*. 30ª ed. São Paulo: Saraiva, 2019, p. 442.

214. TORRES, Ricardo Lobo. *Curso de direito financeiro e tributário*. 16ª ed. Rio de Janeiro, Renovar, 2009, p. 277-278.

REVISÃO DO LANÇAMENTO TRIBUTÁRIO: HIPÓTESES E LIMITES

discricionariedade, a autoridade fiscal detém uma margem interpretativa para determinar o sentido, no caso concreto, dos conceitos indeterminados[215].

Eros Grau, nesse mesmo contexto, defende que devem ser apartadas a discricionariedade da aplicação de "conceito indeterminados", pois enquanto no exercício da discricionariedade o sujeito cuida da emissão de juízos de oportunidade, na aplicação de conceitos indeterminados o sujeito cuida de emissão de juízos de legalidade.[216]

A afirmação de que o lançamento não comporta juízos discricionários deve ser vista com temperamentos, porque há circunstâncias em que a própria lei confere à autoridade fiscal, no exercício do lançamento, o direito de escolher entre mais de uma alternativa jurídica possível. É o caso, por exemplo, das opções de metodologia para arbitramento de lucro das pessoas jurídicas, quando não conhecida a receita bruta, previstas no artigo 51, da Lei nº 8.981/1995[217]; e dos possíveis

---

215. FALCÃO, Amílcar de Araújo. *Fato gerador da obrigação tributária*. 2ª ed. São Paulo: Ed. RT, 1971, p. 112-114.
Cf. Para Eros Grau não há que se falar em conceitos indeterminados, mas em indeterminação dos termos que expressam conceitos, visto que os conceitos pressupõem uma suma determinadas de ideias. Vejamos: "a reiteradamente referida "indeterminação dos conceitos" não é deles, mas sim dos termos que os expressam. Ainda que o termo de um conceito seja indeterminado, o conceito é signo de uma significação determinada. E de uma apenas significação." GRAU, Eros Roberto. Conceitos indeterminados. *In: Justiça tributária:* direitos do fisco e garantias dos contribuintes nos atos da administração e no processo tributário. São Paulo: Max Limonad, 1998, p. 122.

216. GRAU, Eros Roberto. Conceitos indeterminados. *In: Justiça tributária:* direitos do fisco e garantias dos contribuintes nos atos da administração e no processo tributário. São Paulo: Max Limonad, 1998, p. 123.

217. Art. 51. O lucro arbitrado das pessoas jurídicas, quando não conhecida a receita bruta, será determinado através de procedimento de ofício, mediante a utilização de uma das seguintes alternativas de cálculo:
I - 1,5 (um inteiro e cinco décimos) do lucro real referente ao último período em que pessoa jurídica manteve escrituração de acordo com as leis comerciais e fiscais, atualizado monetariamente;
II - 0,04 (quatro centésimos) da soma dos valores do ativo circulante, realizável a longo prazo e permanente, existentes no último balanço patrimonial conhecido, atualizado monetariamente;
III - 0,07 (sete centésimos) do valor do capital, inclusive a sua correção monetária

parâmetros que podem ser utilizados nos levantamentos fiscais para cobrança de ICMS, no Estado de São Paulo, conforme estabelecido no artigo 74 de Lei nº 6.374/89.

A discricionariedade não representa um espectro de liberdade ampla que fica ao alvedrio da Administração e à margem do direito. Ao contrário, é um campo de atuação demarcado pela própria lei. Como afirma Maria Sylvia Zanella Di Pietro, a discricionariedade implica liberdade a ser exercida nos limites fixados pela lei. Logo, a fonte da discricionariedade é a própria lei[218].

O ato discricionário está ligado à ideia de escolha do administrador, uma vez que a lei estabelece uma margem de decisão para a autoridade administrativa, que poderá optar por uma solução legal dentre várias juridicamente legítimas[219].

Nesse contexto, observa-se que discricionariedade e vinculação não são fenômenos jurídicos contrários e excludentes, porquanto podem conviver harmonicamente no exercício do poder administrativo, promovendo, em diferentes graus, a realização do princípio da legalidade. Nesse sentido preconiza Fernando Mendes de Almeida[220] que "vinculação e discrição não representam ideias opostas. Não são contrários.

---

contabilizada como reserva de capital, constante do último balanço patrimonial conhecido ou registrado nos atos de constituição ou alteração da sociedade, atualizado monetariamente;
IV - 0,05 (cinco centésimos) do valor do patrimônio líquido constante do último balanço patrimonial conhecido, atualizado monetariamente;
V - 0,4 (quatro décimos) do valor das compras de mercadorias efetuadas no mês;
VI - 0,4 (quatro décimos) da soma, em cada mês, dos valores da folha de pagamento dos empregados e das compras de matérias-primas, produtos intermediários e materiais de embalagem;
VII - 0,8 (oito décimos) da soma dos valores devidos no mês a empregados;
VIII - 0,9 (nove décimos) do valor mensal do aluguel devido.

218. DI PIETRO, Maria Sylvia Zanella. *Direito administrativo*. 30ª Ed. Rio de Janeiro: Forense, 2017, pp. 73; 176/180.

219. Cf. GALKOWICZ, Thais de Laurentiis. *Mudança de critério jurídico pela administração tributária*: regime de controle e garantia do contribuinte. 2022. Tese (Doutorado) – Universidade de São Paulo, São Paulo, 2022.

220. ALMEIDA, Fernando Henrique Mendes de. Vinculação e discrição na teoria dos atos administrativos, p. 462. *Revista de Direito Administrativo*, Rio de Janeiro, v. 89, pp. 462-471, jul. 1967.

Traduzem tais palavras, apenas, graus diferentes de celebração do princípio da legalidade pelo Direito Positivo".

Ressalta-se, também, que a autoridade fiscal tem o poder discricionário de escolher, a seu juízo de conveniência e oportunidade, aqueles contribuintes que devem ser investigados para se conferir se estão cumprindo devidamente seus deveres, assim como a âmbito da inspeção que deseja realizar.[221]

É certo, porém, que o poder discricionário não se exerce ilimitadamente, considerando que, embora de modo mais restrito, ainda está sujeito ao controle de legalidade, que deverá respeitar a discricionariedade administrativa nos limites em que ela é assegurada à Administração Pública pela lei, considerando que é um poder delimitado previamente pelo próprio legislador. Nesse caso, a despeito de não ser legítimo invadir o espaço reservado pela lei ao administrador, para interferir e substituir seus critérios de escolha, cabe ao Judiciário, por exemplo, "apreciar os aspectos da legalidade e verificar se a Administração não ultrapassou os limites da discricionariedade"[222].

Cumpre destacar que a atividade administrativa, mesmo que de natureza discricionária, está condicionada à obtenção de determinadas finalidades, de sorte que não pode a Administração deles se desviar, demandando resultados diversos dos visados pelo legislador. Nesse sentido, se o ato administrativo foi praticado visando a alcançar consequências que a lei não teve em vista quando autorizou a sua prática, o ato deve ser declarado ilegítimo por desvio de finalidade.[223]

---

221. Cf. CANTO, Gilberto Ulhoa. O lançamento. *Cadernos de Pesquisas Tributárias*, n. 12, São Paulo: Editora Resenha Tributária, 1988, p. 12. Cf. SEIXAS FILHO, Aurélio Pitanga. Faculdade da administração na determinação de tributos (Lançamento e liquidação). In: *Revista de direito tributário*, nº 68, São Paulo: Malheiros, 1995, p. 101.

222. DI PIETRO, Maria Sylvia Zanella. *Direito administrativo*. 30ª ed. Rio de Janeiro: Forense, 2017, p. 181.

223. FAGUNDES, Seabra. *O controle dos atos administrativos pelo poder judiciário*. 5ª Ed. Rio de Janeiro: Forense, 1975, p. 71.

Nessa linha, Amílcar Falcão defendia que o exercício do poder discricionário encontra pelo menos dois limites: (i) um externo, constituído pela competência da autoridade; e (ii) um limite interno, que se consubstancia na proibição do desvio de poder[224].

A discricionariedade, portanto, jamais é ilimitada, porquanto a liberdade do administrador somente deve ser exercida nos limites estabelecidos em lei, pela autoridade habilitada e em conformidade com a finalidade normativa em vista da qual foi atribuída a competência.[225]

2.5 LANÇAMENTO POR HOMOLOGAÇÃO E A CONSTITUIÇÃO DO CRÉDITO TRIBUTÁRIO

Já em 1965, Ruy Barbosa Nogueira afirmava que, no Brasil, o maior volume de arrecadação tributária já se dava por meio do lançamento por homologação e que era um expediente que crescia cada vez mais.[226]

Essas transferências das tarefas da Administração Tributária para os contribuintes, exigindo que eles colaborem com o Estado na persecução tributária, são as chamadas de "privatização da gestão tributária"[227] ou "técnicas de massificadas de gestão"[228].

Esse é um fenômeno que ocorre no mundo globalizado, decorrente da inviabilidade de o Fisco identificar todas as

---

224. FALCÃO, Amílcar de Araújo. *Fato gerador da obrigação tributária.* 2ª ed. São Paulo: Ed. RT, 1971, p. 112.

225. MELLO, Celso Antônio Bandeira de. *Curso de direito administrativo.* 24ª ed. São Paulo: Malheiros, 2007, p. 959.

226. NOGUEIRA, Ruy Barbosa. *Teoria do lançamento tributário,* São Paulo: Ed. RT, 1965, p. 51.

227. Cf. LAPATZA, José Juan Ferreiro. La privatización de La gestión tributaria y las nuevas competências de los Tribunales Económico-Administrativo. In: CIVITAS – *Rev. Esp. Der. Fin.,* nº 37-81, 1983, p. 82-86.

228. CF. XAVIER, Alberto. O conceito de autolançamento e a recente jurisprudência do superior tribunal de justiça. In: SCHOUERI, Luís Eduardo (coord.). *Direito tributário – homenagem a Paulo de Barros Carvalho.* São Paulo: Quartier Latin, 2008, p. 567.

obrigações tributárias surgidas de cada um dos fatos geradores praticados no país.[229] Isto é, em uma sociedade moderna, com economias tão dinâmicas, é praticamente impossível a Administração Tributária controlar a multiplicidade dos eventos tributários praticados.[230]

No Brasil, o CTN, no seu artigo 150, trouxe a figura do lançamento por homologação, nos seguintes termos:

> Art. 150. O lançamento por homologação, que ocorre quanto aos tributos cuja legislação atribua ao sujeito passivo o dever de antecipar o pagamento sem prévio exame da autoridade administrativa, opera-se pelo ato em que a referida autoridade, tomando conhecimento da atividade assim exercida pelo obrigado, expressamente a homologa.
>
> § 1º. O pagamento antecipado pelo obrigado nos termos deste artigo extingue o crédito, sob condição resolutória da ulterior homologação ao lançamento.
>
> § 2º. Não influem sobre a obrigação tributária quaisquer atos anteriores à homologação, praticados pelo sujeito passivo ou por terceiro, visando à extinção total ou parcial do crédito.
>
> § 3º. Os atos a que se refere o parágrafo anterior serão, porém, considerados na apuração do saldo porventura devido e, sendo o caso, na imposição de penalidade, ou sua graduação.
>
> § 4º. Se a lei não fixar prazo a homologação, será ele de cinco anos, a contar da ocorrência do fato gerador; expirado esse prazo sem que a Fazenda Pública se tenha pronunciado, considera-se homologado o lançamento e definitivamente extinto o crédito, salvo se comprovada a ocorrência de dolo, fraude ou simulação.

Com isso, o CTN atribuiu ao sujeito passivo um dever de colaboração com a Administração Tributária, delegando-lhe a função de reconhecer a prática do fato gerador, calcular o tributo devido e pagá-lo, sem a prévia participação Fisco, que ficará incumbido de examinar a regularidade do pagamento.

---

229. Cf. MILEO FILHO, Francisco Sávio Fernandez. Os custos de conformidade em contraposição à função e à importância das obrigações acessórias. In: *R. Fórum Dir. fin. e Econômico – RFDFE* | Belo Horizonte, ano 8, n. 15, p. 41-65, mar./ago. 2019.

230. Cf. HORVATH, Estevão. *Lançamento tributário*. 2ª Ed. São Paulo: Quartier Latin, 2010, p. 110.

Embora o legislador tenha delegado aos sujeitos passivos a missão de interpretar a legislação tributária, reconhecer que praticou a situação descrita em lei, liquidar o tributo devido e de recolher o montante apurado, tudo sem interferência da autoridade fiscal, parte da doutrina defende que a constituição de crédito, mesmo no chamado lançamento por homologação, continua sendo realizada pelo Fisco, mediante a prática da homologação.

Nesse sentido, Américo Masset Lacombe diz que o lançamento somente pode ser realizado pelo Estado. Para ele, os atos praticados pelo sujeito passivo, a identificação do fato, a sua valoração, a interpretação da norma tributária, a sua aplicação, a determinação do valor, tudo isso deve ser considerado apenas atos de colaboração que precedem o próprio lançamento, que se ultima com a homologação.[231]

Ricardo Mariz de Oliveira defende que o lançamento nunca é feito pelo contribuinte ou pelo responsável. Quando a lei estabelece que o tributo é sujeito ao lançamento por homologação, o sujeito passivo antecipa o pagamento, vindo o lançamento homologatório a ocorrer posteriormente, de modo que, nessa hipótese, o recolhimento precederia o próprio lançamento.[232]

Hugo de Brito Machado é taxativo ao afirmar que, sem homologação, não existirá, juridicamente, o lançamento e por isso não haverá crédito tributário constituído.[233]

Ruy Barbosa Nogueira defende que a homologação transforma o ato praticado pelo particular em ato administrativo, passando, então, a vincular a Administração. Para ele, antes disso, trata-se de uma "atividade para-administrativa, delegada sob cautelas".[234]

---

231. LACOMBE, Américo Masset. *Crédito tributário:* lançamento. Direito tributário 4. São Paulo: Bushatsky, 1976, p. 184.

232. OLIVEIRA, Ricardo Mariz de. Do lançamento. *Cadernos de Pesquisas Tributárias,* n. 12, São Paulo: Editora Resenha Tributária, 1988, p. 115 e 130.

233. MACHADO, Hugo de Brito. Lançamento tributário. *Cadernos de Pesquisas Tributárias,* n. 12, São Paulo: Editora Resenha Tributária, 1988, p. 225.

234. NOGUEIRA, Ruy Barbosa. *Curso de direito tributário.* 14ª Ed. São Paulo: Saraiva, 1995, 319.

REVISÃO DO LANÇAMENTO TRIBUTÁRIO: HIPÓTESES E LIMITES

Porém, o CTN não fez "uma profissão de fé no sentido de que só pode haver lançamento mediante a prática de atos pela administração tributária"[235]. Não é contraditório e nem inconciliável admitir a constituição do crédito tributário, com a apuração do tributo e pagamento pelo próprio sujeito passivo, sem a dependência da prévia atuação do Fisco.

Não se pode equiparar o lançamento, enquanto ato administrativo que constitui formalmente o crédito tributário, após a realização de diversas operações (certificação do evento tributário, identificação do sujeito passivo e apuração do valor devido), com o ato administrativo de homologação.

A homologação, no direito administrativo, é ato de controle pelo qual a autoridade superior examina a legalidade e a conveniência de ato anterior da própria Administração, de outra entidade ou particular, para dar-lhe eficácia.[236] Trata-se sempre de um expediente que o sistema jurídico considera necessário e indispensável para que determinados atos produzam efeitos.[237] Nesse sentido, a homologação, portanto, é indispensável para que o ato homologado passe a produzir suas consequências jurídicas. Deve ser, a rigor, uma exigência, sem a qual o ato não tem eficácia.[238]

Todavia isso não é o que acontece com a homologação a que faz referência o CTN. Nos termos delineados pelo legislador tributário, a homologação não transforma a constituição do crédito tributário pelo sujeito passivo em ato administrativo de lançamento, nem lhe dá eficácia que até então era faltante.

---

235. CANTO, Gilberto Ulhoa. O lançamento. *Cadernos de Pesquisas Tributárias*, n. 12, São Paulo: Editora Resenha Tributária, 1988, p. 19.

236. MEIRELLES, Hely Lopes. *Direito administrativo brasileiro*. 23ª ed. São Paulo: RT, 1998, p. 169.

237. GUIMARÃES, Carlos da Rocha. *Prescrição e decadência*. Rio de Janeiro: Forense, 1984.

238. GUIMARÃES, Carlos da Rocha, *Cadernos de Pesquisas Tributárias*, n. 12, São Paulo: Editora Resenha Tributária, 1988, p. 244 e 245.

A homologação não constitui o crédito tributário, mas, antes, confirma a sua extinção, por meio da concordância com o pagamento realizado pelo sujeito passivo. Isto é, como o pagamento antecipado extingue o crédito tributário sob condição resolutória, a homologação prevista no CTN apenas certifica a quitação do débito, que se deu com o prévio recolhimento realizado pelo sujeito passivo.[239]

Por isso, Paulo de Barros Carvalho alerta que a homologação não é do lançamento, mas do pagamento, "perfazendo-se o ato homologatório com a verificação de sua regularidade material e formal."[240]

Assim não é possível logicamente equiparar a homologação ao lançamento, pois estar-se-ia constituindo formalmente um crédito tributário já extinto, visto que é o próprio pagamento antecipado que o extingue sob condição resolutória de posterior homologação (art. 150, § 1º, do CTN).[241] Além disso, se o § 1º, do artigo 150, do CTN, fala em *extinção* do crédito tributário "sob condição resolutória da ulterior homologação do lançamento", há de se concluir que já houve prévia constituição do crédito pelo sujeito passivo, pois não há como se confirmar a extinção de algo que não existiu.[242]

Importante registrar que a homologação pressupõe o pagamento do tributo. Não basta o sujeito passivo constituir o tributo, cumprindo a chamada "obrigação acessória" na forma da lei, para automaticamente qualificar esse procedimento

---

239. FILHO SEIXAS, Aurélio Pitanga. Lançamento tributário e a decadência. In: Machado, Hugo de Brito (coord.). *Lançamento tributário e a decadência*. Fortaleza e São Paulo: Dialética e ICET. 2002, p. 31.

240. CARVALHO, Paulo de Barros Carvalho. *Direito tributário: fundamentos jurídicos da incidência*. 9ª Ed. São Paulo: Saraiva, 2012, p. 305.

241. GONÇALVES, José Artur Lima; e MARQUES, Márcio Severo. Lançamento tributário e decadência. In: MACHADO, Hugo de Brito (org.). *Lançamento tributário e decadência*. São Paulo: Dialética; Fortaleza: ICET, 2002. p. 337.

242. COSTA, Carlos Celso Orcesi da. *Obrigação, lançamento e relação jurídica tributária*. São Paulo: Ed. RT, 1993, p. 152.

como "lançamento por homologação". Se não houver pagamento, não há campo para homologação.

A homologação pode ocorrer de forma expressa ou de forma tácita. A expressa ocorre, por exemplo, com o termo de encerramento de um procedimento fiscalizatório sem cobrança.[243] A homologação tácita ocorre no prazo de cinco anos a partir da ocorrência do fato gerador, conforme previsto no art. 150, § 4º, do CTN. Se, por outro lado, ficar comprovado que houve fraude, dolo ou simulação, o prazo de cinco passará a ser contado nos termos do artigo 173 do CTN, isto é, do primeiro dia do exercício seguinte àquele em que o lançamento poderia ter sido efetuado.

Feitas essas considerações, vê-se que, na verdade, quem constitui o crédito tributário no chamado "lançamento por homologação" é o sujeito passivo, ao reconhecer a prática da situação prevista em lei, apurar o tributo e pagá-lo, sem interferência da Administração.

É digno de nota que se o sujeito passivo deixa de declarar o tributo na forma da lei e não o recolhe, cabe, então, à autoridade fiscal promover o lançamento de ofício, nos termos do artigo 149 do CTN, justamente porque, nessa hipótese, não houve o "lançamento por homologação".

Por outro lado, quando o sujeito passivo declara e recolhe o tributo, mas a Administração Tributária entende que o valor devido é maior que aquele recolhido, ela deve realizar o lançamento de ofício, para constituir a diferença tributária.

Cumpre registrar que, ainda quando não houver pagamento, o sujeito passivo pode constituir o crédito tributário, reconhecendo, na forma da lei, a prática evento tributário e apurando o valor devido. É o caso dos débitos reconhecidos em declarações que, por lei, têm o condão de constituí-los

---

243. Cf. NASCIMENTO, Carlos Valder do. Lançamento tributário. *Cadernos de Pesquisas Tributárias*, n. 12, 1988, p. 184. LACOMBE, Américo Masset. Crédito tributário: lançamento. *Direito tributário 4*. São Paulo: Bushatsky, 1976, p. 184.

(GIA – agora gerada pela **EFD, DCTF, DCTFWeb** – que substituiu **GFIP**, etc.), mas que, embora constituídos, não foram saldados. Se, por outro lado, o contribuinte sequer reconhece a existência do débito por meio do documento próprio estabelecido por lei, logicamente não há constituição de tributos.

O Superior Tribunal de Justiça consagrou no verbete sumular nº 436 esse entendimento de que a entrega de declaração pelo contribuinte reconhecendo o débito constitui o crédito tributário. Vejamos:

> Súmula nº 436: "A entrega de declaração pelo contribuinte reconhecendo débito fiscal constitui o crédito tributário, dispensada qualquer outra providência por parte do fisco."

De igual modo, a orientação foi sedimentada no julgamento de Recurso Especial nº 962.379[244], submetido ao rito de recurso repetitivo, no qual se apreciou a possibilidade de constituição do crédito tributário pelo sujeito passivo, por meio da entrega de declarações fiscais:

> TRIBUTÁRIO. TRIBUTO DECLARADO PELO CONTRIBUINTE E PAGO COM ATRASO. DENÚNCIA ESPONTÂNEA. NÃO CARACTERIZAÇÃO. SÚMULA 360/STJ.
>
> 1. Nos termos da Súmula 360/STJ, "O benefício da denúncia espontânea não se aplica aos tributos sujeitos a lançamento por homologação regularmente declarados, mas pagos a destempo". É que a apresentação de Declaração de Débitos e Créditos Tributários Federais - DCTF, de Guia de Informação e Apuração do ICMS - GIA, ou de outra declaração dessa natureza, prevista em lei, é modo de constituição do crédito tributário, dispensando, para isso, qualquer outra providência por parte do Fisco. Se o crédito foi assim previamente declarado e constituído pelo contribuinte, não se configura denúncia espontânea (art. 138 do CTN) o seu posterior recolhimento fora do prazo estabelecido.
>
> 2. Recurso especial desprovido. Recurso sujeito ao regime do art. 543-C do CPC e da Resolução STJ 08/08.

---

244. Superior Tribunal de Justiça, Recurso Especial n. 962.379/RS, Rel. Ministro Teori Albino Zavascki, PRIMEIRA SEÇÃO, julgado em 22/10/2008, DJe 28/10/2008.

REVISÃO DO LANÇAMENTO TRIBUTÁRIO: HIPÓTESES E LIMITES

Assim, na hipótese de débito declarado e não liquidado, a Fazenda, de acordo com o entendimento consolidado do Superior Tribunal de Justiça, pode proceder à cobrança automática dos referidos valores. Paulo César Conrado, embora defenda que o crédito tributário constituído via declaração pelo sujeito passivo possa ser, desde já, inscrito em dívida ativa e cobrado judicialmente, ressalta que os encargos sancionatórios decorrentes da inadimplência só podem ser cobrados desde que previamente instalado o procedimento administrativo, assegurado o direito de defesa ao particular. [245]

Contudo, o fato de conceber a possibilidade de o sujeito passivo constituir crédito tributário por meio do reconhecimento do débito em "obrigação acessória" prevista em lei, ainda que não recolhida a prestação, não deve garantir à Fazenda o direito de simples e automaticamente, sem assegurar contraditório e ampla defesa ao particular, inscrever o débito em dívida ativa e cobrá-lo em ação executiva.

Isso porque pode o Fisco cometer algum erro na cobrança, como na hipótese de depósito judicial; ou o próprio sujeito passivo pode ter cometido algum equívoco, não indicando, na declaração, os dados da compensação ou do pagamento que por acaso tenha realizado.[246]

---

245. CONRADO, Paulo César. O problema do contraditório nos casos de lançamento por homologação (é necessária, ou não, a instalação de prévio procedimento administrativo quando crédito tributário decorre de 'autolançamento'?)". *Revista dialética de direito tributário*, v. 52, 2000.

246. Cf."Justifica-se a notificação. O que não se justifica é a inscrição pura e simples da quantia correspondente como dívida ativa, como tem acontecido. Com esse procedimento incorreto muitos transtornos têm sido causados aos contribuintes. Conheço caso de inscrição e cobrança executiva de quantia dez vezes maior do que a declarada pelo contribuinte, fruto de erro na digitação de dados no sistema da Delegacia da Receita Federal, que ensejou injusto constrangimento ao contribuinte, além de danos materiais, posto que se viu obrigado a defender-se em execução fiscal absolutamente injusta. E tenho informações, de fontes absolutamente seguras, de que não são raros os erros da Fazenda Pública em casos de inscrição em dívida ativa de valores que teriam sido informados pelos próprios contribuintes. Seja como for, em face da possibilidade de erros, tanto do próprio sujeito passivo, como da fazenda Pública, impõe-se em qualquer caso a notificação para o pagamento ou a alegação de razões de discordância por parte do sujeito passivo." (MACHADO,

Se se equiparam os atos promovidos pelo sujeito passivo ao lançamento, para fins de constituição do crédito tributário, no chamado "lançamento por homologação", a inscrição em dívida ativa do débito também deve ser precedida de notificação para se pagar o tributo ou para impugnar a cobrança. De igual maneira, também deve ser assegurado ao sujeito passivo, assim como acontece normalmente em relação ao lançamento em sentido estrito, o direito de ser notificado, para, querendo pagar sem recorrer ao contencioso, saldar o débito com desconto e/ou sem os encargos decorrentes da inscrição em dívida.

Além disso, cabe ressaltar que a Certidão de Dívida Ativa, enquanto título executivo, goza de presunção de legitimidade, justamente porque se supõe que houve duplo controle de legalidade do débito: (i) um, no âmbito administrativo, submetido ao contraditório; e o (ii) segundo, quando da inscrição da dívida ativa.

A garantia do processo na instância administrativa, portanto, é essencial também para revestir a certidão de dívida ativa da presunção de legitimidade[247].

Esse entendimento, no entanto, como visto, não é seguido pelo Superior Tribunal de Justiça, para quem o tributo declarado e não saldado pode ser automaticamente inscrito em dívida ativa e cobrado via execução fiscal, inclusive com multa.

Hugo de Brito. O Lançamento Tributário e a Decadência. In; MACHADO, Hugo de Brito (coord.). *Lançamento Tributário e Decadência*; São Paulo: Dialética, Fortaleza: ICET, 2002. p. 230/231.)
Cf. MACHADO SEGUNDO, Hugo de Brito; Ramos, Paulo de Tarso Vieira. Lançamento tributário e decadência. In: MACHADO, Hugo de Brito (coord.). *Lançamento tributário e decadência*. São Paulo: Dialética, 2002. p. 254.

247. MOURA, Lenice S. Moreira de; MASCENA, Fátima Larisse de Farias. A exceção de pré-executividade como meio de defesa diante da ilegalidade de redirecionamento fiscal: sinalização para uma mudança jurisprudencial no âmbito do STF e do STJ. *RDDT n° 202/89-102*, jul/2012.

2.6 MODALIDADES DE LANÇAMENTOS TRIBUTÁRIOS

O legislador não está vinculado a teorias; as teorias é que podem, de forma mais ou menos satisfatória, explicar o que ele criou.[248] Se o Direito Positivo formula ele próprio sua classificação, ela não pode ser desprezada pelos intérpretes e aplicadores.[249]

Nesse prisma, embora seja possível criticar a técnica empregada pelo legislador, não cabe ao intérprete alterar a classificação consagrada pela lei, mas, antes, construir o sentido normativo, com base nos enunciados jurídicos postos.

Aplicando essas diretrizes para o lançamento, verificamos o CTN, na seção II, do capítulo II, traz as suas modalidades, dando-lhes feições próprias. Logo, delas não pode desbordar o intérprete. É a ordem jurídica o ponto de partida de qualquer classificação de índole jurídica.

Esses tipos de lançamento são: a) o lançamento de ofício (art. 149 do CTN); b) o lançamento por declaração (art. 147 do CTN); e c) o lançamento por homologação (art. 150 do CTN).

Eles se diferenciam levando em consideração o grau de participação dos sujeitos passivo e ativo. A "fonte inspiradora da tricotomia reside no índice de colaboração do administrado, com vistas à celebração do ato"[250].

No lançamento de ofício, o ato é praticado exclusivamente pelo sujeito ativo, que, constatando oficialmente a ocorrência do fato gerador, identifica o sujeito passivo, calcula o montante tributário devido, determinando sua alíquota e base de cálculo, constituindo o crédito tributário.

---

248. Cf. GRECO, Marco Aurélio. In: LIMONGI, Rubens (coord). *Enciclopédia Saraiva do direito*. São Paulo: Saraiva, v. 48, 1977, p. 3.

249. Cf. BORGES, José Souto Maior. *Lançamento tributário*. 2ª ed. São Paulo: Malheiros, 1999, p. 312.

250. Cf. CARVALHO, Paulo de Barros. *Curso de direito tributário*. 30ᵉ ed. São Paulo: Saraiva, 2019, p. 511.

No lançamento por declaração, o Fisco realiza o lançamento, mas com a prévia colaboração do sujeito passivo, que lhe presta declarações sobre o evento tributário. Por isso é que Eurico de Santi[251] diz que o lançamento por declaração nada mais seria que um lançamento de ofício, que pressupõe o fornecimento de informações por parte do contribuinte.

Nessa modalidade, o sujeito passivo presta declarações sobre os fatos pertinentes à imposição tributária, cabendo ao sujeito ativo, valendo-se das informações do contribuinte, verificar a ocorrência do fato gerador, identificar o sujeito passivo, realizar o cálculo do montante devido, formalizar o crédito e notificar o sujeito passivo para pagamento. Tanto o contribuinte como o Fisco concorrem para tal lançamento. Inicia-se a atividade pela apresentação de declaração pelo contribuinte e, com base nela, o Fisco calcula o tributo devido, constituindo-o.

No lançamento por homologação, quem constitui o crédito tributário é o sujeito passivo que praticou a situação sujeita à tributação, calculando o montante devido e efetuando o pagamento no prazo estabelecido. Nessa hipótese, cabe ao sujeito ativo apenas a conferência da apuração e do recolhimento realizados.

A escolha de quem deve constituir o crédito tributário, estabelecendo o tipo de lançamento a que está sujeito o tributo, é tarefa do legislador. Cabe a ele, portanto, por meio de um juízo discricionário, avaliar as peculiaridades do tributo e indicar o sujeito competente para a sua positivação.[252] Por isso "não se pode dizer que este ou aquele tributo deve ser necessariamente lançado por esta ou aquela modalidade, a não ser em virtude de disposição na lei".[253]

---

251. Cf. SANTI, Eurico Marcos Diniz de. Lançamento, decadência e prescrição no direito tributário. In: BARRETO; Aires Fernandino; BOTALLO, Eduardo Domingos (Coord.). *Curso de iniciação em direito tributário*. São Paulo: Dialética, 2004, p. 65.

252. Cf. GAMA, Tácio Lacerda. O pagamento antecipado e a homologação do lançamento. In: LEITE, Geilson Salomão (Coord.). *Extinção do crédito tributário*: homenagem ao Professor José Souto Maior Borges. Belo Horizonte: Fórum, 2013, p. 272-273.

253. CF. MACHADO, Hugo de Brito. In: LIMONGI, Rubens (coord). *Enciclopédia saraiva do direito*. São Paulo: Saraiva, v. 48, 1977, p. 24.

No entanto, independentemente da modalidade de lançamento eleita para cada tributo, é prerrogativa da Administração Tributária fiscalizar, para verificar se o lançamento foi corretamente realizado[254].

Nos casos em que o contribuinte não cumpre devidamente suas obrigações, em relação aos tributos sujeitos a lançamento por declaração ou por homologação, deverá haver um lançamento de ofício, para suprir a deficiência do sujeito passivo. Dessa forma, todos os tributos têm no lançamento de ofício a sua forma residual de aplicação, circunstância, entretanto, que não transforma em "tributo sujeito a lançamento de ofício" todos os que eventualmente não tenham sido positivados devidamente nas demais modalidades.[255]

2.7 EFICÁCIA DO LANÇAMENTO TRIBUTÁRIO

Outro ponto controvertido que ainda é recorrente na doutrina é a discussão em relação à eficácia do lançamento tributário, isto é, se ele se reveste de natureza declaratória ou constitutiva.

Uma parte da doutrina defende que o lançamento ostenta caráter declaratório. Por exemplo, Brandão Machado afirma que por meio do lançamento a autoridade fiscal passa a exigir a prestação tributária, e não apenas muda o crédito tributário de ilíquido para líquido. No entanto, defende que o efeito jurídico do lançamento é declaratório, porque apenas revela na concreção o direito de crédito que já preexistia em abstrato.[256]

---

254. Cf. GAMA, Tácio Lacerda. O pagamento antecipado e a homologação do lançamento. In: LEITE, Geilson Salomão (Coord.). *Extinção do crédito tributário:* homenagem ao Professor José Souto Maior Borges. Belo Horizonte: Fórum, 2013, p. 272-273.

255. Idem.

256. MACHADO, Brandão. Decadência e prescrição no direito tributário: notas a um acórdão do Supremo Tribunal Federal. *Direito tributário atual*, n.6, São Paulo: IBDT e Resenha Tributária, 1986, p. 1309-1378.

Amílcar de Araújo Falcão[257] também sustenta que o ato declaratório ostenta dupla função: (i) uma estática, que é o reconhecimento de um direito preexistente, sem gerar efeito sobre a sua criação, modificação, transferência ou extinção; e (ii) uma dinâmica, que é a instauração do estado de certeza, mediante a remoção de um obstáculo que existia em relação ao exercício do direito preexistente. Para o autor, o lançamento é um ato declaratório, porquanto não cria direito novo, mas, ao contrário, tem "efeito retro-operante quanto à pesquisa e determinação dos elementos com base nos quais será fixado o *an*, o *si* e o *quantum debeatur*". Embora sustente que o lançamento tem a função de reconhecer, valorar – qualitativa e quantitativamente – e liquidar o tributo que nasceu quando da ocorrência do fato gerador, o referido autor também admite a existência de parcela de eficácia inovadora, aduzindo que o lançamento tem como efeito prover de exigibilidade a prestação tributária.

Ruy Barbosa Nogueira expressamente concorda com Amilcar Araújo Falcão, defendendo que o equívoco dos que atribuem ao lançamento a natureza constitutiva reside na incompreensão da função jurídica do ato declaratório. Baseado nas lições de Roger Merle, o citado professor aduz que o ato declaratório não se limita a reconhecer direitos preexistentes, podendo também trazer algo de novo.[258]

Porém, sustentar, de forma ampla, que os atos declaratórios são aqueles que se reportam a ocorrências passadas, emprestando-lhes, ainda, efeito inovador, torna declaratórios todos os atos e normas de natureza concreta, porquanto todos os fatos jurídicos se reportam a situações pretéritas e têm o

---

257. FALCÃO, Amílcar de Araújo. *Fato gerador da obrigação tributária*. 2ª ed. São Paulo: Ed. RT, 1971, p. 101-107.

258. NOGUEIRA, Ruy Barbosa. *Teoria do lançamento tributário*, São Paulo: Ed. RT, 1965, p. 38-39.

condão de desencadear as relações jurídicas, fazendo surgir os direitos e deveres.

Por outro giro, outros nomes de peso da doutrina tributária preconizam que o lançamento se apresentar natureza constitutiva. Por exemplo, Paulo de Barros Carvalho defende que o lançamento é ato constitutivo, porquanto instaura relação jurídica até então inexistente, passando a ligar pessoas, mediante aparecimento de direitos e deveres correlatos.[259]

Analisando o Código Tributário Nacional, verifica-se que o diploma legal conferiu ao lançamento um efeito constitutivo em relação ao crédito tributário, ao prescrever que "compete privativamente à autoridade administrativa constituir o crédito tributário pelo lançamento".

Importante salientar que, por ocasião da discussão do Anteprojeto no Instituto Brasileiro de Direito Financeiro[260], Tito Resende, por enxergar no lançamento um ato simplesmente declaratório, propôs a substituição do verbo "constituir" pelo termo "estabelecer". Porém, ficou mantida no texto do Anteprojeto a alusão constitutiva do lançamento, que acabou sendo incorporado pelo CTN, no referido artigo 142.

Essa eficácia constitutiva ainda é reforçada pelo artigo 173 do CTN, que, ao estabelecer o prazo para a realização do lançamento, se refere expressamente ao direito de "constituir o crédito tributário".

No entanto, não se pode desprezar que o lançamento também ostenta natureza declaratória, até mesmo porque, para que sejam constituídos o fato jurídico tributário e a relação jurídica tributária, o lançamento se reporta ao evento tributário ocorrido em data pretérita.

---

259. CARVALHO, Paulo de Barros. *Curso de direito tributário*. 30ª ed. São Paulo: Saraiva Educação, 2019, p. 462.

260. INSTITUTO BRASILEIRO DE DIREITO FINANCEIRO (IBDF). *Codificação do direito tributário*. Rio de Janeiro: IBDF, 1955.

Nesse sentido, Paulo de Barros Carvalho, que defende que o lançamento é ato constitutivo, observa que há uma relativa declaratividade, já que "o fato jurídico tributário tem caráter declaratório", porquanto ele recua no tempo para surpreender o evento.[261]

Uma prova desse *quantum* declaratório na formação do fato jurídico tributário, é que o CTN, no seu artigo 144, prevê que o lançamento se reporta à data da ocorrência do fato gerador da obrigação e rege-se pela lei então vigente[262]. Justamente por isso é que se aplica ao fato a legislação em vigor no momento em que o evento ocorreu. Dessa forma, não se pode desconsiderar que, embora o lançamento constitua o fato jurídico tributário e o crédito tributário, por meio da incidência normativa, ele retorna ao acontecimento passado, para certificá-lo oficialmente.

Nesse cenário, é equívoco defender a eficácia constitutiva como uma contraposição ao caráter declaratório[263], como se fossem efeitos antagônicos, insuscetível que conviver harmonicamente.

O lançamento, na realidade, possui natureza declaratória porque certifica a ocorrência do evento tributário passado e a ele se reporta para constituir o crédito tributário; e constitutiva porque é por meio dele, conforme estabeleceu o próprio CTN explicitamente, que se constitui o crédito tributário.

2.8 FUNÇÃO DO LANÇAMENTO TRIBUTÁRIO

O propósito do lançamento é a constituição do crédito tributário, o que acontece quando esgotado o ciclo de operações indicadas no artigo 142 do CTN. Isto é, nenhum tributo pode ser exigido sem a certificação formal do evento tributário, sem ser

---

261. CARVALHO, Paulo de Barros. *Fundamentos jurídicos da incidência*. 9ª ed. São Paulo: Saraiva, 2012, p. 338.

262. TORRES, Heleno Taveira. In: AMARAL, Antonio Carlos Rodrigues do (coord.). *Curso de direito tributário*. São Paulo: Celso Bastos Editor, 2002, p. 193.

263. SANTI, Eurico Marcos Diniz de. Lançamento tributário. 3ª Ed. São Paulo: Saraiva, 2010, p.138.

apurada a quantia devida e sem a identificação do sujeito passivo, funções essas que são próprias do lançamento. Em resumo, o lançamento tem por finalidade promover a aplicação da legislação tributária visando à formalização de créditos tributários[264].

Nessa linha, Fábio Fanucchi[265] sustenta que "o lançamento é tradutor de um rito legal necessário para materializar, no direito brasileiro, o crédito tributário, tornando exigível a satisfação de dar, que é própria da obrigação tributária principal".

Para Walter Barbosa Correia, o lançamento "se compõe e se forma em virtude de uma sequência ordenada de operações", objetivando criar o crédito tributário.[266] Ruy Barbosa Nogueira chama essa sequência de operações de "mecânica de investigação e determinação da obrigação tributária".[267]

Importante salientar, porém, que, enquanto mantido no âmbito interno da Administração Tributária, o lançamento não se considera concluído, sendo necessário um ato final de formalização, que é a notificação ao sujeito passivo. Somente com ela se tem por ultimado o ciclo de constituição do tributo, de sorte que, antes desse instante, não se pode considerar o crédito tributário criado.[268]

O lançamento em sentido amplo é um momento lógico-jurídico que existe na criação de todo e qualquer tributo. É nesse instante, pois, que é formalizado o crédito tributário, provendo-o de liquidez e certeza.

---

264. TORRES, Heleno Taveira. In: AMARAL, Antonio Carlos Rodrigues do (coord.). *Curso de direito tributário*. São Paulo: Celso Bastos Editor, 2002, p. 191.

265. FANUCCHI, Fábio. *A decadência e a prescrição em direito tributário*. 3ª ed. Resenha Tributária, 1976, p. 30.

266. CORRÊA, Walter Barbosa. Lançamento Tributário e Ato Jurídico Nulo, *Revista de Direito Tributário*, n. 1, 1977, p. 35.

267. NOGUEIRA, Ruy Barbosa. *Teoria do lançamento tributário*. São Paulo: Ed. RT, 1965, p. 31.

268. Cf. SCHOUERI, Luís Eduardo. *Direito Tributário*. 8ª ed. São Paulo: Saraiva, 2018, p. 636

A certeza diz respeito à corporificação da dívida. Isto é, o débito será certo se puder ser provado por meio de título que lhe dê lastro.

Já a liquidez corresponde à definição da quantia cobrada. Pressupõe a determinação do valor, de modo que a dívida líquida é aquela cuja importância se acha determinada.[269]

Em matéria tributária, a liquidez está relacionada à quantificação do objeto da prestação tributária, ou seja, corresponde à definição da prestação tributária devida. Já a certeza está relacionada à conclusão do percurso formal de constituição do crédito tributário, culminando com a formalização de título.[270]

O lançamento, no entanto, não dota, imediatamente, o crédito tributário de exigibilidade, pois esta apenas surge com o transcurso do lapso temporal do vencimento da respectiva prestação tributária.[271]

Por isso Alberto Xavier[272] ressalta que a exigibilidade depende do preenchimento de três condições: (i) realização do lançamento; (ii) vencimento do prazo para pagamento do tributo lançado; (iii) descumprimento pelo sujeito passivo do dever de recolher o tributo no prazo assinalado pela lei.

Marco Aurélio Greco chama a exigibilidade de "momento da compulsão". Para ele, o fenômeno tributário se desdobra em algumas etapas importantes: o primeiro é a "normação"

---

269. ALMEIDA, Francisco de Paula Lacerda de. *Dos effeitos das obrigações: arts. 928 a 1.078*. Rio de Janeiro: Livraria Editora Freitas Bastos, 1934, p. 275.

270. JENIÊR, Carlos Augusto. Análise lógico-sistemática do fato jurídico de decadência do direito ao lançamento do crédito tributário. In: MACHADO, Hugo de Brito. *Lançamento tributário e decadência*. São Paulo: Dialética; Fortaleza: ICET, 2002. p. 57.

271. Cf. Nesse sentido: VIEIRA, Maria Leonor Leite. *A Suspensão da exigibilidade do credito tributário*. São Paulo: Dialética, 1997, p. 33. TOMÉ, Fabiana Del Padre. Exigibilidade do crédito tributário: amplitude e efeitos de sua suspensão. In: SOUZA, Priscila de (Coord.). *Direito Tributário e os Conceitos de Direito Privado. VII Congresso Nacional de Estudos Tributários*. São Paulo: Noeses, 2010.

272. XAVIER, Alberto. *Do lançamento tributário*: teoria geral do ato, do procedimento e do processo tributário. Rio de Janeiro: Forense, 1998, p. 549 e seguintes.

que consiste na instituição por lei do tributo no exercício da competência tributária; o momento da imposição, que corresponde à realização do lançamento e da constituição do crédito tributário; e o momento da compulsão, que surge a partir do inadimplemento da dívida, quando o credor poderá exigi-la.[273]

Logo, embora a exigibilidade dependa do lançamento, não é no momento da constituição do crédito tributário que ele adquire exigibilidade, mas somente com a falta de pagamento, após o vencimento da dívida.

---

273. GRECO, Marco Aurélio. In: LIMONGI, Rubens (coord). *Enciclopédia Saraiva do direito*. São Paulo: Saraiva, v. 48, 1977, p. 6.

CAPÍTULO III

LANÇAMENTO COMO ATO ADMININSTRATIVO

3.1 LANÇAMENTO TRIBUTÁRIO COMO ATO ADMINISTRATIVO PRODUTOR DE NORMA INDIVIDUAL E CONCRETA

O lançamento pode ser visto como o ato administrativo que, aplicando a legislação tributária, constitui formalmente o crédito tributário, determinado o valor da quantia devida, o sujeito que deve cobrar e em face de quem deve ser cobrado.

A aplicação da legislação tributária não se reduz a um processo mental de interpretação, embora, porém, dele seja dependente[274]. O ato de aplicação normativa pressupõe um ato de concreção das normas por uma autoridade competente. Não há como se concretizar os comandos normativos, saindo da abstração e se dirigindo à realidade social, senão a partir da criação de uma norma individual e concreta.

A lei, enquanto norma geral e abstrata, dirige-se a um conjunto de situações futuras e prevê uma classe de consequências, que deverão ser desencadeadas caso o evento seja enquadrado

---

274. Cf. "Interpretação sempre haverá por detrás de todo ato aplicativo do Direito." (DERZI, Misabel Abreu Machado. *Direito tributário brasileiro*. 11ª ed. Rio de Janeiro: Forense, 2010, p. 787).

93

na classe descrita na hipótese. A sua aplicação pressupõe um ato inserindo uma norma individual e concreta, dirigindo-se a fatos passados e específicos, e estabelecendo uma consequência determinada.[275] Nessa linha, analisando-se o momento da aplicação do direito, o fato que vem a compor o antecedente normativo é sempre fato pretérito, ao passo que a prescrição que vem a compor o consequente normativo sempre prevê efeitos para o futuro, ainda que relativos ao passado.[276]

Nesse contexto, o lançamento constitui um ato que aplica normas gerais e abstratas e, concomitantemente, cria norma individual e concreta, a qual faz irradiar direitos e deveres para o Fisco e para o sujeito passivo.

Não há como separar, normativamente falando, a incidência, a aplicação e a criação. A norma só incide porque é aplicada; só é aplicada porque é promovida a incidência; e só se promove a incidência, aplicando-se o direito, mediante a instituição de uma norma individual e concreta.

Nesse prisma, Sérgio André Rocha[277] aduz que o lançamento é uma atividade de concretização do comando abstrato previsto na norma jurídica que leva a uma norma individual e concreta. No mesmo sentido, Américo Masset Lacombe[278], também analisando o lançamento tributário, defende que a aplicação de uma norma geral a um caso concreto consiste na produção de uma norma individual, concretizando a norma geral. Misabel Derzi, de igual maneira, afirma que o lançamento é

---

275. ÁVILA, Humberto. *Competências tributárias: um ensaio sobre a sua compatibilidade com as noções de tipo e conceito*. São Paulo: Malheiros, 2018, p. 20.

276. KOURY, Paulo Arthur Cavalcante. Segurança jurídico-tributária no tempo: um estudo sobre a modulação de efeitos na ADI 4.628. *In*: SOUZA, Pedro Guilherme Gonçalves de; DANTAS, Rodrigo Numeriano Dubourcq (Coords.). *Obrigação tributária e segurança jurídica*. São Paulo: Quartier Latin, 2016, p. 159.

277. ROCHA, Sergio André. *Processo administrativo fiscal: controle administrativo do lançamento tributário*. 3ª Ed. Rio da Janeiro: Lumen Juris, 2009, p. 278.

278. LACOMBE, Américo. Conceito e constituição de crédito tributário. *In*: MARTINS, Ives Gandra da Silva; MARTINS, Rogério Gandra da Silva; e NASCIMENTO, Carlos Valder (coords.). *Tratado de direito tributário*. São Paulo: Saraiva, 2011, p. 302.

uma expressão da função de realização do direito, produzindo uma norma individual e concreta de execução da lei.[279]

Cumpre destacar que não é todo ato de aplicação de legislação tributária material que corresponde ao lançamento. Por exemplo, os atos que apenas exigem as chamadas obrigações acessórias, sem constituir crédito tributário, não se enquadram na definição normativa do lançamento[280].

Como bem define Paulo de Barros Carvalho, o lançamento é um ato administrativo, por meio do qual se insere uma norma jurídica individual e concreta, que tem, como antecedente, o relato do evento jurídico tributário, constituindo o fato jurídico tributário, e, como consequente, a formalização da relação jurídica tributária, pela individualização dos sujeitos ativo e passivo, a determinação no objeto da prestação, formado pela base de cálculo e correspondente alíquota, bem como pelo estabelecimento dos termos espaço-temporais em que o crédito há de ser exigido.[281]

Há quem defenda que o lançamento é ato administrativo de natureza complexa, pois se deteria, inicialmente, na investigação da ocorrência efetiva do fato gerador da obrigação tributária e, posteriormente, na determinação de todos os seus elementos, inclusive na quantificação e sujeição passiva[282].

Sendo um ato que pressupõe a realização de um conjunto de operações, poder-se-ia admitir ser o lançamento um ato complexo. No entanto, é importante ter em mente que o ato administrativo complexo não é aquele que pressupõe a existência de uma série de atos integrados, mas aquele que exige a

---

279. DERZI, Misabel Abreu Machado. *Direito tributário brasileiro*. 11ª Ed. Rio de Janeiro: Forense, 2010, 786.

280. FANUCCHI, Fábio. *A decadência e a prescrição em direito tributário*. 3ª Ed. Resenha Tributária, 1976, p. 30.

281. CARVALHO, Paulo de Barros. *Direito tributário, linguagem e método*. São Paulo: Noeses, 2013, p. 512-513.

282. OLIVEIRA, Ricardo Mariz de. Do lançamento. *Cadernos de Pesquisas Tributárias*, n. 12. São Paulo: Editora Resenha Tributária, 1988, p. 104.

REVISÃO DO LANÇAMENTO TRIBUTÁRIO: HIPÓTESES E LIMITES

manifestação de mais de um órgão da Administração[283]. Por isso que o procedimento não se confunde com o ato administrativo complexo, pois enquanto neste se integram a vontade de vários órgãos para obtenção de um mesmo ato, naquele são praticados vários atos para obtenção de um ato final e principal[284].

De todo modo, se o lançamento tributário é um ato simples - decorrente da manifestação de apenas um órgão ou agente da Administração – ou um ato complexo – originário do pronunciamento da mais de um órgão ou autoridade – depende da decisão do legislador, a quem cabe, no respectivo âmbito territorial, estabelecer o itinerário que deverá ser seguido para se lançar o tributo de sua competência.[285] Vale

---

283. Cf. LACOMBE, Américo. Conceito e constituição de crédito tributário. *In*: MARTINS, Ives Gandra da Silva; MARTINS, Rogério Gandra da Silva; e NASCIMENTO, Carlos Valder (coords.). *Tratado de direito tributário*. São Paulo: Editora Saraiva, 2011, p. 304.

284. MEIRELLES, Hely Lopes. *Direito Administrativo Brasileiro*, 23ª Ed. São Paulo: Malheiros, 1998, p. 139 e 140.
Cf. "Dado o conceito enunciado de ato complexo, como o que resulta de manifestação de vontade de órgãos diversos, decorre que o ato de órgão colegial deve ser considerado simples. O órgão colegial constitui-se de várias pessoas naturais ou físicas. Mas estas integram um só órgão e formam uma só vontade administrativa. As vontades individuais que se somam ou preponderam para a exteriorização de vontade se distinguem numa fase meramente interna do funcionamento do órgão. A vontade final é uma só e o ato resultante é simples e não complexo." (BARROS JUNIOR, Carlos Seabra de. *Teoria dos atos administrativos*. Revista de Direito Administrativo, v. 106, p. 1-35, 1971).
Cf. "Não há que se confundir o procedimento ou processo administrativo com os chamados "atos complexos". Nestes, "vontades" provenientes de órgãos diferentes consorciam-se em um ato único. Para dizê-lo com rigor técnico: há manifestações provindas de órgãos distintos que se fundem em uma só expressão, em um só ato, porquanto as vontades não cumprem funções distintas, tipificadas por objetos particulares de cada qual; ou seja: nenhuma delas possui, de per si, identidade funcional autônoma na composição do ato. Tome-se como exemplo de ato complexo decreto presidencial no Brasil. Este, para existir de direito, demanda, além da assinatura do Presidente da República, a dos Ministros ou, pelo menos, a do Ministro da Pasta a que corresponda a matéria versada, conforme resulta de disposições constitucionais da mais vetusta tradição. Há, pois, necessária expressão de órgãos distintos, cujas autoridades responsáveis consorciam suas manifestações para existência do decreto, sem que, entretanto, ditas manifestações correspondam, cada qual, a um ato individualizado por identidade própria. Há apenas uma identidade: a do decreto." (MELLO, Celso Antônio Bandeira de. *Curso de direito administrativo*. 24ª ed. São Paulo: Malheiros, 2007, p.477).

285. Cf. "O segundo ponto a acentuar é que pode tratar-se de um ato isolada ou de uma série de atos: nos casos mais simples o lançamento se resolve por um ato único; mas nas hipóteses mais complexas pode exigir mais de um ato, todos tendente

dizer, pode ele exigir que o lançamento seja levado a efeito por mais de uma autoridade ou por manifestação de apenas um agente da Administração. Como visto acima, o CTN, embora tenha estabelecido que a constituição do tributo se dá por meio do lançamento, não preestabeleceu como esse lançamento deveria ser realizado pelos legisladores.

Ou seja, embora não detenha liberdade para escolher a forma como os tributos devem ser constituídos – considerando que obrigatoriamente tem que os lançar – os entes federativos, por meio do seu Poder Legislativo, detêm prerrogativa de escolher o caminho por meio do qual o lançamento será realizado, desde que contemple todas as operações citadas pelo artigo 142 do CTN (constatação oficial do fato gerador, identificação do sujeito passivo, determinação da matéria tributável, apuração do tributo devido e aplicação da multa, se for o caso). Em síntese, o CTN estabeleceu o conteúdo mínimo do lançamento, mas não determinou o seu modo de produção.

Nesse sentido, eis a lição de Aurélio Pitanga Seixas Filho[286]:

> Se o lançamento tributário se constitui num ato administrativo simples, complexo ou resultante de um procedimento, depende da vontade do legislador titular da competência de instituir e arrecadar o tributo. A lei poderá exigir que a autoridade fiscal realize alguns atos administrativos preparatórios, para a composição gradativa do lançamento tributário através de um procedimento. Poderá exigir, também, que o lançamento seja lavrado por mais de uma autoridade (ato composto), ou conceder autorização para que o lançamento seja produzido da forma mais conveniente à administração tributária.

---

ao mesmo fim; p. ex., no imposto de sisa é preciso avaliar preliminarmente o imóvel; na alfândega e no imposto de consumo poderá ser necessário proceder a análises técnicas para verificar a natureza do produto de que se trate a fim de ver se ele é tributado ou não. Em tais casos, o conjunto desses diversos atos, que podem ser praticados por mesmo funcionário ou repartição, ou por diversos, é que constitui o lançamento. (SOUSA, Rubens Gomes de. *Compêndio de legislação tributária*. Rio de Janeiro: Edições Financeiras, 1964, p. 77).

286. FILHO, Aurélio Pitanga Seixas. Lançamento tributário e a decadência. In: Machado, Hugo de Brito (coord.). *Lançamento tributário e a decadência*. Fortaleza e São Paulo: Dialética e ICET. 2002, p. 24.

Dessa forma, desde que prevista na legislação tributário do ente federativo competente, é possível que as diferentes atividades que compõem o lançamento tributário, visando à determinação e individualização de crédito tributário, podem ser divididas entre diferentes autoridades administrativas, inclusive integrantes de órgãos diversos.[287]

Destaca-se que, embora o lançamento ostente natureza de ato administrativo, ele é um ato administrativo peculiar ao direito tributário. Por isso, José Eduardo Monteiro de Barros[288] sustenta que "o lançamento tem freios, mecânicas próprias que não existem, totalmente, no campo do direito administrativo." Trata-se, portanto, de um instituto específico do direito tributário, pela sua função e pelos seus efeitos.

3.2 ELEMENTOS DO ATO ADMINISTRATIVO DE LANÇAMENTO

O lançamento, como verificado, pode ser visto como um ato administrativo que institui uma norma individual e concreta, que tem no seu antecedente o fato jurídico e no seu consequente, a relação tributária.

Sendo, pois, um ato administrativo, o lançamento tem que satisfazer os seus elementos constituintes. De acordo com a doutrina tradicional, os elementos dos atos administrativos são: sujeito/agente competente, motivo, forma, conteúdo ou objeto e finalidade. Para Hely Lopes Meireles, esses componentes constituem a infraestrutura do ato administrativo[289].

---

287. NOGUEIRA, Ruy Barbosa. *Teoria do lançamento tributário.* São Paulo: Ed. RT, 1965, p. 31-32.

288. BARROS, José Eduardo Monteiro de. *Elementos do direito tributário: notas taquigráficas do III Curso de Especialização em Direito Tributário,* realizado na Pontifícia Universidade Católica de São Paulo. São Paulo: Ed. RT, 1978, p. 416.

289. MEIRELLES, Hely Lopes. *Direito administrativo brasileiro,* 23ª ed. São Paulo: Malheiros, 1998, p. 133.

O agente competente é a pessoa habilitada pelo sistema jurídico para exercer determinadas atribuições a serviço do Estado. É o sujeito que produz o ato, em nome de pessoa jurídica de direito público, no exercício das atribuições do órgão a que se vincula[290]. Seabra Fagundes, enxergando o agente competente em uma perspectiva dinâmica, enfatizando a sua ação, chama esse elemento de manifestação de vontade, que, na sua visão, é o impulso gerador do ato.[291]

O segundo elemento é motivo, que corresponde às razões que levam à prática do ato. É a causa que determina ou autoriza a sua prática.[292] No dizer de Maria Letícia Rodrigues Guimarães Resende, é a razão de existir do ato, é o seu porquê[293]. Enunciado o motivo pela autoridade, o ato praticado fica vinculado a ele, vale dizer, a demonstração de que o motivo não existe deve conduzir à declaração de ilegitimidade do ato. Trata-se da aplicação da chamada teoria dos motivos determinantes, que tem sido amplamente aplicada, inclusive, no Superior Tribunal de Justiça.[294]

O terceiro elemento é a forma, que é o modo pelo qual se exterioriza a manifestação de vontade, isto é, é o meio de corporação do ato.[295] É "o revestimento exteriorizador do ato administrativo".[296]

---

290. SANTI, Eurico Marcos Diniz de. *Lançamento tributário*. 3ª ed. São Paulo: Saraiva, 2010, p. 117.

291. FAGUNDES, Seabra. *O controle dos atos administrativos pelo poder judiciário*. 5ª Ed. Rio de Janeiro: Forense, 1975, p. 26.

292. MEIRELLES, Hely Lopes. *Direito administrativo brasileiro*, 23ª ed. São Paulo: Malheiros, 1998, p. 135.

293. RESENDE, Maria Letícia Rodrigues Guimarães Araújo. *Limites à aplicação da teoria dos motivos determinantes do ato administrativo*. Dissertação (Mestrado em Direito) – Universidade Federal do Estado de Minas Gerais. Minas Gerais, 2016, p. 62.

294. BARROS JUNIOR, Carlos Seabra de. Teoria dos atos administrativos. *Revista de Direito Administrativo*, v. 106, p. 1-35, 1971.
Cf. Vide os Recursos Especiais nºs 1498719/PR e REsp 1487139/PR, julgados em regime de recurso repetitivo.

295. FAGUNDES, Seabra. *O controle dos atos administrativos pelo Poder Judiciário*. 5ª ed. Rio de Janeiro: Forense, 1975, p. 29.

296. MEIRELLES, Hely Lopes. *Direito administrativo brasileiro*. 23ª ed. São Paulo: RT, 1998, p. 134.

O conteúdo ou objeto é o efeito jurídico produzido pelo ato[297]. É a alteração desencadeada em razão da manifestação de vontade, ou seja, é a modificação da relação de direito trazida pelo ato[298]. Para José Matos de Vasconcelos é nele que está "a própria essência do ato".[299]

Já a finalidade, de acordo com o Roger Bonnard, é o resultado final que deve atingir o objeto do ato[300]. É o objetivo a se alcançar com a prática do ato. Enquanto o objeto é o efeito jurídico imediato que o ato produz (aquisição, transformação ou extinção de direitos), a finalidade é o efeito mediato.[301]

O lançamento tributário satisfaz perfeitamente os cinco elementos estruturais do ato administrativo, de modo que:

(i) O motivo é o evento ocorrido no mundo fenomênico, que satisfaz os critérios de identificação veiculados na hipótese da norma tributária geral e abstrata.

(ii) O sujeito é a autoridade administrativa a quem é atribuída a competência para realizar o lançamento;

(iii) A forma é a linguagem escrita do modo estabelecido na lei;

(iv) O conteúdo é norma individual e concreta, que é inserida por meio do ato lançamento; e

(v) A finalidade é a cobrança e a arrecadação do tributo.

---

297. DI PIETRO, Maria Sylvia Zanella. *Direito administrativo*. 30ª ed. Rio de Janeiro: Forense, 2017, p. 286.

298. Cf. BARROS JUNIOR, Carlos Seabra de. Teoria dos atos administrativos. *Revista de Direito Administrativo*, v. 106, p. 1-35, 1971.

299. VASCONCELOS. José Matos de. *Direito Administrativo*, volume I, Rio de Janeiro, 1936, p. 98.

300. BONNARD, Roger. *Précis de droit administratif: partie générale,*. Libr. du Recueil Sirey, 1935, p. 34.

301. DI PIETRO, Maria Sylvia Zanella. *Direito administrativo*. 30ª ed. Rio de Janeiro: Forense, 2017, p. 289.

3.3 ATO ADMINISTRATIVO DE LANÇAMENTO COMO PROCESSO E COMO PRODUTO – ATO-FATO E ATO-NORMA

O ato administrativo de lançamento incorre na ambiguidade chamada por Carlos Santiago Nino de processo/produto, que acontece quando um dos significados da palavra se refere a uma atividade ou processo, e a outra ao produto ou resultado dessa atividade ou processo.[302]

Essa ambiguidade não se restringe ao ato administrativo. Eurico de Santi, em ilustrativo exemplo, lembra que o ato administrativo (processo) produz o ato (administrativo produto), enquanto o ato Legislativo (processo) produz a lei "produto" e o ato judicial (processo) produz a sentença (produto)[303].

Logo, o ato administrativo tem um processo que uma vez concluído, com a satisfação das solenidades de estilo, produz um resultado, expedindo uma norma individual e concreta.

Com o lançamento tributário, por também ser ato administrativo, por decorrência lógica, acontece o mesmo fenômeno. Isto é, da atividade que forma um lançamento surge, da mesma maneira, uma ordem individual e concreta, denominada igualmente lançamento.[304]

Logo é lançamento o processo de determinação do sujeito passivo e apuração da dívida tributária; e é lançamento,

---

302. "Así ocurre con la llamada "ambiguedad de proceso-producto", que se da cuando uno de los significados de la palabra se refiere a una actividad o proceso, y el otro al producto resultado de esa actividad o proceso." NINO, Carlos Santiago. *Introducción al análisis del derecho*. 2ª ed. Buenos Aires: Editorial Astrea de Alfredo y Ricardo Depalma, 2001, p. 261.

303. SANTI, Eurico Marcos Diniz de. Lançamento tributário, enunciação, enunciado, nulidade e anulação: comentários à margem da teoria do prof. Paulo de Barros Carvalho. In: SCHOUERI, Luís Eduardo. (coord.) *Direito Tributário – Homenagem a Paulo de Barros Carvalho*. São Paulo: Quartier Latin, 2008, p. 576.

304. Cf. SCHOUERI, Luís Eduardo. *Direito Tributário*. 8ª ed. São Paulo: Saraiva, 2018, p. 637.

de igual modo, a norma individual e concreta introduzida na ordem jurídica por meio do ato de lançamento.[305]

Observa-se que o lançamento é (i) o processo, enquanto conjunto ordenado de solenidades, mediante o qual a norma individual e concreta ingressa na ordem jurídica; (ii) e o produto, assim entendido a própria norma individual e concreta que é resultado do referido processo.

A fim de não incorrer na ambiguidade processo/produto do termo "ato administrativo", para diferençá-los, no esteio da lição de Paulo de Barros Carvalho,[306] seguido também por Eurico de Santi,[307] serão utilizadas, nesta obra, as expressões "ato-fato administrativo" e "ato-norma administrativo".

O ato-fato corresponde ao ato praticado pela autoridade fiscal no exercício da competência para formalização do crédito tributário. Trata-se do exercício de competência pela autoridade administrativa, vale dizer, é o ato de aplicação do direito.[308] Pressupõe, pois, um sujeito habilitado pelo sistema para produzir o ato; um ato de vontade; e um procedimento estabelecido pela ordem jurídica.

Já o ato-norma designa a norma tributária individual e concreta resultante da atividade da autoridade fiscal. Afinal, como diz Carlos Ari Sunfeld[309], "ato administrativo é uma prescrição, uma norma". É, portanto, o resultado do exercício da competência tributária pela autoridade fiscal.

---

305. CARVALHO, Paulo de Barros. *Curso de direito tributário*. 30ª ed. São Paulo: Saraiva Educação, 2019, p. 329.

306. CARVALHO, Paulo de Barros. *Curso de direito tributário*. 30ª ed. São Paulo: Saraiva Educação, 2019, p. 327.

307. SANTI, Eurico Marcos Diniz de. *Lançamento tributário*. 3ª ed. São Paulo: Saraiva, 2010, p. 113. p. 70.

308. Idem.

309. SUNFELD, Carlos Ari. *Fundamentos de direito público*. São Paulo: Malheiros, 2004, p. 86.

3.3.1 Ato-norma de lançamento

O ato-norma administrativo, por sua vez, desdobra-se em fato-evento e fato-conduta, que, respectivamente, correspondem à motivação do ato administrativo e à relação jurídica constituída no consequente do ato-norma administrativo. É o que se passa a analisar.

3.3.1.1 Fato-evento do lançamento: motivação

Como visto, o fato-evento corresponde à motivação do ato. Em direito administrativo, a motivação do ato administrativo consiste na exposição dos motivos que levaram a Administração Pública a produzir o ato[310]. Por isso se diz que a motivação é a expressão do motivo[311], que, por sua vez, corresponde aos fundamentos de fato e de direito que determinam ou possibilitam o ato administrativo[312]. É, portanto, em síntese, a explanação, a fundamentação, a explicitação dos motivos, a causa, a justificativa do ato.[313]

Celso Antônio Bandeira de Mello[314] sustenta que a motivação se trata de exposição de motivos, devendo ser enunciados (i) a regra de Direito habilitante; (ii) os fatos em que o agente se

---

310. CF. MARIENHOFF, Miguel S. *Tratado de derecho administrativo*. t. II. Buenos Aires: Abeledo-Perrot, 1966. p. 323. FIGUEIREDO, Lúcia Valle. *Curso de direito administrativo*. 4ª ed. São Paulo: Malheiros, 2001. p. 169. CALCINI, Fábio Pallaretti. Responsabilidade Tributária. O Dever de Observância ao Devido Processo Legal e Motivação. *Revista Dialética de Direito Tributário*, v. 164, p. 32-42, 2009.

311. CF. CRETELLA JÚNIOR, José. *Dos atos administrativos especiais*. Rio de Janeiro: Forense, 1998, p. 42; DI PIETRO, Maria Sylvia Zanella. *Direito administrativo*. 30ª ed. Rio de Janeiro: Forense, 2017, p. 290; CAVALCANTI. Themístocles Brandão. *Teoria dos atos administrativos*. São Paulo, Ed. RT, 1973, p.75.

312. Cf. MOREIRA NETO, Diogo. *Curso de Direito Administrativo*, Rio de Janeiro, Forense, 1996, p. 101.

313. Cf. FERRAGUT, Maria Rita. Responsabilidade tributária do administrador e dever de motivação do ato administrativo. In: SOUZA, Priscila de (Coord.). *30 anos da constituição federal e o sistema tributário*. São Paulo: Noeses, 2018, p. 854.

314. MELLO, Celso Antônio Bandeira de. *Curso de direito administrativo*. 24ª ed. São Paulo: Malheiros, 2007, p. 388 e 389.

REVISÃO DO LANÇAMENTO TRIBUTÁRIO: HIPÓTESES E LIMITES

baseou para tomar a decisão; e (iii) a relação de pertinência lógica entre a situação ocorrida e o ato administrativo praticado.

Tratando-se do lançamento, a motivação é a descrição do fato jurídico tributário, com o fundamento jurídico da cobrança. Para Eurico de Santi[315], ela ocupa o *topos* da hipótese na estrutura do ato-norma administrativo de lançamento tributário.

No lançamento, portanto, o fato-evento deve conter (i) a descrição da situação de fato, com os referenciais de tempo e espaço, que se enquadra na hipótese da norma tributária; e (ii) a indicação da própria norma tributária que dá suporte à constituição do tributo.

A motivação é essencial, porque é por meio dela que o sujeito passivo conhece a conduta cuja autoria lhe é atribuída, como também o fundamento jurídico da cobrança tributária, permitindo o exercício do seu direito de defesa.

Ela é igualmente fundamental para que a Administração Tributária e o Poder Judiciário, no âmbito do contencioso, possam julgar se aconteceram os eventos apontados; se eles são legítimos para legitimar a correspondente cobrança; e se o fundamento jurídico foi corretamente aplicado.

Por meio da motivação, portanto, é que se procede ao controle da legalidade, evitando-se o arbítrio e possibilitando o efetivo exercício do contraditório por parte do administrado[316]. Por isso que Umberto Zuballi diz que a motivação é o suporte da legalidade, referindo tanto ao fato quanto à norma[317].

---

315. SANTI, Eurico Marcos Diniz de. *Lançamento tributário*. 3ª ed. São Paulo: Saraiva, 2010, p. 122.

316. Cf. FERRAGUT, Maria Rita. Responsabilidade tributária do administrador e dever de motivação do ato administrativo. In: SOUZA, Priscila de (Coord.). *30 anos da constituição federal e o sistema tributário*. São Paulo: Noeses, 2018, p. 853-867.
Cf. DA ROCHA FRANÇA, Vladimir; ELALI, André; DA SILVA MARQUES, Ênnio Ricardo Lima. Análise da ocultação de documentos e da ausência de motivação em autuações fiscais a partir do devido processo legal. *Revista RDTA*, volume 45, São Paulo: IBDT, 2020, p. 522-531.

317. ZUBALLI, Umberto, Il controllo della discrezionalitá. *In: ill Potere discrezionale e controllo giudiziario, a cura di Vera Parisio*, Milano: Giuffre Editore, 1998 p. 161.

Embora a efetiva aplicação do direito aconteça no consequente da norma jurídica, que é o dado normativo realizador do direito, os fundamentos fáticos e jurídicos da obrigação são informados na motivação do lançamento[318]. O próprio artigo 50, inciso I, da Lei nº 9.784/99, que rege o processo administrativo federal e que se aplica subsidiariamente ao processo administrativo fiscal, estabelece que os atos administrativos deverão ser motivados, com a indicação dos fatos e dos fundamentos jurídicos, quando neguem, limitem ou afetem direitos ou interesses. No §1º, do referido artigo, a lei ainda prescreve que a motivação deve ser explícita, clara e congruente.

A motivação, assim, deve ser específica e bem delimitada, oferecendo as circunstâncias material, espacial e temporal do evento tributário, bem assim apontando as normas tributárias que justificam o lançamento. Com isso, o sujeito passivo pode compreender a razão do lançamento, identificando qual a acusação lhe é atribuída, e quais as normas que fundamentam a constituição do crédito tributário.

Dessa forma, para que um lançamento seja considerado legítimo, não é suficiente a mera existência, por si só, de uma motivação. Ela, na verdade, deve ser específica, precisa e clara, sendo vedado o uso de referências vagas e genéricas. Essa necessária clareza textual que deve se revestir o lançamento também é chamada de acessibilidade cognitiva[319] ou cognoscibilidade intelectual[320].

Nesse esteio, o dever de motivação do ato administrativo não será atendido se a autoridade fiscal obedecer a um mero formalismo ritualístico, sem descrever de modo adequado o

---

318. SANTI, Eurico Marcos Diniz de. *Lançamento tributário*. 3ª ed. São Paulo: Saraiva, 2010, p. 123.

319. TORRES, Heleno Taveira. *Direito constitucional tributário e segurança jurídica: metódica da segurança jurídica do sistema constitucional tributário*. São Paulo: RT, 2011, p.181.

320. ÁVILA, Humberto Bergmann. *Segurança jurídica:* entre permanência, mudança e realização no direito tributário. São Paulo: Malheiros, 2011, p. 320.

REVISÃO DO LANÇAMENTO TRIBUTÁRIO: HIPÓTESES E LIMITES

motivo do exercício da competência tributária e sem redigir de forma acessível ao contribuinte[321].

O professor português José Osvaldo Gomes sustenta que a motivação, no que toca aos motivos de fato, deve ser materialmente exata, "correspondendo ponto por ponto à sua realidade e modo de produção"[322].

A afirmação deve ser interpretada com temperamentos. Primeiro porque a realidade é irrepetível, de tal sorte que o agente é incapaz de descrevê-la à exaustão e de capturar todos os detalhes do evento objeto da descrição. Segundo porque o excessivo detalhamento, com o reporte de informações irrelevantes, pode conduzir à complexidade e comprometer a inteligibilidade.

A motivação pode ser sucinta, desde que demonstre cabal e claramente o caminho percorrido pela autoridade para chegar à prática do ato[323]. Isto é, o agente que promover o lançamento deve desprezar as informações irrelevantes, contemplando na sua exposição, de forma inteligível, todos os elementos decisivos e importantes - ainda que circunstanciais - que digam respeito ao evento tributário e ao seu fundamento jurídico.

Esse dever de motivação de forma inteligível e tratando especificamente do caso concreto, sem uso de expressões vagas e genéricas aplicáveis a uma infinidade de situações, decorre, também, do princípio da ampla defesa e da segurança jurídica, que impõem que o lançamento reúna conteúdo que permita perfeita compreensão das razões de fato e de direito que deram ensejo à sua realização[324].

---

321. SEIXAS FILHO, Aurélio Pitanga. A motivação do ato administrativo tributário. *Revista Dialética de Direito Tributário*, São Paulo: Dialética, n.125, 2006, p. 10.

322. GOMES, José Osvaldo. *Fundamentação do Acto Administrativo*, Coimbra: Coimbra Editora, 1981, p. 128 e 129.

323. FIGUEIREDO. Lucia Valle. *Curso de direito administrativo*. 3ª ed., São Paulo: Malheiros, 1998, p. 143.

324. TORRES, Heleno Taveira. *Direito constitucional tributário e segurança jurídica: metódica da segurança jurídica do sistema constitucional tributário*. São Paulo: RT, 2011, p.181.

É importante destacar, ainda, que, na hipótese de atribuição de responsabilidade tributária, a autoridade administrativa deve, também, descrever os motivos que levaram a Administração a colocar um terceiro na contingência de suportar o débito alheio, apontando, igualmente, os fundamentos jurídicos que embasaram a responsabilização.

A atribuição de responsabilidade a uma pessoa, seja ela física ou jurídica, pressupõe, pelo menos, duas normas jurídicas autônomas: (i) a regra matriz de incidência tributária que dá sustentação à exigência do crédito tributário; e (ii) a norma jurídica de responsabilidade tributária.

O Supremo Tribunal Federal (STF)[325] reconheceu, no julgamento do Recurso Extraordinário nº 562276, apreciado em repercussão geral, que a responsabilidade tributária exige a aplicação das duas normas jurídicas autônomas, quais sejam, a regra matriz de incidência tributária e o que chamou de regra matriz de responsabilidade. Vejamos:

> (...) A responsabilidade tributária pressupõe duas normas autônomas: a regra matriz de incidência tributária e a regra-matriz de responsabilidade tributária, cada uma com seu pressuposto de fato e seus sujeitos próprios. A referência ao responsável enquanto terceiro (dritter Persone, terzo ou tercero) evidencia que não participa da relação contributiva, mas de uma relação específica de responsabilidade tributária, inconfundível com aquela. (...) 9. Recurso extraordinário da União desprovido. 10. Aos recursos sobrestados, que aguardavam a análise da matéria por este STF, aplica-se o art. 543-B, § 3º, do CPC.

Nessa perspectiva, a autoridade fiscal, quando da expedição do lançamento, além de apontar a norma tributária que legitima a cobrança do crédito tributário, ao imputar responsabilidade a um terceiro, adicionalmente, tem a obrigação de (i) individualizar o seu comportamento, estabelecendo adequadamente qual teria sido o fato ilícito que teria ensejado a

---

325. Supremo Tribunal Federal, Recurso Extraordinário nº 562276, Relator(a): Min. Ellen Gracie, Tribunal Pleno, julgado em 03/11/2010, Repercussão Geral.

REVISÃO DO LANÇAMENTO TRIBUTÁRIO: HIPÓTESES E LIMITES

sua responsabilidade; e (ii) indicar o dispositivo legal em que se enquadra a responsabilidade que lhe foi atribuída[326].

Com efeito, a Portaria n° 1.862/2018 da Receita Federal do Brasil (RFB), que disciplina os procedimentos a serem adotados na hipótese de pluralidade de sujeitos passivos, no artigo 3°, impõe aos autuantes, concomitantemente, o dever de descrever os fatos, de apontar o enquadramento legal referente ao vínculo de responsabilidade e de reunir as provas indispensáveis à comprovação dos fatos que dão suporte à responsabilização, *in verbis*:

> Art. 3.° Na hipótese de imputação de responsabilidade tributária, o lançamento de ofício deverá conter também:
>
> I - a qualificação das pessoas físicas ou jurídicas a quem se atribua a sujeição passiva;
>
> II - a descrição dos fatos que caracterizam a responsabilidade tributária;
>
> III - o enquadramento legal do vínculo de responsabilidade decorrente dos fatos a que se refere o inciso II; e
>
> IV - a delimitação do montante do crédito tributário imputado ao responsável.
>
> Parágrafo único. O Auditor-Fiscal da Receita Federal do Brasil deverá reunir as provas indispensáveis à comprovação da responsabilidade tributária.

A falta de indicação ou a indicação, por parte da autoridade fiscal, de uma capitulação que não tem correspondência

---

326. "No presente caso, quanto à imposição de responsabilidade tributária, é preciso que se justifique, mediante a apresentação de razões jurídicas e fáticas, as circunstâncias que levaram à prática de referida conduta. Equivale dizer, se o caso é de responsabilidade tributária por solidariedade prevista no art. 124, inciso I, do Código Tributário Nacional, por exemplo, incumbe ao Fisco justificar e demonstrar a ocorrência do "interesse comum na situação que constitua o fato gerador da obrigação principal" e assim por diante nas demais situações descritas de responsabilidade. Portanto, o que se busca enfatizar é que não basta o lançamento tributário na sua forma trivial ao responsável, pois, é preciso que neste exista motivação justificando as razões que levaram à imposição de responsabilidade tributária" (CALCINI, Fábio Pallaretti. Responsabilidade Tributária. O Dever de Observância ao Devido Processo Legal e Motivação. *Revista Dialética de Direito Tributário*, v. 164, p. 32-42, 2009).

108

com os fatos que fundamentam a responsabilização vicia o lançamento, pois contraria o dever de motivação.

Essa obrigação de devida motivação também se estende à constituição de penalidades, atribuindo à Administração o dever de descrever com clareza e coerência a infração que levou à aplicação da eventual multa, indicando o dispositivo legal que tipifica a penalidade. Nos casos de aplicação de multa qualificada, agravada e isolada, também devem ser indicadas as razões que conduziram ao *plus* sancionatório, com a indicação precisa do correspondente fundamento legal.

3.3.1.2 Fato-conduta do lançamento: relação tributária

O fato-conduta é a relação jurídica tributária, que é estabelecida no consequente da norma individual e concreta. Trata-se do vínculo por meio do qual o Estado tem o direito de exigir o crédito tributário de outra pessoa, denominada sujeito passivo, que, por sua vez, tem o dever de cumprir a prestação.

É o que Paulo de Barros Carvalho chama o vínculo relacional, que se formaliza com "a individualização dos sujeitos ativo e passivo, a determinação do objeto da prestação, formado pela base de cálculo e correspondente alíquota, bem como pelo estabelecimento dos termos espaço-temporais em que o crédito há de ser exigido."

Ressalta-se que, em matéria tributária, há as relações de substância patrimonial e há as relações que desencadeiam deveres instrumentais, que são as chamadas obrigações acessórias.

As relações veiculadas no fato-conduta do lançamento são as relações de cunho patrimonial, cujos polos são ocupados pelo Fisco e pelo contribuinte e/ou responsável, e cujo objeto é o tributo, aqui tomado em uma acepção ampla, abrangendo também as penalidades pecuniárias.

Embora o rigor técnico seja questionável, o legislador, no CTN, optou por uma acepção mais ampla de crédito tributário, ao estabelecer o objeto da obrigação tributária, abrangendo também as penalidades pecuniárias, *ex vi* do artigo 113, *caput* e § 1º, e do artigo 121.[327]

Nota-se, pois, que a obrigação tributária principal a que alude o CTN tem por objeto o pagamento de tributo ou de penalidade pecuniária, de maneira que não é um conceito coextensivo ao de tributo, porque o transborda, também abrangendo a penalidade pecuniária[328].

---

327. CARVALHO, Paulo de Barros. Obrigação tributária: definição, acepções, estrutura interna e limites conceituais. In: (Coord.) LEITE, Geilson Salomão; CAVALCANTI FILHO, José Paulo. *Extinção do crédito tributário: homenagem ao professor José Souto Maior Borges*. Belo Horizonte: Forum, 2013, p. 79.

328. BORGES, José Souto Maior. *Lançamento tributário*. 2ª ed. São Paulo: Malheiros, 1999, p.73.

CAPÍTULO IV
ALTERABILIDADE DO
LANÇAMENTO TRIBUTÁRIO

4.1 ALTERABILIDADE DO LANÇAMENTO: ARTIGO 145 DO CTN

O artigo 145 do CTN estabelece que, após a notificação do sujeito passivo, o lançamento somente poderá ser alterado nas hipóteses de (i) impugnação do sujeito passivo; (ii) recurso de ofício; e (iii) iniciativa de ofício da autoridade administrativa, nos casos previstos no artigo 149 do mesmo diploma.

De partida, é possível afirmar que, antes da notificação, pode a Fazenda realizar os ajustes que entender pertinentes, pois, a rigor, o processo de formalização do lançamento não está concluído. Até aí, como ressalta Fábio Fanucchi, o Fisco está agindo internamente, ainda no seio da própria Administração[329], já que não houve o término do percurso de positivação do crédito tributário.

---

329. FANNUCHI, Fábio. *Curso de direito tributário brasileiro.* v. 1. São Paulo: Resenha Tributária, 1971, p. 143.

111

REVISÃO DO LANÇAMENTO TRIBUTÁRIO: HIPÓTESES E LIMITES

Por outro lado, o artigo 145 do CTN[330] proíbe, quando já notificado o sujeito passivo, a modificação do lançamento, estabelecendo que "só pode ser alterado em virtude" das situações previstas nos correspondentes incisos.

O artigo 141 do CTN[331] ainda reforça que os créditos regularmente constituídos somente se modificam nos casos previstos na citada lei.

Nesse contexto, notificado regularmente, o ato não pode ser modificado, exceto nas hipóteses contempladas no CTN[332], veiculadas nos artigos 145 e 149 do CTN, que trazem as possibilidades jurídicas de alterabilidade do lançamento[333]. Isto é, no dizer de Rubens Gomes de Sousa[334], o lançamento, uma vez notificado, adquire fixidez, criando, salvo nos casos previstos em lei, uma situação jurídica individual e imutável.

Os lançamentos tributários, uma vez notificado o sujeito passivo, têm como efeito a autovinculação, que se desdobra em, pelo menos, duas consequências: a) autovinculação imediata, que impede qualquer outra autoridade de pretender modificar o lançamento tributário; e b) autovinculação mediata, que se aplica às autoridades julgadoras no processo

---

330. Art. 145. O lançamento regularmente notificado ao sujeito passivo *só pode ser alterado em virtude* de:
I - impugnação do sujeito passivo;
II - recurso de ofício;
III - iniciativa de ofício da autoridade administrativa, nos casos previstos no artigo 149.

331. Art. 141. O crédito tributário regularmente constituído somente se modifica ou extingue, ou tem sua exigibilidade suspensa ou excluída, nos casos previstos nesta Lei, fora dos quais não podem ser dispensadas, sob pena de responsabilidade funcional na forma da lei, a sua efetivação ou as respectivas garantias.

332. DERZI, Misabel Abreu Machado. Crédito tributário e lançamento. In: LEITE, Geilson Salomão
(Coord.). *Extinção do crédito tributário:* homenagem ao Professor José Souto Maior Borges. Belo
Horizonte: Fórum, 2013, p. 132-133.

333. MELO, José Eduardo Soares de. Lançamento. *Cadernos de Pesquisas Tributárias,* n. 12, 1988, p. 78.

334. SOUSA, Rubens Gomes de. *Estudos de direito tributário.* São Paulo: Saraiva. 1950, p. 231.

administrativo, impondo-lhes limites para a motivação vinculada no controle de legalidade material. Como ressalta Heleno Taveira Torres, "o ato administrativo do lançamento tributário não tem apenas a função de aplicar a lei tributária (dever-poder), mas cumpre ainda o importante papel de dar estabilidade e segurança jurídica ao contribuinte".[335]

Verifica-se, portanto, que o lançamento vem cercado por preceitos legais que lhe atribuem estabilidade necessária à segurança das relações jurídicas.[336]

Retomando a análise do CTN, nota-se que o artigo 145, utilizou o termo "alteração" para se referir a todas as modalidades de reapreciação do lançamento – tanto a de iniciativa do sujeito passivo, como a da Administração Tributária – empregando, todavia, o signo "revisão" apenas para aludir à modalidade de alteração do lançamento por iniciativa da autoridade administrativa.

Em geral, os atos administrativos sempre foram passíveis de alteração mediante o recurso da revogação e da anulação.

A revogação consiste no desfazimento do ato administrativo, total (ab-rogação) ou parcial (derrogação), por motivos de conveniência ou oportunidade, levado a efeito pela própria Administração Pública. A revogação é extinção por defeito de mérito, quando ato é inconveniente ou inoportuno, mas é válido no prisma da legalidade[337].

A anulação, por sua vez, é a desconstituição do ato administrativo, em razão de vício de legalidade, por meio de controle realizado por parte da Administração ou do Poder

---

335. TORRES, Heleno Taveira. *Autovinculação do lançamento tributário e controle de revisão no processo administrativo*. Consultor Jurídico, 2020. Disponível em https://www.conjur.com.br/2020-abr-01/consultor-tributario-autovinculacao-lancamento-tributario-controle-revisao#_ftn2. Acesso em: 20 de jan. 2021.

336. OLIVEIRA, Ricardo Mariz de. Do lançamento. *Cadernos de Pesquisas Tributárias*, n. 12, 1988, p. 110.

337. BARROS JUNIOR, Carlos Seabra de. Teoria dos atos administrativos. *Revista de Direito Administrativo*, v. 106, p. 1-35, 1971.

Judiciário. Na lição de Seabra Fagundes[338], é a invalidação do ato administrativo por ilegitimidade.

Como a revogação é arrimada em razões de conveniência e oportunidade da Administração, a sua aplicabilidade se restringe ao âmbito dos atos administrativos discricionários. Dessa forma, sendo um ato administrativo essencialmente vinculado, nos termos do artigo 3º e do artigo 142, do CTN, o lançamento tributário não é passível de revogação[339].

Como não se pode cogitar de revogação o lançamento, a alteração a que faz referência o artigo 145 do CTN se limitaria à sua anulação, vale dizer, ao desfazimento, integral ou parcialmente, em razão da desconformidade com as normas jurídicas que lhe dão fundamento de validade.

Nessa perspectiva, uma vez realizado o lançamento, com a regular notificação do sujeito passivo, assim como os atos administrativos em geral, ele deve ser anulado pela Administração, quando eivados de vícios. É, portanto, a manifestação do princípio da legalidade, por meio do exercício da autotutela.

Nesse sentido, convém reproduzir a Súmula nº 473 do STF, que já consagrou o dever de a Administração anular seus atos, quando viciados. Vejamos:

> A administração pode anular seus próprios atos, quando eivados de vícios que os tornam ilegais, porque deles não se originam direitos; ou revogá-los, por motivo de conveniência ou oportunidade, respeitados os direitos adquiridos, e ressalvada, em todos os casos, a apreciação judicial.

Se isolar apenas os incisos I e II do artigo 145 do CTN, poderia se sustentar que a alterabilidade do lançamento

---

338. FAGUNDES, M. Seabra. Revogação e anulamento de ato administrativo. *RDA*, v. II, fasc. 2, p. 482.

339. Cf. XAVIER, Alberto. *Do lançamento tributário: teoria geral do ato, do procedimento e do processo tributário.* Rio de Janeiro: Forense, 1998, p. 243. DERZI, Misabel Abreu Machado. *Direito tributário brasileiro.* 11ª Ed. Rio de Janeiro: Forense, 2010, p. 809.

dar-se-ia somente mediante a anulação. No entanto, o legislador trouxe, no inciso III, do artigo 145, e no artigo 149, do CTN, uma nova hipótese de reapreciação do lançamento, que é a revisão, foco temático do presente estudo, que será analisada mais detidamente adiante. Por enquanto, vale adiantar que se trata de uma espécie de reapreciação do lançamento tributário, permitindo, em determinadas circunstâncias, a correção dos vícios nele contidos.

Por enquanto, a análise deter-se-á aos incisos I e II do artigo 145 do CTN, os quais tratam, respectivamente, da alterabilidade do lançamento em decorrência da impugnação do sujeito passivo e do recurso de ofício.

É importante destacar que, com a impugnação do sujeito passivo e com o recurso de ofício, não é permitido que o lançamento seja reformado, seja para ser retificado, seja para ser complementado. A alterabilidade, na realidade, nas hipóteses dos incisos I e II, pode ensejar a anulação do débito, no todo ou em parte, ou a manutenção do crédito tributário.[340]

Nesse sentido, vale reproduzir as lições de Hugo de Brito Machado Segundo e Paulo de Tarso Vieira Ramos[341], ao tratar das hipóteses do artigo 145 do CTN:

> Desse modo, tratando-se de modificação do lançamento em virtude das hipóteses previstas nos incisos I e II do art. 145 do CTN, no âmbito, portanto, de um processo administrativo de controle de legalidade iniciado pelo contribuinte, a sua exigência somente pode ser mantida ou invalidada, total ou parcialmente. Se, ao longo desse processo administrativo, a Fazenda constata a necessidade de proceder ao lançamento de eventuais diferenças, essas não serão exigíveis já no âmbito desse processo, como

---

340. Marina Vieira de Figueiredo critica o termo "alteração", apontando a imprecisão terminológica do artigo 145 do CTN, pois nas hipóteses apontadas pelo legislador, muitas vezes, não há a modificação parcial do lançamento, mas a manutenção ou a supressão total do ato. Vide: FIGUEIREDO, Marina Vieira de. *Lançamento tributário: revisão e seus efeitos*. São Paulo: Noeses, 2014, p. 110-111.

341. SEGUNDO, Hugo de Brito Machado; RAMOS, Paulo de Tarso Vieira. Lançamento tributário e decadência. In: MACHADO, Hugo de Brito. *Lançamento tributário e decadência*. São Paulo: Dialética; Fortaleza: ICET, 2002. p. 274.

produto da conclusão deste, faz-se necessária a constituição de um novo crédito tributário, suplementar do primeiro, nos termos dos arts. 145, III e 149 do CTN.

Os efeitos advindos dos incisos I e II do artigo 145 do CTN, portanto, se restringem à anulação, ainda que apenas parcial, ou à conservação do lançamento.

4.2 IMPUGNAÇÃO DO SUJEITO PASSIVO: ARTIGO 145, INCISO I, DO CTN

Realizado o lançamento e dada ciência ao sujeito passivo, ele poderá opor sua resistência à pretensão fiscal, insurgindo-se contra o débito tributário, indicando as razões da sua discordância[342].

A impugnação do sujeito passivo, a que faz referência o inciso I, do artigo 145, do CTN, abrange a contestação formulada perante os órgãos administrativos, dando início ao contencioso administrativo fiscal, e o questionamento judicial. É o que se passa analisar.

4.2.1 Impugnação administrativa

A impugnação na esfera administrativa tem como fundamento de validade o inciso XXXIV do artigo 5º, da Constituição Federal, o qual assegura aos indivíduos o direito de petição aos Poderes Públicos em defesa de direitos ou contra ilegalidade ou abuso de poder; o inciso LV, do artigo 5º, da Constituição Federal, o qual assegura aos litigantes, em processo judicial ou administrativo, e aos acusados em geral o direito ao contraditório e à ampla defesa, com os meios e recursos a ela inerentes; e artigo 5º, inciso LV, da Constituição Federal, o qual prescreve que "ninguém será privado da liberdade ou de seus bens sem o devido processo legal".

---

342. KOCH, Deonísio. *Processo administrativo tributário e lançamento*. 2ª ed. São Paulo: Malheiros Editores, 2012, 261.

Com o advento da Constituição Federal de 1988, como destaca Paulo Bonilha[343] o processo administrativo tributário deixa de ser uma "graciosa concessão ou mero procedimento administrativo ao alvedrio da Administração Pública", passando a ser um fenômeno "de natureza processual, com raiz na Constituição e sujeito, em sua conformação procedimental, aos princípios constitucionais e processuais por ela assegurados".

A impugnação administrativa dá início ao processo administrativo fiscal, instrumento de grande importância para manutenção da ordem tributária, porquanto constitui instrumento democrático de legitimação e controle dos atos administrativos tributários[344].

Ao controlar a atividade tributante, restringindo a limitação dos direitos de liberdade e propriedade aos casos em que a lei tributária for aplicada devidamente, o processo administrativo fiscal também constitui um instrumento de efetivação da justiça tributária e de garantia dos direitos fundamentais do contribuinte[345].

Como o poder tributário é, por si só, autoritário, a sua imperatividade, para não ser unilateral e opressora, "deve encontrar expressão em termos de paridade e imparcialidade no processo preordenado"[346]. Para German Alejandro San Martin Fernandez, com a delimitação do litígio e a estabilização da lide – que ocorrem com a apresentação da peça defensiva, pelo sujeito

---

343. BONILHA, Paulo Celso Bergstrom. Contraditório e provas no processo administrativo tributário (ônus, direito à perícia, prova ilícita). *Processo administrativo fiscal*. São Paulo: Dialética, 1995.

344. Cf. ROCHA, Sérgio André. A importância do processo administrativo fiscal. *Revista de Direito Administrativo*, v. 239, p. 33-44, 2005.
Cf. MOREIRA, Bernardo Motta. *Controle do lançamento tributário pelos Conselhos de Contribuintes: aspectos polêmicos do processo administrativo fiscal*. Rio de Janeiro: Lumen Juris, 2013, p. 76-77.

345. Cf. TORRES, Ricardo Lobo. Processo Administrativo Fiscal: Caminhos para o seu Desenvolvimento. *Revista Dialética de Direito Tributário*, São Paulo, n. 46, p. 79, 1999.

346. MEDAUAR, Odete et al. *Direito administrativo moderno*. São Paulo: Ed. RT, 2002, p. 202.

passivo, em face da exação fiscal – se promove a garantia do direito de defesa assegurado àqueles que optaram por se insurgir contra a pretensão estatal de exigência do crédito tributário[347].

A resistência formal oferecida pelo contribuinte em face da pretensão tributária é o que inaugura a etapa processual. Logo, haverá processo a partir do momento em que a Administração realiza o lançamento e o sujeito passivo, dele tomando conhecimento, se insurge em face do referido ato, protocolando a sua impugnação[348].

A etapa contenciosa (processual) caracteriza-se pelo aparecimento formalizado do conflito de interesses. Isto é, "transmuta-se a atividade administrativa de procedimento para processo no momento em que o contribuinte registra seu inconformismo com o ato praticado pela Administração"[349].

Esse exame de legitimidade pode ser realizado pela própria autoridade que praticou o ato, pelo seu superior hierárquico, ou por outros agentes públicos que com ela não estejam em relação de subordinação. Tudo dependerá do que dispuser a legislação instituída pela pessoa jurídica de direito público.

Estando o lançamento em descompasso com os parâmetros legais que regulam a sua efetivação, cabe à Administração anulá-lo em decorrência da ilegalidade.[350]

---

347. FERNÁNDEZ, German Alejandro San Martín. Os limites quanto à alterabilidade do crédito tributário no âmbito do contencioso administrativo. In: In: SALUSSE, Eduardo Perez; SANTI, Eurico Marcos Diniz de (Org.) *Direito tributário: estudos em homenagem a Luiz Fernando Mussolini Junior*. São Paulo: Max Limonad e FGV Direito/ SP, 2019. p. 245.

348. Cf. AMARAL, Paulo Adyr Dias do Amaral. *Processo Administrativo Tributário – e o problema da supressão do contraditório*. 2ª Ed. Belo Horizonte: Del Rey, 2011, p. 55. Cf. MOREIRA, Bernado Motta. *Controle do lançamento tributário pelos conselhos de contribuintes: aspectos polêmicos do processo administrativo fiscal*. Rio de Janeiro: Lumen Juris, 2013, p. 123.

349. MARINS, James. *Direito processual tributário brasileiro (administrativo e judicial)*. São Paulo: Dialética, 2002, 164.

350. Cf. DERZI, Misabel Abreu Machado. Crédito tributário e lançamento. In: LEITE, Geilson Salomão (Coord.). *Extinção do crédito tributário: homenagem ao Professor José Souto Maior Borges*. Belo Horizonte: Fórum, 2013, p. 134.

Cumpre registrar que o lançamento, por gozar de presunção de legitimidade, uma vez concluído seu ciclo de formação, deverá produzir efeitos jurídicos até que, eventualmente, seja anulado, ainda que se trate de um ato viciado, vale dizer, em desacordo, em algum aspecto, com as normas que lhe dão fundamento de validade.[351]

A possibilidade de impugnação do lançamento já evidencia a sua produção de efeitos, que perdurará até a sua anulação.[352] Paulo de Barros Carvalho bem pontua que, por mais absurda que pareça a pretensão tributária contida no lançamento, ela se sustenta até que sobrevenha uma decisão desconstituindo-a, nos sucessivos controles de legalidade a que estão submetidos os atos administrativos.[353]

Isso não implica dizer, por outro lado, que o lançamento pode ser introduzido na ordem jurídica sem um *quantum* de observância das normas que regulam a sua produção. Para ser inserido, é necessário que tenha sido expedido por um sujeito minimamente credenciado pelo sistema, mediante um procedimento previsto pelo Direito que tenha sido minimamente atendido.

Por isso Souto Maior ressalta que, para que o lançamento exista, ele deve, pelo menos, obedecer a um mínimo da determinação da norma jurídica que regula a sua produção[354].

---

351. Cf. "Enquanto o ato administrativo "ilegal" não for anulado, será, sem contradição alguma, válido e eventualmente eficaz. Esse ato será válido se não for anulado por outro ato praticado pelo órgão competente para a anulação. Nesse sentido, o ato administrativo havido como "ilegal" não será nulo *ab initio* ou "inexistente" (inválido), mas apenas anulável, conforme dispuser a lei. Consequentemente, o lançamento, enquanto não for substituído por outro ato administrativo que o anule ou modifique, será sempre válido (existente). Não pode escapar o lançamento à disciplina geral da matéria relativamente aos demais atos administrativos. (BORGES, José Souto Maior. *Lançamento tributário*. 2ª ed. São Paulo: Malheiros, 1999, p. 257)

352. HORVATH, Estevão. *Lançamento tributário*. 2ª ed. São Paulo: Quartier Latin, 2010, p. 87.

353. CARVALHO, Paulo de Barros. *Curso de direito tributário*. 30ª ed. São Paulo: Saraiva Educação, 2019, p. 494-495.

354. BORGES, José Souto Maior. *Lançamento tributário*. 2ª ed. São Paulo: Malheiros, 1999, p. 246.

Dessa forma, se os comandos que dão fundamento de validade à expedição do lançamento são integralmente desatendidos, sem se atender sequer a alguns dos seus critérios, a norma individual e concreta não chega a ser inserida no sistema jurídico.

4.2.2 Impugnação judicial

A impugnação judicial do débito tributário tem amparo no princípio da inafastabilidade da jurisdição, estampado no artigo 5º, inciso **XXXV**, da Constituição Federal, o qual estabelece que a lei não excluirá da apreciação do Poder Judiciário lesão ou ameaça a direito.

Para Fonrouge, o processo é, no Estado de Direito, a forma de rebelião contra as exigências tributárias indevidas, revelando-se a principal arma para a solução dos problemas jurídicos que envolvem a exação injusta[355].

A busca pelo Judiciário, nas relações processuais tributárias, pode ocorrer por iniciativa (i) da Fazenda Pública, que, diante da falta de pagamento espontâneo, tem que se valer do aparato jurisdicional para cobrar as dívidas fiscais; e (ii) do contribuinte, que pode recorrer ao Judiciário para resguardar seus direitos em face do poder e da imposição tributária por parte do Estado[356].

A hipótese em análise se enquadra na segunda classe, porquanto é o sujeito passivo quem ingressa no Judiciário,

---

355. El impuesto implica el cercenamiento de la libertad de disponer de la propiedad, hecho tolerado por sus beneficiosos efectos sociales, pero cuando tal exigencia se torna injusta es congruente la rebelión para su pago. Tal rebelión en el Estado de derecho se ejerce a través del proceso, que es el arma principal para la solución práctica de los problemas jurídicos, que involucra toda exacción injusta" (Fonrouge, Giuliani Carlos M., *Procedimiento Tributario y de la seguridad social*, 8° Edición actualizada y ampliada por Navarrine, Susana Camila Depalma, prólogo de la 1° Edición, página XIX).

356. MARINS, James. *Direito processual tributário brasileiro (administrativo e judicial)*. 8ª ed. São Paulo: Dialética, 2015, p. 474.

em busca de um provimento jurisdicional, para desconstituir o débito tributário.

Nesse contexto, o contencioso tributário, de acordo com Rubens Gomes de Sousa, corresponde à controvérsia entre o contribuinte e o fisco a propósito da existência, das características ou do montante da obrigação tributária[357].

Destaca-se que a nossa ordem tributária não exige o prévio acesso ou o esgotamento das instâncias administrativas como condição para buscar o Judiciário. O processo administrativo é facultativo, sendo certo que o contribuinte que optou por não discutir o assunto administrativamente não fica impedido de discuti-lo em Juízo.

O sujeito passivo da obrigação tributária pode escolher, após a notificação do lançamento, ingressar com uma medida judicial ou apresentar impugnação administrativa. Também é certo que o contribuinte tem a faculdade de recorrer ao Judiciário, caso queira, após o esgotamento no âmbito administrativo, na hipótese de lhe ter sido proferida decisão administrativa desfavorável.

No entanto, tendo o particular escolhido discutir a legitimidade do crédito tributário no Judiciário, essa busca por um provimento jurisdicional deve implicar a desistência tácita da esfera administrativa[358], nos termos do artigo 38, parágrafo único da Lei nº 6.830/1980, cuja constitucionalidade já foi declarada pelo Supremo Tribunal Federal, no julgado do Recurso Extraordinário nº 233.582.

Logo, diante da impossibilidade de cumulação de esferas, pode-se dizer que o processo tributário pode desenvolver-se

---

357. SOUSA, Rubens Gomes de. *Compêndio de legislação tributária*. 4ª ed. Rio de Janeiro: Edições Financeiras S.A., p. 113.

358. Súmula CARF nº 1: Importa renúncia às instâncias administrativas a propositura pelo sujeito passivo de ação judicial por qualquer modalidade processual, antes ou depois do lançamento de ofício, com o mesmo objeto do processo administrativo, sendo cabível apenas a apreciação, pelo órgão de julgamento administrativo, de matéria distinta da constante do processo judicial.

REVISÃO DO LANÇAMENTO TRIBUTÁRIO: HIPÓTESES E LIMITES

perante as autoridades administrativas ou perante as autoridades judiciárias, ou ainda perante ambas, mas desde que sucessivamente[359]. O que não se admite, em síntese, a busca concomitante de tutela em ambas as instâncias.

É importante destacar, outrossim, que o Judiciário é competente para apreciar todas as alegações de lesão de direito. Dessa forma, sempre é possível ao contribuinte renovar judicialmente a discussão sobre pontos que já tenham sido decididos no âmbito administrativo. Da mesma forma, também poderá levar ao seu conhecimento questões que, durante o curso do contencioso administrativo, não foram suscitadas, não havendo, portanto, preclusão da matéria.

Diferentemente do processo administrativo fiscal, que é disciplinado por cada ente federativo, quem tem competência para dispor sobre o processo judicial é privativamente a União, inclusive em controvérsias envolvendo matéria tributária, nos termos do artigo 22, inciso I, da Constituição[360].

As medidas processuais aplicáveis em matéria tributária – federal, estadual e municipal – estão consagradas no Código de Processo Civil e na legislação processual esparsa, de competência da União.

Não há um direito tributário processual próprio e nem um Código de Processo Tributário, existindo, na verdade, um direito processual aplicável às relações tributárias"[361].

É certo que, embora não exista um estatuto processual específico, o processo tributário constitui segmento didático que demanda um exame autônomo, considerando que os atos de

---

359. Cf. SOUSA, Rubens Gomes de. *Compêndio de legislação tributária*. 4ª ed. Rio de Janeiro: Edições Financeiras S.A., p. 116.

360. "Art. 22. Compete privativamente à União legislar sobre:
I - direito civil, comercial, penal, processual, eleitoral, agrário, marítimo, aeronáutico, espacial e do trabalho; (...)"

361. MACHADO, Rubens Approbato. Processo administrativo e judicial em matéria tributária. In: LACOMBE, Américo Masset; MARTINS, Ives Gandra (Coord.). *Noções de direito tributário*. São Paulo: LTr, 1975, p. 95.

interpretação e aplicação não ocorrem no mesmo contexto dos demais processos "não penais", tendo em vista que, na verdade, se desenvolvem em uma dinâmica própria da positivação do direito tributário[362]. Essa especificidade da disciplina das categorias tributárias é revelada pela análise da própria Constituição Federal, que estabelece que suas normas gerais – ao tratar, por exemplo, de obrigação, crédito, prescrição, decadência – devem ser prescritas por lei complementar (artigo 146, III/CF).

Por fim, é interessante reforçar que a alteração do lançamento em decorrência da impugnação judicial, nos termos do inciso I, do artigo 145, do CTN, assim como no caso da impugnação oferecida no âmbito administrativo, não deve gerar a sua reforma ou substituição, de sorte que a exigência tributária somente pode ser mantida ou desconstituída, total ou parcialmente.

4.3 RECURSO DE OFÍCIO: ARTIGO 145, INCISO II, DO CTN

O recurso de ofício não é um instituto de ocorrência obrigatória no processo administrativo fiscal. As suas hipóteses de cabimento e características dependem do legislador ordinário de cada entidade tributante. Isto é, a lei pode atribuir a determinados agentes públicos o poder de recorrer da decisão que exonerou o sujeito passivo de uma dívida tributária; pode estabelecer um recurso de ofício desprovido de voluntariedade, de modo que a insurgência ocorra automaticamente, com uma vitória do contribuinte; pode prescrever que o recurso apenas seja cabível quando o valor do débito exorado seja superior a determinado valor etc. Cabe, portanto, a cada ente federativo instituir ou não o recurso de ofício e dar-lhe os contornos que achar devidos.

Nesse contexto, a legislação processual, de cada ente tributante, poderá dispor a respeito das decisões que têm de ser

---

362. CONRADO, Paulo Cesar. *Processo tributário*. 3ª ed. São Paulo: Quartier Latin, 2012, p. 16.

REVISÃO DO LANÇAMENTO TRIBUTÁRIO: HIPÓTESES E LIMITES

submetidas a reexame oficial e das situações que não comportariam tal reapreciação[363].

Destaca-se, porém, que, normalmente, o recurso de ofício se verifica em face de decisão de primeira instância administrativa que é desfavorável ao Fisco. Embora o seu julgamento possa gerar uma decisão mais gravosa ao contribuinte, esse agravamento se dá em relação à decisão recorrida, e não em relação ao lançamento inicialmente impugnado. O lançamento, na realidade, servirá de parâmetro máximo para a alteração, isto é, havendo acolhimento do recurso de ofício, a decisão poderá apenas restabelecê-lo integralmente ou a parte dele que foi cancelada.[364]

O recurso de ofício, a rigor, é mais um instrumento para a Administração Tributária controlar a legalidade dos seus atos. Como ressalta Deonísio Koch, "é como se o Estado fizesse um recurso contra seus próprios atos"[365], para que fossem mantidos somente aqueles que estivessem em conformidade com a legislação tributária.

4.4 REVISÃO DO LANÇAMENTO X LANÇAMENTO DE OFÍCIO: ARTIGO 145, INCISO III, E ARTIGO 149 DO CTN

O artigo 145, inciso III, do CTN, estabelece que o lançamento regularmente notificado ao sujeito passivo pode ser alterado em virtude da iniciativa da autoridade administrativa, nos casos previstos no artigo 149.

---

363. MELO, José Eduardo Soares de. *Curso de direito tributário*. 8ª ed. São Paulo: Dialética, 2008, p. 332.

364. MACHADO SEGUNDO, Hugo de Brito; Ramos, Paulo de Tarso Vieira. Lançamento tributário e decadência. In: Machado, Hugo de Brito (coord.). *Lançamento tributário e decadência*. São Paulo: Dialética, 2002. p. 247.

365. KOCH, Deonísio. *Processo administrativo tributário e lançamento*. São Paulo: Malheiros, 2012, p. 263.

O artigo 149 do CTN[366], por sua vez, estabelece que o lançamento pode ser realizado e, também, revisto de ofício, nas situações indicadas nos correspondentes incisos.

O citado enunciado normativo disciplina realidades diferentes, visto que regula tanto a efetivação do lançamento de ofício quanto a sua revisão pela autoridade administrativa. Isso se constata a partir do trecho do enunciado do *caput* que prescreve que o lançamento será "efetuado e revisto de ofício nos seguintes casos".

Vê-se que o artigo 149 do CTN trata simultaneamente de duas situações jurídicas diferentes, visto que define as hipóteses de lançamento de ofício e as situações em que o lançamento pode ser revisto de ofício[367]. Por isso Souto Maior Borges adverte que "melhor teria sido que o dispositivo as tivesse apartado, evitando confusão conceitual de hipóteses substancialmente inconfundíveis".[368]

---

366. Art. 149. O lançamento é efetuado e revisto de ofício pela autoridade administrativa nos seguintes casos:
I - quando a lei assim o determine;
II - quando a declaração não seja prestada, por quem de direito, no prazo e na forma da legislação tributária;
III - quando a pessoa legalmente obrigada, embora tenha prestado declaração nos termos do inciso anterior, deixe de atender, no prazo e na forma da legislação tributária, a pedido de esclarecimento formulado pela autoridade administrativa, recuse-se a prestá-lo ou não o preste satisfatoriamente, a juízo daquela autoridade;
IV - quando se comprove falsidade, erro ou omissão quanto a qualquer elemento definido na legislação tributária como sendo de declaração obrigatória;
V - quando se comprove omissão ou inexatidão, por parte da pessoa legalmente obrigada, no exercício da atividade a que se refere o artigo seguinte;
VI - quando se comprove ação ou omissão do sujeito passivo, ou de terceiro legalmente obrigado, que dê lugar à aplicação de penalidade pecuniária;
VII - quando se comprove que o sujeito passivo, ou terceiro em benefício daquele, agiu com dolo, fraude ou simulação;
VIII - quando deva ser apreciado fato não conhecido ou não provado por ocasião do lançamento anterior;
IX - quando se comprove que, no lançamento anterior, ocorreu fraude ou falta funcional da autoridade que o efetuou, ou omissão, pela mesma autoridade, de ato ou formalidade especial.

367. Cf. XAVIER, Alberto. *Do lançamento tributário:* teoria geral do ato, do procedimento e do processo tributário. Rio de Janeiro: Forense, 1998, p 221.

368. BORGES, José Souto Maior. *Lançamento tributário*. 2ª ed. São Paulo: Malheiros, 1999. p. 260.

REVISÃO DO LANÇAMENTO TRIBUTÁRIO: HIPÓTESES E LIMITES

Ao tratar de duas categorias diferentes em um mesmo dispositivo, sem distinguir, com clareza, quais situações são aplicáveis à realização do lançamento de ofício e à revisão do lançamento, o legislador cria um problema de índole pragmática, pois impede que o intérprete identifique com facilidade quais casos correspondem a um e a outro[369].

O lançamento de ofício, nos casos em que é suplementar ao chamado lançamento por homologação, pode até ser visto, em uma determinada acepção, como fruto de uma revisão, mas, nessa hipótese, o termo (revisão) é utilizado no sentido de que decorre de um reexame, por parte da Administração Tributária, da norma individual e concreta introduzida pelo particular[370]. Por isso, Francisco Secaf Silveira e Fernando Scaff utilizam, nessa circunstância, a expressão "lançamento de ofício de revisão"[371].

Embora haja semelhanças nesses casos – já que o lançamento de ofício suplementar e a revisão de lançamento pressupõem uma prévia constituição do crédito tributário por meio do lançamento (em sentido amplo) – não se pode equipará-los, pois têm hipóteses de cabimento diferentes e implicam consequências jurídicas diversas. Enquanto um constitui diferenças tributárias, em razão do recolhimento a menor por parte do sujeito passivo (lançamento de ofício), o outro reforma ou substitui o lançamento realizado pela própria Administração Tributária (revisão de lançamento).

Na presente obra, o foco temático não é o lançamento de ofício, ainda que suplementar ao lançamento por homologação. Neste escrito, será abordada a revisão do lançamento em sentido estrito, prevista no artigo 145, inciso III; e no artigo 149, do CTN, cuja definição do conceito se passa a demarcar.

---

369. KOCH, Deonísio. *Processo administrativo tributário e lançamento*. São Paulo: Malheiros, 2012, p. 265.

370. DIAS, Karem Jureidini. *Fato tributário:* revisão e efeitos jurídicos. São Paulo: Noeses, 2013.

371. SCAFF, Fernando Facury; SILVEIRA, Francisco Secaf Alves. Aplicação da LINDB na jurisprudência do CARF. In: MURICI, Gustavo Lanna; GODOI, Marciano Seabra de; RODRIGUES, Raphael Silva; FERNANDES, Rodrigo Mineiro [Orgs.]. *Análise crítica da jurisprudência do CARF*. Belo Horizonte: Editora D'Plácido, 2019, p. 192.

CAPÍTULO V
REVISÃO DO LANÇAMENTO TRIBUTÁRIO

5.1 DEFINIÇÃO DO CONCEITO DA REVISÃO DO LANÇAMENTO

5.1.1 Plurivocidade da revisão do lançamento tributário

A revisão do lançamento, assim como quase todas as expressões no domínio jurídico, é plurívoca, podendo apresentar diferentes sentidos. É crucial, portanto, antes de definir as suas hipóteses de cabimento e os seus limites, indicar em que acepção a expressão será tomada.

Não há, na doutrina, uma uniformidade em relação ao conceito do lançamento.

Alberto Xavier prefere adotar um conceito amplo de revisão, no lugar do termo "alteração" previsto no artigo 145 do CTN. Para o autor português, tal revisão se desdobraria em revisão por impugnação (art. 145, I, do CTN), revisão por recurso de ofício (artigo 145, inciso II, do CTN) e revisão oficiosa (artigo 145, inciso III, do CTN). Os efeitos que podem daí advir, na sua visão, são a confirmação, quando o lançamento for legítimo; ou, quando ilegítimo, a alteração, que pode se

127

REVISÃO DO LANÇAMENTO TRIBUTÁRIO: HIPÓTESES E LIMITES

dar por anulação ou por meio de lançamento suplementar, no caso de revisão de ofício.[372]

Sasha Calmon também toma o termo "revisão" para designar todas as formas de alterabilidade do lançamento mencionadas no artigo 145 do CTN. Afirma que os "procedimentos revisionais" visam a confirmar ou infirmar a integridade do lançamento, por iniciativa do Estado ou do contribuinte, nos casos previstos em lei. Assevera, ainda, que, no curso do ato administrativo do lançamento ou no curso da discussão sobre o crédito tributário podem ocorrer retificações. Em seguida, preconiza que "o artigo 145 diz as hipóteses que desencadeiam a revisão do ato de lançamento".[373]

Souto Maior Borges, de igual modo, equipara a revisão do lançamento à alteração mencionada no artigo 145 do CTN, *in verbis*:

> Prescreve o art. 145 do CTN que o lançamento regularmente notificado ao sujeito passivo somente pode ser alterado em virtude de impugnação do próprio sujeito passivo (inciso I), recurso de ofício (inciso II) ou iniciativa de ofício da autoridade administrativa, nos casos previstos no art.149 (inciso III). Esse dispositivo disciplina a competência administrativa de alteração ou revisão do lançamento.[374]

---

372. Cf. XAVIER, Alberto. *Do lançamento tributário*: teoria geral do ato, do procedimento e do processo tributário. Rio de Janeiro: Forense, 1998, p. 240.

373. COELHO, Sasha Calmon Navarro. O lançamento tributário e a decadência. In: MACHADO, Hugo de Brito (org.). *Lançamento tributário e decadência*. São Paulo: Dialética, 2002, p. 413.

374. BORGES, José Souto Maior. *Lançamento tributário*. 2ª ed. São Paulo: Malheiros, 1999, p. 259.

Essa mesma linha também é seguida por Marina Vieira de Figueiredo[375], Cláudia Magalhães Guerra[376] e Mary Elbe Queiroz[377].

Nessa perspectiva, para essa corrente, que toma a revisão em uma acepção ampla, abrangendo todas as hipóteses de alterabilidade do artigo 145 do CTN, a anulação do lançamento, decorrente da instauração do contencioso tributário, pode igualmente ser considerada revisão do lançamento.

Por outro giro, uma segunda vertente chama de revisão de lançamento a realização do lançamento de ofício, pela autoridade fiscal, para complementação do crédito tributário, quando o sujeito passivo, no lançamento por homologação, tiver recolhido o tributo de forma insuficiente[378].

Nesse sentido, cita-se, por exemplo, Carlos Vaz[379], que utiliza a expressão "revisão do lançamento" para designar a "cobrança de diferença porventura encontrada, mediante lançamento de ofício, durante o prazo estabelecido para a decadência".

Há uma terceira corrente que entende que a revisão enseja a realização de um novo lançamento, em substituição ou complementação ao anterior.

Nessa linha, Rubens Gomes de Sousa definia a revisão de lançamento como "a possibilidade de ser feito nôvo lançamento em substituição do anterior, ou um lançamento

---

375. Cf. FIGUEIREDO, Marina Vieira de. *Lançamento tributário*: revisão e seus efeitos. São Paulo: Noeses, 2014, p. 184

376. GUERRA, Cláudia Magalhães. 2ª ed. *Lançamento tributário: & sua invalidação.* Juruá, 2008, p. 167-168.

377. QUEIROZ, Mary Elbe. *Do lançamento tributário:* execução e controle. São Paulo: Dialética, 1999, p. 170.

378. SEIXAS FILHO, Aurélio Pitanga. Lançamento tributário e a decadência. In: Machado, Hugo de Brito (coord.). *Lançamento tributário e a decadência.* Fortaleza e São Paulo: Dialética e ICET. 2002, p. 37.

379. VAZ, Carlos. O lançamento tributário e decadência. In: Machado, Hugo de Brito (coord.). *Lançamento tributário e a decadência.* Fortaleza e São Paulo: Dialética e ICET. 2002, p. 105.

complementar do anterior"[380] No mesmo sentido, Eurico de Santi sustenta que a revisão pode significar (i) um novo lançamento; e (ii) um procedimento de produção de norma substitutiva, regulado pela norma geral e abstrata de competência administrativa que delineia sua produção.[381]

Essa falta de uniformidade em relação ao conceito da revisão do lançamento tributário acabou sendo transportada para o Superior Tribunal de Justiça, que aplica o instituto em diferentes acepções, isto é, (i) como a anulação do crédito tributário após a impugnação do sujeito passivo[382]; (ii) como a realização de lançamento de ofício para constituir diferenças tributárias, complementando o lançamento por homologação[383]; e (iii) como o direito de substituir o lançamento, para modificar seus elementos[384].

Essa indefinição em relação ao alcance e sentido da categoria não é apenas um capricho teórico, mas, antes, é problema que impacta a experiência tributária. Isso porque, ao não se compreender o conceito da revisão do lançamento, a rigor, não se sabe o que ela é e quais seus efeitos. Dessa forma, compromete-se a sua correta aplicação e afeta, consequentemente, o seu controle pelos órgãos julgadores.

---

380. SOUSA, Rubens Gomes de. *Compêndio de legislação tributária*. São Paulo: Edições Financeiras, 1964, p. 82.

381. SANTI, Eurico Marcos Diniz. Lançamento tributário, enunciação, enunciado, nulidade e anulação: comentários à margem da teoria do prof. Paulo de Barros Carvalho. In: SCHOUERI, Luís Eduardo. (coord.) *Direito Tributário – Homenagem a Paulo de Barros Carvalho*. São Paulo: Quartier Latin, 2008, p. 576.

382. Superior Tribunal de Justiça, Recurso Especial nº 1678503/RS, Rel. Ministro Mauro Campbell Marques, Segunda Turma, julgado em 02/03/2021, DJe 08/03/2021.

383. Superior Tribunal de Justiça, Agravo Regimental no Recurso Especial nº 1238475/MG, Rel. Ministro Arnaldo Esteves Lima, Primeira Turma, julgado em 03/09/2013, DJe 10/09/2013.

384. Superior Tribunal de Justiça, Recurso Especial nº 1905365/RJ, Rel. Ministro Gurgel de Faria, Primeira Turma, julgado em 23/02/2021, DJe 03/03/2021.

5.1.2 Revisão de lançamento como categoria jurídico-positiva de índole tributária

Apontada a plurivocidade da revisão do lançamento tributário, passa-se, então, a abordar a definição que será adotada na presente obra, demonstrando-se, em um primeiro momento, as razões pelas quais não se pode a equiparar com a anulação e com o lançamento de ofício suplementar ao lançamento por homologação.

Embora o sistema jurídico seja uno e haja categorias do Direito Administrativo que são amplamente utilizadas em matéria tributária, o Direito Tributário tem uma autonomia didática, de modo que possui princípios, conceitos e procedimentos que lhe são próprios.

O Direito Tributário apresenta uma autonomia estrutural, justamente por possuir institutos específicos, diferentes daqueles existentes em outros ramos do direito.[385] Esse regramento específico do direito tributário é consagrado pela ordem constitucional brasileira, já que a própria Constituição Federal impõe que as suas normas gerais sejam estabelecidas por lei complementar (artigo 146, III/CF).

O Código Tributário Nacional, diploma que foi recebido com status de lei complementar, ao estabelecer essas diretrizes gerais, trouxe a revisão de lançamento e disciplinou a sua aplicação.

Logo, sendo a revisão de lançamento um conceito jurídico-positivo[386] de índole tributária, as suas questões devem

---

385. MORAES, Bernardo Ribeiro de. *Compêndio de Direito Tributário*, primeiro volume, 4ª Ed. Editora Forense, 1995, p. 34-37.

386. Cf. "la validez de um concepto jurídico-positivo está sujeta a la vigencia del derecho mismo en que se apoya. Em cambio, cuando se formula un concepto lógico que sirve de base para la conceptuación jurídico-positiva, esa noción se formula con pretensión de validez universal. (...) En conclusión: uno es el plano de los conceptos jurídicos-positivos y otro el plano de las nociones o fundamentos lógico-jurídicos. Los conceptos jurídico-positivos tienen un ángulo equivalente al de la positividad del derecho concreto que los ha comprendido e implantado, en tanto que los

REVISÃO DO LANÇAMENTO TRIBUTÁRIO: HIPÓTESES E LIMITES

ser analisadas com base em preceitos construídos a partir do próprio direito tributário[387].

Dessa forma, a teoria da revisão do lançamento tributário não se confunde com a teoria da revogação ou anulação dos atos administrativos em geral[388]. É, portanto, um regime específico do lançamento tributário, não dizendo respeito aos demais atos administrativos[389].

Cumpre destacar que a alterabilidade do lançamento pode se manifestar por meio da anulação, no curso do contencioso tributário, após apresentação da impugnação pelo sujeito passivo, mas nas hipóteses dos incisos I (impugnação do sujeito passivo) e II (recurso de ofício) do artigo 145 do CTN.

Porém, a revisão do lançamento, a que fazem referência o artigo 145, inciso III, e o artigo 149, do CTN, requer a reforma ou substituição do lançamento efetuado pela autoridade administrativa. Exige-se, portanto, um *plus*, demandando, uma correção do ato. O agente que procederá à revisão do lançamento pode ter o poder de anulá-lo, por ilegitimidade do ato, mas essa anulação, por si só, não corresponde à revisão de lançamento.

A anulação é bem mais ampla que a revisão do lançamento, de modo que, em regra, deve ocorrer sempre que houver vícios e quando se constatar que a infração atribuída ao sujeito passivo não aconteceu.

---

fundamentos lógicos pretenden tener una validez común y universal para todo sistema jurídico y, por lo tanto, para toda conceptuación jurídica. (...) Por otra parte, los conceptos jurídico-positivos son calificados como nociones *a posteriori;* es decir, se obtienen una vez que se sienta la experiencia del derecho positivo, de cuya comprensión se trata; en tanto que los otros conceptos, los lógico-jurídicos son calificados como conceptos *a priori;* es decir con validez constante y permanente, independiente de las variaciones del derecho positivo." (TERAN, Juan Manuel. *Filosofía del derecho.* 14.ª ed. México: Porrúa, 1998, p. 82-83).

387. SOUSA, Rubens Gomes de. *Estudos de direito tributário.* São Paulo: Saraiva. 1950, p. 230.

388. TABOADA, Carlos Palao. La revisión de oficio de los actos administrativo-tributarios. In: *Revista de Direito Tributário,* São Paulo: RT, nº 06, 1978.

389. TORRES, Ricardo Lobo. Auto de infração e defesa administrativa fiscal. *Revista de Direito Processual Geral,* n. 48: Rio de Janeiro, 1995, p. 178.

Já a revisão de lançamento, como será visto adiante, deve se restringir às hipóteses dos incisos VIII e IX do artigo 149 do CTN, isto é, nos casos de (i) fato novo ou não comprovado no lançamento anterior; (ii) fraude ou falta funcional cometida pela autoridade fiscal; (iii) omissão de ato ou formalidade especial.

Além disso, a revisão deve ser realizada dentro do prazo decadencial de cinco anos, nos termos do parágrafo único, do artigo 149, do CTN, ao passo que a anulação, enquanto manifestação do controle de legalidade na esfera administrativa e judicial, não está sujeita a esse intervalo de decadência.

Explico: é certo que a autoridade lançadora deve constituir o crédito tributário dentro do prazo de cinco anos, mas, uma vez notificado o sujeito passivo e tendo ele apresentado impugnação, a autoridade julgadora pode levar mais de cinco anos para apreciar a controvérsia e anular a cobrança.

De igual modo, depois de definitivamente constituído o crédito tributário, poderá o sujeito passivo, no prazo prescricional de cinco anos, se insurgir contra o lançamento perante o Judiciário. Uma vez instaurado o litígio, a anulação pode vir por meio de provimento jurisdicional, expedido muito depois do prazo decadencial de cinco anos para a formalização do tributo.

Outra diferença que merece destaque é que somente a autoridade fiscal pode promover a revisão de lançamento, enquanto a anulação pode ser realizada em âmbito administrativo e também na esfera judicial, como já visto nos itens 4.2.1 e 4.2.2 deste escrito.

Observa-se, portanto, que não se trata de mera diferença de escolha terminológica, considerando que a revisão do lançamento e anulação são institutos diferentes, de modo que cada um tem um regramento jurídico peculiar.

Reitera-se, outrossim, que o lançamento tributário (em sentido estrito) complementar ao lançamento por homologação ou por declaração não se confunde com a revisão do lançamento. Como visto no item 4.4 desta obra, enquanto um constitui diferenças tributárias, em razão do recolhimento a menor por parte do sujeito passivo (lançamento de ofício), o outro reforma ou substitui o lançamento realizado pela própria autoridade fiscal (revisão de lançamento).

Além disso, como será visto no item 5.2, as hipóteses de cabimento do chamado "lançamento de ofício de revisão" são diferentes das circunstâncias que autorizam a revisão do lançamento, visto que, enquanto a primeira é cabível nos incisos III, IV, V, VI e VII, do artigo 149, do CTN, a segunda se aplica nos casos dos incisos VIII e IX, do mesmo artigo.

Feitas essas considerações, neste escrito, será considerada revisão de lançamento a prerrogativa que tem a autoridade fiscal para corrigir o lançamento, nas hipóteses dos incisos VIII e IX do artigo 149 do CTN.

Importante destacar, ainda, que esse conceito de revisão de lançamento também é justificado pelas suas hipóteses de cabimento. Dado que somente é cabível nas hipóteses dos incisos VIII e IX, do artigo 149, do CTN, uma vez verificados os comportamentos que se enquadram nas situações lá previstas, a autoridade fiscal tem o poder de revisar o lançamento, para corrigir o seu vício, seja com a sua reforma, seja com a sua substituição.

Destaca-se, como se verá no item 5.2.6.1 da presente obra, que a parte final do inciso IX, do artigo 149, do CTN, ao prever a revisão de lançamento na hipótese de omissão de formalidade especial, assegura à autoridade fiscal o direito de refazer o lançamento anulado por vício formal, corrigindo o defeito que o atingia. Rubens Gomes de Sousa[390], no relatório dos Trabalhos da Comissão do Projeto do Código Tributário Nacional, ao tratar do enunciado que originou a citada norma, asseverou que o dispositivo foi incluído justamente para permitir "a substituição oficiosa do lançamento eivado de vício formal".

Observa-se, nesse contexto, que os citados incisos VIII e IX, do artigo 149, do CTN, não veiculam hipóteses de simples

---

390. Trabalhos da Comissão Especial do Código Tributário Nacional, Rio de Janeiro, Ministério da Fazenda, 1954, p. 209.

anulação do lançamento. São situações específicas que asseguram à autoridade fiscal a prerrogativa de ajustar o defeito contido, permitindo-se, com as devidas adequações, a manutenção da cobrança do crédito tributário constituído ou a substituição do lançamento que foi anulado.

Então, por exemplo, se houver a descoberta, pela Administração Tributária, de uma situação que afetou a correta formalização do crédito tributário, seja porque interferiu na sua motivação, seja porque interferiu na relação tributária, o lançamento deve ser corrigido, para ser complementado ou retificado. De igual modo, na hipótese de vício formal, o lançamento deve ser refeito, substituído por outro sem a inconsistência que gerou a sua anterior anulação. No caso de falta funcional, igualmente, não basta a desconstituição do lançamento, cabendo à autoridade fiscal corrigi-lo, afastando-se a inconsistência gerada pela transgressão da autoridade fiscal, mantendo-se a cobrança do tributo sem o vício que o afetava.

A revisão de lançamento, portanto, pode se expressar por meio de um novo lançamento (substituição) ou por meio da reforma do já existente. Nesse último caso, como destaca Cleber Giardino, o ato revisado continua, persiste, embora retificado[391].

Logo, a revisão não pressupõe necessariamente a eliminação total do lançamento anterior, considerando que pode haver a conservação de toda parte não reformada, agregando-se o novo conteúdo introduzido[392].

A revisão do lançamento pode ser chamada de complementar ou integrativa, quando se introduz novos elementos referentes a aspectos não considerados no lançamento original, tal como ocorre na inclusão de novo sujeito passivo ou na expedição de um lançamento suplementar ao lançamento de ofício já realizado; ou pode ser retificativa, quando os

---

391. Cf. GIARDINO, Cléber. Auto de Infração. Revisão de ofício promovida pelo próprio agente fiscal. *Revista de direito tributário*. v. 39, São Paulo: RT, 1987, p.161.

392. Cf. BERLIRI, Antonio. *Principios de derecho tributario*, v. III, Madrid: Ed. de Derecho Financiero, 1974, p. 259.

elementos novos introduzidos recaírem sobre questões que já foram objeto de consideração do lançamento original, como acontece com a alteração do fundamento jurídico ou retificação da base de cálculo.[393]

5.2 HIPÓTESES E CRITÉRIOS MATERIAIS DA REVISÃO DO LANÇAMENTO

5.2.1 Mudança de critério jurídico

Definido o conceito de revisão de lançamento, é fundamental a análise do artigo 146 do CTN, preceito que demarca o critério material da regra revisional, considerando que proíbe a modificação do lançamento, para alteração de critério jurídico.

Vejamos o teor do artigo 146 do CTN:

> Art. 146. A modificação introduzida, de ofício ou em consequência de decisão administrativa ou judicial, nos critérios jurídicos adotados pela autoridade administrativa no exercício do lançamento somente pode ser efetivada, em relação a um mesmo sujeito passivo, quanto a fato gerador ocorrido posteriormente à sua introdução.

A expressão "critério jurídico" abrange todos os aspectos relacionados à qualificação e enquadramento jurídicos, em relação à motivação do lançamento e à relação jurídica tributária. Isto é, compreende o fundamento jurídico do lançamento, a classificação fiscal de produtos, definição de alíquota e base de cálculo, o enquadramento da responsabilidade, a escolha da metodologia de apuração tributária e do regime de apuração do crédito tributário etc. Nesse contexto, é oportuna a lição de Luís Eduardo Schoueri[394] no sentido de

---

393. Cf. MARSILLA, Santiago Ibáñez. La actividad de comprobación y el efecto preclusivo de las liquidaciones tributarias. *Crónica tributaria*, n. 129, 2008, p. 71-112.

394. SCHOUERI, Luís Eduardo. *Direito tributário*. 8ª ed. São Paulo: Saraiva, 2018, p. 645.

que "na verdade, poucas são as questões que não constituem modificação de critério jurídico em matéria de lançamento."

A norma do artigo 146 proíbe a revisão de lançamento para dar-lhe novos critérios jurídicos. Somente é permitida a aplicação de novos parâmetros normativos para os eventos tributários que ocorram após a sua introdução. A regra jurídica em questão resguarda contra a alteração de critério jurídico os lançamentos já realizados e, também, os "fatos geradores" que foram anteriores à adoção do novo critério, ainda que não tenham sido objeto de lançamento. Assim, os critérios jurídicos utilizados em um determinado lançamento somente podem ser revertidos para os fatos geradores futuros[395].

O CTN, em seu artigo 146, consagrou uma norma que confere uniformidade de tratamento aos atos de formalização de cobrança de tributos, reconhecendo, por um lado, como ato jurídico perfeito os "fatos geradores" praticados no passado, sob a égide de um determinado regime ou tratamento tributário; e, por outro lado, proibindo a aplicação, por parte das autoridades administrativas, em relação a um mesmo sujeito passivo, de qualquer modificação introduzida de ofício ou em consequência de decisões administrativas ou judiciais.

Essa impossibilidade de alteração ou correção do critério jurídico, em relação a fatos geradores passados, fica evidente ao se acompanhar a evolução do processo legislativo em relação ao artigo 146 do CTN, que é originário do artigo 172 do Anteprojeto[396], que tinha a seguinte redação:

> Art. 172. A modificação introduzida, de ofício ou em consequência de decisão administrativa ou judicial, nos critérios jurídicos adotados pela autoridade administrativa no exercício do lançamento somente poderá ser efetivada, em relação a um mesmo

---

395. LOBATO, Valter de Souza. O princípio da confiança retratado no Código Tributário Nacional. A aplicação dos artigos 100 e 146 do CTN. A análise de casos concretos. *Revista Brasileira de Direito Tributário e Finanças Públicas*, v. 6, p. 42-70, 2012.

396. Trabalhos da Comissão Especial do Código Tributário Nacional, Rio de Janeiro, 1954, p. 307.

REVISÃO DO LANÇAMENTO TRIBUTÁRIO: HIPÓTESES E LIMITES

contribuinte, por ocasião do lançamento imediatamente seguinte à data em que se tenha verificado a modificação.

Analisando o referido enunciado do Anteprojeto, principalmente o seu último trecho, verifica-se que, originariamente, seria possível a edição de um novo lançamento, contemplando-se critério jurídico diferente daquele adotado no primeiro lançamento. Naquela época, a redação do artigo 172 do Anteprojeto foi, então, objeto de crítica por parte de Gilberto Ulhôa Canto[397], como se observa a seguir:

> Artigo 172 - Não nos parece que seja exatamente como está escrito, que se devesse dizer. O que se quer assegurar é a aplicação do critério jurídico novo apenas aos lançamentos referentes a fatos geradores futuros. Como consta do anteprojeto, novo lançamento poderia ser feito, atingido fato gerador anterior. Diga-se, em vez de '... por ocasião...', '... em relação a fato gerador ocorrido posteriormente à modificação...'.

Diante das críticas, no artigo 109 do Projeto[398], que correspondia ao artigo 172 do Anteprojeto, foi substituído o trecho "por ocasião do lançamento imediatamente seguinte à data em que se tenha verificado a modificação" por "quanto a fato gerador ocorrido posteriormente à sua introdução".

Essa alteração está estampada na nota nº 165, nas "Sugestões oferecidas ao Anteprojeto do Código Tributário Nacional"[399], *in verbis*:

> Explicação das siglas usadas em cada sugestão: (A) Origem; (B) Assunto; (C) Justificação; (D) Solução. Os números entre parênteses referem-se aos parágrafos do Relatório. (...).

---

397. CANTO, Gilberto Ulhôa. *Codificação do Direito Tributário*. Rio de Janeiro, Instituto Brasileiro de Direito Financeiro, 1955, p. 193-194.

398. "Art. 109. A modificação introduzida, de ofício ou em consequência de decisão administrativa ou judicial, nos critérios jurídicos adotados pela autoridade administrativa no exercício do lançamento, somente pode ser efetivada, em relação a um mesmo contribuinte, quanto a fato gerador ocorrido posteriormente à sua introdução."

399. Trabalhos da Comissão Especial do Código Tributário Nacional, Rio de Janeiro, 1954, p. 430.

165. (A) Idem. (B) No art. 172, em vez de: "por ocasião", diga-se: "em relação a fato gerador ocorrido posteriormente à modificação". (C) O que se quer assegurar é a aplicação do critério jurídico novo apenas aos lançamentos referentes a fatos geradores futuros. Como consta do Anteprojeto, novo lançamento poderia ser feito, atingindo fato gerador anterior. (D) Aprovada (100).

No Relatório apresentado pelo Professor Rubens Gomes de Sousa, relator geral da Comissão Especial designada pelo Ministro da Fazenda para elaborar o Projeto de Código Tributário Nacional[400], constou, ainda, que "o art. 109, que corresponde ao art. 172 do Anteprojeto, exclui a revisão do lançamento com base na modificação superveniente dos critérios jurídicos adotados pelo fisco na expedição do lançamento anterior".

Na redação final do artigo 146 do CTN, regra que foi introduzida no sistema, foi mantida a alteração do artigo 109 do Projeto do CTN, suprimindo-se a permissão para mudança do critério jurídico adotado pela autoridade fiscal, inclusive por meio de novo lançamento.

Nesse contexto, é oportuno pontuar que o Superior Tribunal de Justiça[401], ao julgar o Recurso Especial nº 1905365, impediu a modificação da classificação do imóvel (de galpão para prédios próprios para indústria), em razão do errôneo enquadramento normativo quando do lançamento original do IPTU. Ficou definido, no julgamento em questão, que a pretensa reclassificação, por se revelar modificação de critério jurídico, "somente pode surtir efeitos para fatos geradores futuros, consoante o que reza o art. 146 do CTN."

Feitas essas considerações, cabe destacar, ainda, que a mudança realizada diante da constatação de um vício cometido pela autoridade fiscal também constitui alteração de critério jurídico, diferentemente do que sustentam autores como

---

400. Trabalhos da Comissão Especial do Código Tributário Nacional, Rio de Janeiro, 1954, p. 206.

401. Superior Tribunal de Justiça, Recurso Especial nº 1905365/RJ, Rel. Ministro Gurgel de Faria, Primeira Turma, julgado em 23/02/2021, DJe 03/03/2021.

Hugo de Brito Machado[402] e Gabriel Troianelli[403], para quem esse fenômeno somente ocorre quando existem dois ou mais parâmetros normativos possíveis. Um exemplo emblemático dessas escolhas normativas possíveis são as alternativas de metodologia para arbitramento de lucro das pessoas jurídicas, quando não conhecida a receita bruta, previstas no artigo 51, da Lei nº 8.981/1995[404].

---

402. Cf. Há mudança de critério jurídico quando a autoridade administrativa simplesmente muda de interpretação, substitui uma interpretação por outra, sem que se possa dizer que qualquer das duas seja incorreta. Também há mudança de critério jurídico quando a autoridade administrativa, tendo adotado uma entre várias alternativas expressamente admitidas pela lei, na feitura do lançamento, depois pretende alterar esse lançamento, mediante a escolha de outra das alternativas admitidas e que enseja a determinação de um crédito tributário em valor diverso, geralmente mais elevado." (MACHADO, Hugo de Brito. *Curso de direito tributário*. 33ª ed. Malheiros, 2012, p. 180).

403. Cf. "a mudança do critério jurídico, de que trata o artigo 146, ocorre quando uma interpretação certa da lei dá lugar a outra interpretação igualmente certa que implica a maior arrecadação. Ou seja, a mudança do critério jurídico implica a existência de dois critérios juridicamente possíveis, sem que um deles seja necessariamente errado." (TROIANELLI, Gabriel Lacerda. Interpretação da Lei Tributária: Lei Interpretativa, Observância de Normas Complementares e Mudança de Critério Jurídico. In: *Revista Dialética de Direito Tributário*. n. 176, São Paulo: Dialética, 2010, p. 82).

404. Art. 51. O lucro arbitrado das pessoas jurídicas, quando não conhecida a receita bruta, será determinado através de procedimento de ofício, mediante a utilização de uma das seguintes alternativas de cálculo:
I - 1,5 (um inteiro e cinco décimos) do lucro real referente ao último período em que pessoa jurídica manteve escrituração de acordo com as leis comerciais e fiscais, atualizado monetariamente;
II - 0,04 (quatro centésimos) da soma dos valores do ativo circulante, realizável a longo prazo e permanente, existentes no último balanço patrimonial conhecido, atualizado monetariamente;
III - 0,07 (sete centésimos) do valor do capital, inclusive a sua correção monetária contabilizada como reserva de capital, constante do último balanço patrimonial conhecido ou registrado nos atos de constituição ou alteração da sociedade, atualizado monetariamente;
IV - 0,05 (cinco centésimos) do valor do patrimônio líquido constante do último balanço patrimonial conhecido, atualizado monetariamente;
V - 0,4 (quatro décimos) do valor das compras de mercadorias efetuadas no mês;
VI - 0,4 (quatro décimos) da soma, em cada mês, dos valores da folha de pagamento dos empregados e das compras de matérias-primas, produtos intermediários e materiais de embalagem;
VII - 0,8 (oito décimos) da soma dos valores devidos no mês a empregados;
VIII - 0,9 (nove décimos) do valor mensal do aluguel devido.

Na verdade, implica introdução de novo critério jurídico (i) a alteração, pelo Fisco, de um critério adotado por outro igualmente aceitável; e (ii) a correção de equívoco cometido pelo Fisco em relação às adequações do fato jurídico e da relação tributária à norma jurídica aplicada. Em ambas as hipóteses, portanto, está inviabilizada a revisão do lançamento, pois, em relação ao mesmo sujeito passivo, o novo critério apenas pode ser empregado para eventos futuros[405].

O Superior Tribunal de Justiça, apreciando o Recurso Especial nº 1.130.545[406], na sistemática do Recurso Repetitivo, firmou entendimento no sentido de que, na hipótese de equívoco na valoração jurídicas dos fatos, "o lançamento tributário revela-se imodificável, máxime em virtude do princípio da proteção da confiança, encartado no artigo 146, do CTN".

Assim, em relação a lançamento já realizado, havendo erronia na escolha do critério jurídico e aplicação indevida da norma tributária, deve haver a desconstituição do ato, não sendo possível, em regra, a sua correção. Igualmente, nos casos em que a autoridade fiscal escolheu um critério jurídico dentre algumas alternativas normativas possíveis, deverá o parâmetro eleito ser levado adiante, não podendo ser substituído por um outro.

Destaca-se, ainda, que, nas circunstâncias em que a autoridade fiscal adotou critério jurídico indevido e foi desconstituído o lançamento original, não se poderá corrigi-lo ou expedir novo lançamento com o critério jurídico correto, ainda que, ao final, gere uma redução o valor do crédito tributário exigido. Independentemente da repercussão financeira que o novo critério jurídico possa provocar, a regra, objetivamente, proíbe a sua mudança.

---

405. COSTA, Regina Helena. *Código tributário nacional em sua moldura constitucional*. São Paulo: Editora Forense, 2020, p. 311.

406. Superior Tribunal de Justiça, Recurso Especial nº 1130545/RJ, Rel. Ministro Luiz Fux, PRIMEIRA SEÇÃO, julgado em 09/08/2010, DJe 22/02/2011.

Nesse sentido, cita-se o Acórdão nº 9303-004.627 da Câmara Superior do CARF[407], ao julgar um caso envolvendo cobrança de IPI, em operações com empresas interdependentes, com base na regra de valor tributável mínimo (VTM). Na referida decisão, foi reconhecida a ilegitimidade do acórdão da Delegacia da Receita Federal de Julgamento (DRJ), o qual, após a conversão do julgamento em diligência, alterou a metodologia utilizada para a identificação do VTM, gerando redução do numerário exigido. De acordo com referido órgão julgador, mesmo havendo diminuição do valor do crédito tributário, a alteração realizada de critério jurídico ofende o disposto no artigo 146 do CTN, de modo que somente seria possível aplicar essa nova metodologia apenas para fatos posteriores ao acórdão da DRJ.

O artigo 146 do CTN reforça a impossibilidade de revisão para alteração de critério jurídico, seja de ofício pela emanação de novo lançamento, seja no curso do processo administrativo relativo ao lançamento original[408].

---

407. AUTO DE INFRAÇÃO. ALTERAÇÃO PELA DECISÃO DE 1ª INSTÂNCIA. IMPOSSIBILIDADE. MUDANÇA DO CRITÉRIO JURÍDICO. ART. 146 DO CTN. SEGURANÇA JURÍDICA. PROTEÇÃO DA CONFIANÇA.
"A modificação de critério jurídico adotado pela autoridade tributária no exercício do lançamento, pela autoridade julgadora de primeira instância não é possível, ainda que se resulte em valores inferiores àquele originalmente lançado. A utilização de outro critério, diferente daquele originalmente utilizado, para a apuração do valor tributável mínimo do IPI, efetuado após diligência solicitada pela autoridade julgadora, configura-se como mudança de critério jurídico, que somente produzirá efeitos para fatos futuros, conforme disposto no artigo 146 do CTN.
Recurso Especial do Procurador Negado."
(Câmara Superior de Recursos Fiscais, Acórdão nº 9303-004.627, Número do Processo: 19515.001942/2002-11, Data de Publicação: 06/07/2017, Relator(a): Rodrigo Da Costa Possas)

408. DELIGNE, Maysa de Sá Pittondo; LAURENTIIS, Thais de. Alteração de critério jurídico e jurisprudência do CARF. In: *Análise crítica da jurisprudência do CARF*. MURICI, Gustavo Lanna; GODOI, Marciano Seabra de; RODRIGUES, Raphael Silva; FERNANDES, Rodrigo Mineiro [Orgs.] – Belo Horizonte: Editora D'Plácido, 2019, p. 369.

Também nesse sentido, é oportuna a lição de Luciano Amaro[409]:

> Se, quanto ao fato gerador de ontem, a autoridade não pode, hoje, aplicar novo critério jurídico (diferentemente do que, no passado, tinha aplicado em relação a outros fatos geradores atinentes ao mesmo sujeito passivo), a questão não se refere (ou não se resume) à revisão de lançamento (velho), mas abarca a consecução de lançamento (novo). É claro que, não podendo o novo critério ser aplicado para lançamento novo com base em fato gerador ocorrido antes da introdução do critério, com maior razão este também não poderá ser aplicado para rever lançamento velho. Todavia, o que o preceito resguardaria contra a mudança de critério não seriam apenas lançamentos anteriores, mas fatos geradores passados.

É importante pontuar que a regra do artigo 146 do CTN, ao proibir a alteração de critério jurídico em relação a lançamento já realizado e ao estabelecer que os novos parâmetros da Administração só têm eficácia com relação aos casos futuros (relativos ao mesmo sujeito passivo), se revela uma das expressões, na ordem jurídica, da dimensão subjetiva do ideal de confiabilidade emanado do princípio da segurança jurídica. Trata-se de regra jurídica que se destina também a conferir credibilidade ao sistema tributário, para assegurar aos contribuintes a denominada "segurança de transição do passado ao presente, por meio da estabilidade e da eficácia normativas"[410].

Trata-se de uma das regras tributárias mais objetivas e relevantes da ordem tributária, promovendo a preservação da confiança legítima, a boa-fé, a irrevisibilidade dos atos passados e afastamento de atos contraditórios[411].

---

409. AMARO, Luciano. *Direito tributário brasileiro*. 14ª edição. São Paulo: Saraiva, 2008, p. 351.

410. ÁVILA, Humberto Bergmann. *Segurança jurídica:* entre permanência, mudança e realização no direito tributário. São Paulo: Malheiros, 2011, p. 684.

411. TORRES, Heleno Taveira. *Direito constitucional tributário e segurança jurídica: metódica da segurança jurídica do sistema constitucional tributário*. São Paulo: RT, 2011, p. 227.

REVISÃO DO LANÇAMENTO TRIBUTÁRIO: HIPÓTESES E LIMITES

Por isso, Ricardo Lobo Torres afirma que o artigo 146 do CTN "emana da segurança dos direitos individuais e da proteção da confiança do contribuinte"[412], ressaltando que "se o contribuinte acreditou na palavra da Administração, firmada no lançamento tributário notificado, não poderá ficar à mercê de eventuais alterações de critérios jurídicos, a pretexto de erro na interpretação. Pelo menos no Estado de Direito"[413].

De acordo com Hartmut Maurer, a proteção à confiança foca na perspectiva do cidadão, exigindo o amparo de quem contou com permanência e agiu em conformidade com uma atuação estatal[414].

Isso significa que uma das partes, por meio do seu comportamento objetivo, criou confiança em outra, que, em decorrência da crença firmada na duração dessa situação desencadeada pela confiança criada, foi levada a agir ou manifestar-se externamente, fundada em suas legítimas expectativas, que não podem ser frustradas[415].

Do princípio da proteção da confiança surgem, pois, dois desdobramentos: (i) a prerrogativa do indivíduo de que as suas expectativas legitimamente criadas não venham a ser frustradas (proteção à confiança) pelo Estado; e (ii) o dever que tem o Estado de não frustrar as expectativas que legitimamente criou nos seus administrados (boa-fé da Administração Pública).

---

412. TORRES, Ricardo Lobo. *Curso de Direito Financeiro e Tributário*. 16ª ed. Rio de Janeiro, Renovar, 2009, p. 249.

413. TORRES, Ricardo Lobo. "Limitações ao poder impositivo e segurança jurídica", in Ives Gandra da Silva Martins (org.), *Limitações ao poder impositivo e segurança jurídica*, São Paulo, Ed. RT/CEU, 2007, p. 70.

414. MAURER, Hartmut. *Elementos de direito administrativo alemão*. Trad. Luís Afonso Heck. Porto Alegre: Fabris, 2001, p. 68.

415. Cf. DERZI, Misabel de Abreu Machado. *Modificações da jurisprudência no direito tributário*: proteção da confiança, boa-fé objetiva e irretroatividade como limitações constitucionais ao poder judicial de tributar. São Paulo: Noeses, 2009, p. 379.

144

A confiança legítima mantém imbricada relação com a boa-fé objetiva[416], porquanto a confiança a ser protegida pressupõe a existência de boa-fé[417]. Esse vínculo é bem ressaltado por Judith Martins-Costa, ao tratar do que denominou de "segurança como crédito de confiança"[418]:

> A confiança do cidadão na Administração Pública vem aí relacionada a um dever que se desdobra, que se bifurca, conferindo dois sentidos diversos a um mesmo sintagma: boa-fé – a Administração deve não apenas resguardar as situações de confiança traduzidas na boa-fé (crença) dos cidadãos na legitimidade dos atos administrativos ou na regularidade de certa conduta; deve também agir segundo impõe a boa-fé, considerada como norma de conduta, produtora de comportamentos ativos e positivos de proteção.

Como manifestação do princípio da proteção da confiança tem-se a proibição do comportamento contraditório (*venire contra factum proprium*), isto é, a vedação à adoção de um comportamento em contradição com uma conduta praticada anteriormente, quebrando a fé de quem acreditava na coerência das condutas.

Em matéria tributária, afronta a proibição do *venire contra factum proprium* a adoção, por parte das autoridades fiscais, de uma posição em contradição com o comportamento assumido anteriormente, frustrando a crença do contribuinte na harmonia dos atos estatais[419].

---

416. Cf. TORRES, Heleno Taveira. *Direito constitucional tributário e segurança jurídica: metódica da segurança jurídica do sistema constitucional tributário*. São Paulo: RT, 2011, p. 211-225.

417. Cf. DERZI, Misabel Abreu Machado. A irretroatividade do direito, a proteção da confiança, a boa fé e o RE nº. 370.682-SC. *Grandes questões atuais do direito tributário*, v. 11, p. 299-325, 2007.

418. MARTINS-COSTA, Judith. Almiro do Couto e Silva e a ressignificação do princípio da segurança jurídica na relação entre o Estado e os cidadãos: a segurança como crédito de confiança. In: ÁVILA, Humberto (Org.) *Fundamentos do estado de direito*: estudos em homenagem ao Professor Almiro do Couto e Silva. São Paulo: Malheiros, 2005, p. 114.

419. Cf. MIRANDA, Túlio Terceiro Neto Parente. Limites à revisão de lançamento e segurança jurídica. *In*: SOUZA, Pedro Guilherme Gonçalves de; DANTAS, Rodrigo

REVISÃO DO LANÇAMENTO TRIBUTÁRIO: HIPÓTESES E LIMITES

A proibição da conduta contraditória é, mais do que uma abstração, uma imposição normativa, devendo inibir as potencialidades da surpresa, do inesperado e do imprevisto na vida humana[420].

O *nemo potest venire contra factum proprium* é um preceito oponível à Administração Tributária, inclusive nos casos envolvendo decisões opostas emanadas de órgãos diversos, quando esse conflito trouxer prejuízos a direitos dos particulares[421].

O Superior Tribunal de Justiça[422], no julgamento do Recurso Especial nº 1.143.216, submetido ao rito de Recurso Repetitivo, já chancelou a aplicação, em matéria tributária, dos princípios da proteção da confiança, da boa-fé e a proibição do *venire contra factum proprium*, aplicando-os para solucionar controvérsia envolvendo o Fisco e o contribuinte, em discussão envolvendo parcelamento. Reproduz-se, abaixo, trecho do acórdão:

> Destarte, a existência de interesse do próprio Estado no parcelamento fiscal (conteúdo teleológico da aludida causa suspensiva de exigibilidade do crédito tributário) acrescida da boa-fé do contribuinte que, malgrado a intempestividade da desistência da impugnação administrativa, efetuou, oportunamente, o pagamento de todas as prestações mensais estabelecidas, por mais de quatro anos (de 28.08.2003 a 31.10.2007), sem qualquer oposição do Fisco, caracteriza comportamento contraditório perpetrado pela Fazenda Pública, o que conspira contra o princípio da razoabilidade, máxime em virtude da ausência de prejuízo aos cofres públicos.
>
> Deveras, o princípio da confiança decorre da cláusula geral de boa-fé objetiva, dever geral de lealdade e confiança recíproca entre as partes, sendo certo que o ordenamento jurídico prevê,

---

Numeriano Dubourcq (Coords.). *Obrigação Tributária e Segurança Jurídica*. São Paulo: Quartier Latin, 2016, p. 159.

420. MARTINS-COSTA, Judith. *A boa-fé no direito privado:* sistema e tópica no processo obrigacional. São Paulo: Ed. RT, 1999, p. 469.

421. Cf. TORRES, Heleno Taveira. *Direito constitucional tributário e segurança jurídica:* metódica da segurança jurídica do sistema constitucional tributário. São Paulo: RT, 2011, p., p. 230.

422. Superior Tribunal de Justiça, Recurso Especial nº 1143216/RS, Rel. Ministro LUIZ FUX, PRIMEIRA SEÇÃO, julgado em 24/03/2010, DJe 09/04/2010.

implicitamente, deveres de conduta a serem obrigatoriamente observados por ambas as partes da relação obrigacional, os quais se traduzem na ordem genérica de cooperação, proteção e informação mútuos, tutelando-se a dignidade do devedor e o crédito do titular ativo, sem prejuízo da solidariedade que deve existir entre ambos.

Assim é que o titular do direito subjetivo que se desvia do sentido teleológico (finalidade ou função social) da norma que lhe ampara (excedendo aos limites do razoável) e, após ter produzido em outrem uma determinada expectativa, contradiz seu próprio comportamento, incorre em abuso de direito encartado na máxima *nemo potest venire contra factum proprium*.

É relevante destacar que embora o artigo 146 promova os princípios da proteção da confiança e da boa-fé, não se pode equiparar o seu conteúdo com o dos mencionados preceitos principiológicos.

Quanto à abrangência, a regra do artigo 146 do CTN proíbe a modificação dos critérios jurídicos adotados pela autoridade administrativa no exercício do lançamento. Dessa forma, ao se reportar ao critério utilizado pela autoridade administrativa no exercício do lançamento, não há que se cogitar sua aplicação além dos casos de lançamento (em sentido estrito) já realizado e notificado ao sujeito passivo[423].

No mesmo sentido, Ricardo Lobo Torres ensinava que a norma em questão protege contra a mudança, com efeito retroativo, do critério individualmente utilizado no lançamento relativo a um mesmo sujeito passivo[424]. Alberto Xavier, de igual maneira, sublinhava que o artigo 146 do CTN pressupõe que, antes da modificação operada nos critérios jurídicos, tenha sido previamente praticado um ato individualizado de lançamento[425].

---

423. LIMA, Marcos Vinicius Neder de. *Nulidades no lançamento*. 2014. 224 f. Tese (Doutorado em Direito) - Pontifícia Universidade Católica de São Paulo, São Paulo, 2014, p. 160.

424. TORRES, Ricardo Lobo. *Curso de direito financeiro e tributário*. 16ª ed. Rio de Janeiro, Renovar, 2009, p. 280.

425. XAVIER, Alberto. *Do lançamento tributário*: teoria geral do ato, do procedimento e do processo tributário. Rio de Janeiro: Forense, 1998, p. 262.

REVISÃO DO LANÇAMENTO TRIBUTÁRIO: HIPÓTESES E LIMITES

O Superior Tribunal de Justiça[426] tem seguido essa linha de que "o impedimento de aplicação de novo critério jurídico, nos termos do art. 146, é invocável tão somente pelo mesmo sujeito passivo em relação ao qual outro lançamento já tenha sido efetuado."

Dessa forma, deve ser vista com temperamentos a afirmação de que, interpretando-se o artigo 146 do CTN à luz do princípio da proteção da confiança, a norma deve ser aplicável sempre que o ato administrativo ou a prática reiterada da Administração Tributária leve à criação de uma expectativa justa por parte do contribuinte que as seguiu.

O posicionamento indica uma espécie de interpretação de *lege ferenda*. A pretexto de interpretar um enunciado à luz de um princípio, não se deve alterar o alcance da regra do artigo 146 do CTN, para abranger situações que, pelo seu limite textual, não estão previstas na sua hipótese. É importante que se distinga aquilo que é ordenamento jurídico – direito positivo que é aqui e agora – e aquilo que, na visão do intérprete, deveria ser[427].

Pode-se afirmar que, nos casos em que não há lançamento, também pode haver proibição de mudança de critérios jurídicos, como, por exemplo, em um despacho decisório que analisa pedido de compensação ou restituição. Embora não se trate de lançamento, os pressupostos que motivaram a decisão não podem ser modificados. Todavia essa vedação é emanada de outros conteúdos normativos, diferente da regra do artigo 146 do CTN, tais como o artigo 2º, inciso XIII, da Lei nº 9.784/1999, que veda a aplicação retroativa de nova interpretação, no âmbito do processo administrativo no âmbito federal; o parágrafo 1º, do artigo 50, da citada lei, o qual impõe que a motivação deve ser explícita, clara e congruente, servindo

---

426. Superior Tribunal de Justiça, Embargos de Declaração no Recurso Especial nº 1174900/RS, Rel. Ministro MAURO CAMPBELL MARQUES, SEGUNDA TURMA, julgado em 03/05/2011, DJe 09/05/2011..

427. Cf. MACHADO, Hugo de Brito. In: LIMONGI, Rubens (coord). *Enciclopédia Saraiva do direito*. São Paulo: Saraiva, v. 48, 1977, p. 15.

de suporte normativo da teoria dos motivos determinantes[428]; os princípios da boa-fé e da proteção da confiança.[429]

Feitas essas considerações, conclui-se que o artigo 146 do CTN limita a possibilidade de alteração dos lançamentos fiscais, auxiliando na demarcação do campo da norma revisional, porquanto retira das autoridades fiscais a competência para modificarem os critérios jurídicos que foram utilizados no processo de positivação do crédito tributário.

5.2.2 Hipóteses da revisão do lançamento tributário

O artigo 149 do CTN traz as hipóteses em que o lançamento pode ser efetuado e revisto pelas autoridades administrativas. Vejamos.

---

428. Cf. "A motivação do ato administrativo deve ser explícita, clara e congruente, vinculando o agir do administrador público e conferindo o atributo de validade ao ato. Viciada a motivação, inválido resultará o ato, por força da teoria dos motivos determinantes. Inteligência do art. 50, § 1.º, da Lei n. 9.784/1999."
(RMS 56.858/GO, Rel. Ministro Sérgio Kukina, Primeira Turma, julgado em 04/09/2018, DJe 11/09/2018). No mesmo sentido: RMS 59.024/SC, Rel. Ministro Sérgio Kukina, Primeira Turma, julgado em 01/09/2020, DJe 08/09/2020; RMS 59.647/GO, Rel. Ministro Sérgio Kukina, Primeira Turma, julgado em 17/10/2019, DJe 22/10/2019.

429. Cf. ASSUNTO: NORMAS DE ADMINISTRAÇÃO TRIBUTÁRIA Ano-calendário: 2006 NULIDADE DO DESPACHO DECISÓRIO. CERCEAMENTO AO DIREITO DE DEFESA. INOCORRÊNCIA.
Não ocorre o cerceamento ao direito de defesa quando o Despacho Decisório, ainda que eletrônico, contém todas as informações necessárias para que o contribuinte tenha ciência das razões e fundamentos da decisão. NULIDADE DE DECISÃO. INOVAÇÃO NA FUNDAMENTAÇÃO. NÃO CONHECIMENTO DE MATÉRIA DA DEFESA. CABIMENTO. É nula a decisão que inova na fundamentação para indeferir o pleito, bem como não aprecia matéria apresentada na defesa que confronta o despacho decisório que não homologou a compensação. (ACÓRDÃO: 1302-004.028, CARF - Primeira Seção, TERCEIRA CÂMARA - SEGUNDA TURMA, Data de decisão: 16/10/2019)
Normas Gerais de Direito Tributário Período de apuração: 01/10/2004 a 31/12/2004 DESPACHO DECISÓRIO. FUNDAMENTAÇÃO. INOVAÇÃO NO JULGAMENTO. IMPOSSIBILIDADE. No Processo Administrativo Fiscal (PAF), aprecia-se a legalidade ou não do despacho decisório, sendo vedado ao órgão julgador trazer nova fundamentação legal que não constava do despacho original. Deve-se anular a decisão da primeira instância para a realização de novo julgamento adstrita aos fundamentos trazidos no despacho decisório que decidiu pela homologação parcial do pedido de compensação. Recurso voluntário Parcialmente Provido.
(ACÓRDÃO: 3201-003.032, Terceira Seção, SEGUNDA CÂMARA - PRIMEIRA TURMA, Data de decisão: 25/07/2017).

REVISÃO DO LANÇAMENTO TRIBUTÁRIO: HIPÓTESES E LIMITES

Art. 149. O lançamento é efetuado e revisto de ofício pela autoridade administrativa nos seguintes casos:

I - quando a lei assim o determine;

II - quando a declaração não seja prestada, por quem de direito, no prazo e na forma da legislação tributária;

III - quando a pessoa legalmente obrigada, embora tenha prestado declaração nos termos do inciso anterior, deixe de atender, no prazo e na forma da legislação tributária, a pedido de esclarecimento formulado pela autoridade administrativa, recuse-se a prestá-lo ou não o preste satisfatoriamente, a juízo daquela autoridade;

IV - quando se comprove falsidade, erro ou omissão quanto a qualquer elemento definido na legislação tributária como sendo de declaração obrigatória;

V - quando se comprove omissão ou inexatidão, por parte da pessoa legalmente obrigada, no exercício da atividade a que se refere o artigo seguinte;

VI - quando se comprove ação ou omissão do sujeito passivo, ou de terceiro legalmente obrigado, que dê lugar à aplicação de penalidade pecuniária;

VII - quando se comprove que o sujeito passivo, ou terceiro em benefício daquele, agiu com dolo, fraude ou simulação;

VIII - quando deva ser apreciado fato não conhecido ou não provado por ocasião do lançamento anterior;

IX - quando se comprove que, no lançamento anterior, ocorreu fraude ou falta funcional da autoridade que o efetuou, ou omissão, pela mesma autoridade, de ato ou formalidade especial.

Parágrafo único. A revisão do lançamento só pode ser iniciada enquanto não extinto o direito da Fazenda Pública.

Dos enunciados acima reproduzidos, somente os incisos VIII e IX correspondem a hipóteses de revisão de lançamento (em sentido estrito), isto é, quando há a possibilidade de reforma ou substituição de um lançamento já realizado pela autoridade fiscal.

Os mencionados incisos decorrem dos incisos VII e VIII, do artigo 111, do Projeto do Código Nacional. O relator Rubens Gomes de Sousa, no relatório dos Trabalhos da Comissão Especial do Código Tributário Nacional, pontuou que os incisos

VII a IX[430] do artigo 111 "regulam a revisão de lançamento anterior". Destacou, ainda, a relevância da matéria, por afetar o direito de constituição de crédito do Fisco e o direito do contribuinte à estabilidade das situações jurídicas subjetivas regularmente constituídas, *in verbis*:

> Finalmente, as alíneas VII a IX, correspondentes, com maior amplitude, ao art. 171 do Anteprojeto, regulam a revisão de lançamento anterior, configurando-a como hipótese de lançamento de ofício, o que se justifica pela circunstância de se tratar de atividade cuja iniciativa compete à autoridade fiscal. A matéria reveste-se de excepcional importância, porquanto afeta fundamentalmente, por um lado, o direito do fisco à constituição do crédito tributário em função da obrigação correspondente; e, por outro lado, o direito do contribuinte à estabilidade das situações jurídicas subjetivas regularmente constituídas.

Como será enfrentado mais a frente, o inciso IX do projeto do CTN, que autorizava a revisão de lançamento anterior quando "esteja viciado por erro na apreciação dos fatos ou na aplicação da lei", acabou não sendo positivado no Código Tributário Nacional.

Nessa linha, Heleno Taveira Torres também defende que a autoridade pode rever o lançamento anterior quando deva ser apreciado fato não conhecido ou não provado (inciso VIII do artigo 149 do CTN) e no caso de fraude ou falta funcional da autoridade que o efetuou, ou omissão, pela mesma autoridade, de ato ou formalidade especial (inciso XI do artigo 149 do CTN). É defeso à autoridade administrativa pretender exercer a competência para revisar o lançamento anterior "sem que se encontrem presentes os motivos entabulados pelos fundamentos aludidos a cada hipótese, designadas nos incisos VIII e IX do art. 149 do CTN."[431]

---

430. Como será demonstrado no item 5.2.3 deste trabalho, o inciso VII, do artigo 111, do Projeto do Código Tributário Nacional foi suprimido, não tendo sido positivado.

431. TORRES, Heleno Taveira. *Direito constitucional tributário e segurança jurídica*: metódica da segurança jurídica do sistema constitucional tributário. São Paulo: RT, 2011, p. 232.

Alberto Xavier,[432] no mesmo tom, ressalta que, se se reparar bem nos incisos do artigo 149 do CTN, apenas os referidos incisos VIII e IX se referem a um lançamento anterior, veiculando verdadeiras hipóteses de revisão de lançamento.

Francisco Secaf Silveira,[433] igualmente, defende que o artigo 149 do CTN estabelece dois incisos específicos para a revisão de lançamento de ofício (originário ou não):

> o de seu inciso VIII, vale dizer, quando deva ser apreciado fato não conhecido ou não provado por ocasião do lançamento anterior; e o de seu inciso IX, para quando se comprovar que, no lançamento anterior, ocorreu fraude ou falta funcional da autoridade que o efetuou, ou omissão, pela mesma autoridade, de ato ou formalidade especial

Cláudia Magalhães Guerra destaca que somente os incisos VIII e IX do artigo 149 do CTN tratam de "autênticas hipóteses de revisão de lançamento", não cabendo cogitar tal instituto nos demais incisos[434].

Deonísio Koch[435] afirma que a análise de todos os incisos do art. 149 permite concluir que "somente os incisos VIII e IX tratam efetivamente de revisão de lançamento, pressupondo um lançamento anterior deficiente em sua exigência". Completa sustentando que as demais hipóteses descrevem circunstâncias em que o lançamento deve ser realizado por uma autoridade administrativa.

---

432. XAVIER, Alberto. *Do lançamento tributário:* teoria geral do ato, do procedimento e do processo tributário. Rio de Janeiro: Forense, 1998, p. 241.

433. SILVEIRA, Francisco Secaf Alves. Aspectos controvertidos da tributação na importação: imposto de importação, IPI e ICMS: do batismo da mercadoria à revisão fiscal. In: SANTI, Eurico Diniz de; CANADO, Vanessa Rahal. (Org.). *Tributação do setor industrial.* 1ed. São Paulo: Saraiva, 2013, p. 318.

434. GUERRA, Cláudia Magalhães. 2ª ed. *Lançamento tributário:* & sua invalidação. Juruá, 2008, p. 168.

435. KOCH, Deonísio. *Processo administrativo tributário e lançamento.* São Paulo: Malheiros, 2012, p. 266-267.

Feitas essas considerações e esclarecido que somente os incisos VIII e IX são as verdadeiras hipóteses de revisão de lançamento, passa-se a analisar, brevemente, cada um dos 9 (nove) incisos do artigo 149 do CTN.

O inciso I ("quando a lei assim o determine") é dispositivo que outorga fundamento de validade para que os entes federativos instituam tributos sujeitos a lançamento de ofício de forma originária. Assim, diante dessa autorização, a União, Estados e Municípios, por meio dos respectivos poderes legislativos, podem, em relação aos tributos de sua competência, sujeitá-los, originariamente, ao lançamento de ofício. No dizer de Hugo de Brito Machado[436] é quando a lei determinar os casos em que o lançamento de ofício é "procedimento ordinário" para formalizar o tributo.

Rubens Gomes de Sousa[437], comentando o dispositivo, ainda nos Trabalhos da Comissão Especial do Código Tributário Nacional, dizia que era uma hipótese genérica "referente aos tributos cujo lançamento deva ser efetuado, na forma da lei respectiva, sem prévia audiência do contribuinte ou de terceiro".

Essa escolha por parte dos entes políticos não é aleatória, devendo-se levar em conta a dinâmica tributária[438], tendo em vista que o lançamento de ofício é adequado aos tributos que apresentam uma situação permanente como materialidade[439]. É o que acontece geralmente, por exemplo, com o IPTU, IPVA, taxas, contribuições de melhorias.

---

436. AMARO, Luciano. *Direito Tributário Brasileiro*. 14ª ed. São Paulo: Saraiva, 2008, p. 360.

437. GAMA, Tácio Lacerda. O pagamento antecipado e a homologação do lançamento. In: LEITE, Geilson Salomão (Coord.). *Extinção do crédito tributário:* homenagem ao Professor José Souto Maior Borges. Belo Horizonte: Fórum, 2013, p. 272/273.

438. GAMA, Tácio Lacerda. O pagamento antecipado e a homologação do lançamento. In: LEITE, Geilson Salomão (Coord.). *Extinção do crédito tributário:* homenagem ao Professor José Souto Maior Borges. Belo Horizonte: Fórum, 2013, p. 273.

439. AMARO, Luciano. *Direito tributário brasileiro*. 14ª ed. São Paulo: Saraiva, 2008, p. 360.

REVISÃO DO LANÇAMENTO TRIBUTÁRIO: HIPÓTESES E LIMITES

Em resumo, o inciso I refere-se, portanto, às hipóteses em que o lançamento do tributo, por determinação legal, costuma ser feito de ofício pela autoridade fiscal.[440]

O inciso II traduz hipótese de lançamento de ofício, em razão da falta da apresentação da declaração, nos casos de tributos sujeitos a lançamento por declaração. Misabel Derzi[441] diz que como, nessa situação, a declaração simplesmente não foi prestada, é caso de substituição do lançamento com base em declaração pelo lançamento de ofício, por omissão total.

O inciso III também trata de hipótese de lançamento de ofício, quando a pessoa legalmente obrigada, embora tenha entregado a declaração, tenha deixado de atender, de modo satisfatório, a pedido de esclarecimentos feito pela autoridade administrativa. Nessa hipótese, se o sujeito passivo "recusa-se a esclarecer ou não esclarece, nem fornece cópias autênticas de documentos, extratos de contabilidade etc. de maneira cabal, respondendo às indagações pertinentes", também caberá à autoridade realizar o lançamento de ofício[442]. Aqui caberá à autoridade administrativa proceder ao lançamento de ofício, em substituição ou sub-rogação ao lançamento por declaração ou por homologação[443].

O inciso IV também trata de hipótese de lançamento de ofício supletivo, quando a pessoa obrigada por lei a prestar a declaração não a tenha prestado adequadamente, por falsidade, erro ou omissão[444].

---

440. DERZI, Misabel Abreu Machado. *Direito tributário brasileiro*. 11ª ed. Rio de Janeiro: Forense, 2010, p. 825.

441. DERZI, Misabel Abreu Machado. In: VALDER, Carlos (coord.). *Comentários ao Código Tributário Nacional*, Rio de Janeiro: Forense, 1997, p. 95.

442. BALEEIRO, Aliomar. *Direito tributário brasileiro*. 11ª ed. atualizada por Misabel Abreu Machado Derzi. Rio de Janeiro: Forense, 2010, p. 823.

443. BORGES, José Souto Maior. *Lançamento tributário*. 2ª ed. São Paulo: Malheiros, 1999, p. 347.

444. Cf. AMARO, Luciano. *Direito Tributário Brasileiro*. 14ª ed. São Paulo: Saraiva, 2008, p. 361.

154

Ao tratar dos incisos II a IV, do artigo 111, do Projeto do Código Tributário Nacional, que deu origem aos incisos II, III e IV do artigo 149 do CTN, Rubens Gomes de Sousa[445] teceu os seguintes comentários, no relatório dos Trabalhos da Comissão Especial do Código Tributário Nacional:

> As alíneas I a III do art. 111, correspondentes às alíneas II a IV do art. 174 do Anteprojeto, referem as hipóteses em que o lançamento de ofício assume caráter supletivo do regime normal de lançamento com base em declaração do contribuinte ou terceiro: ausência de declaração, sua falsidade, êrro ou omissão, falta, recusa ou insuficiência de esclarecimentos a ela complementares.

O inciso V trata do lançamento de ofício, por omissão ou inexatidão comprovada por parte da pessoa obrigada ao lançamento por homologação. Já o inciso VI estabelece o cabimento do lançamento, quando se comprove ação ou omissão, por parte do sujeito passivo ou de terceiros, sujeita à aplicação de multa.

O inciso VII atribui à autoridade fiscal o dever de efetuar o lançamento quando se comprove que o sujeito passivo, ou terceiro em seu benefício, tenha agido com fraude, dolo ou simulação. A redação do dispositivo é desprovida de rigor técnica, porquanto a circunstância de alguém ter agido com dolo, fraude ou simulação não deve ser, por si só, passível de lançamento de ofício, já que são apenas elementos subjetivos da conduta do indivíduo[446]. A presença desses aspectos volitivos pode interferir na aplicação ou graduação da penalidade para reprimir o comportamento adotado. Para determinar se deve haver ou não lançamento, o que deve ser perquirido é se, diante da conduta, há tributo a ser cobrado ou penalidade pecuniária a ser constituída.

---

445. Trabalhos da Comissão Especial do Código Tributário Nacional, Rio de Janeiro, Ministério da Fazenda, 1954, p. 207.

446. AMARO, Luciano. *Direito Tributário Brasileiro*. 14ª ed. São Paulo: Saraiva, 2008, p. 361/362.

Rubens Gomes de Sousa, no relatório dos Trabalhos da Comissão Especial do Código Tributário Brasileiro, ao tratar das alíneas V e VI, do artigo 111, do correspondente Projeto, as quais deram origem aos incisos VI e VII do artigo 149 do CTN, afirmou que elas *"relacionam-se com as hipóteses penais"*.[447]

O inciso VIII, do artigo 149, do CTN estabelece hipótese de revisão de lançamento, quando deve ser apreciado fato não conhecido ou não provado por ocasião do lançamento anterior. Esse enunciado, de acordo com grande parte da doutrina, como será adiante analisado, autorizaria a revisão de lançamento nos casos de "erro de fato".

O inciso IX do citado artigo também enuncia situações passíveis de revisão do lançamento, quando se comprove que a autoridade fiscal, no lançamento anterior, (i) incorreu em fraude ou falta funcional; (ii) omitiu ato especial (iii) cometeu vício formal.

Passa-se, agora, a analisar os dois enunciados que trazem as hipóteses de revisão do artigo 149 do CTN, iniciando pelo inciso VIII, para, em seguida, analisar o inciso IX.

5.2.3 Erro de fato x erro de direito

Há décadas, tem-se arrastado uma discussão sobre a possibilidade da revisão do lançamento, levando em consideração a existência do "erro de fato" e do "erro de direito".

O tema já era alvo de divergência no âmbito do Supremo Tribunal Federal[448] em meados do século passado. Em 1958,

---

447. Trabalhos da Comissão Especial do Código Tributário Nacional, Rio de Janeiro, Ministério da Fazenda, 1954, p. 207.

448. "LANCAMENTO FISCAL. PENSÃO. NÃO É LÍCITO AO FISCO REVER O LANCAMENTO FISCAL COM BASE EM MUDANCA DE CRITÉRIO, MAS, SÓ COM FUNDAMENTO E ERRO DE FATO.
(...) Quando há êrro de fato no lançamento anteriormente procedido, cabe, sem dúvida, dentro do quinquênio legal, revisão do cálculo, cujas bases são falsas ou inçadas de erro material.
Quando há êrro de direito, como, a na espécie, se pretende tenha ocorrido, falta à revisão resquício de legalidade. (...)"

em acórdão proferido no Recurso Extraordinário n. 37.141, ao abordar a possibilidade de o Fisco rever o lançamento, decidiu-se que a existência de erro de fato viabilizaria a sua alteração, vedando-a na hipótese de erro de direito. Por sua vez, o mesmo Tribunal, quando do julgamento do Recurso Extraordinário n. 38.164, em 1959, firmou convicção no sentido de que ambos, o erro de fato e o erro de direito, autorizariam a revisão do lançamento tributário.

Rubens Gomes de Sousa[449], em seus "Estudos de Direito Tributário", datados de 1950, precedendo, portanto, a edição do CTN, também tratou do assunto, como abaixo é demonstrado:

> Todavia, mesmo dentro do pressupôsto que acaba de ser enunciado, uma exceção ao princípio do efeito vinculativo do lançamento deve ser admitida, nos casos de lançamento viciados por êrro da administração fiscal: o escôpo dessa exceção deve, entretanto, ser limitado às hipóteses de êrro de fato, com exclusão, portanto, das de êrro de direito.

Embora o tema ainda seja alvo de renitentes discussões, preponderou, na comunidade jurídica[450], a tese de que,

---

(Recurso Extraordinário nº 37141, Relator(a): Min. RIBEIRO DA COSTA, SEGUNDA TURMA, julgado em 26/08/1958, DJ 02-10-1958 PP-15173 EMENT VOL-00359-02 PP-00674)
"A REVISÃO PARA A COBRANÇA SUPLEMENTAR DE TRIBUTO SÓ SE JUSTIFICA EM CASO DE ERRO DE FATO OU DE DIREITO NO LANCAMENTO FISCAL ANTERIOR. A SIMPLES MUDANCA DE CRITÉRIO ADMINISTRATIVO NÃO A AUTORIZA."
(RE 38164, Relator(a): Min. HENRIQUE D'AVILLA - CONVOCADO, Primeira Turma, julgado em 14/05/1959, DJ 20-08-1959 PP-10762 EMENT VOL-00397-02 PP-00752)

449. SOUSA, Rubens Gomes de. *Estudos de direito tributário*. São Paulo: Saraiva. 1950, p. 235.
Cf. No mesmo sentido: "(...) Todavia, mesmo dentro do pressupôsto que acaba de ser enunciado, uma exceção ao princípio do efeito vinculativo do lançamento de ser admitida, nos casos de lançamento viciado por êrro da administração fiscal: o escôpo dessa exceção, deve, entretanto, ser limitado às hipóteses de êrro de fato, com exclusão, portanto, das de êrro de direito. (...)" (CANTO, Gilberto Ulhôa. *Temas de direito tributário*. Rio de Janeiro: Alba. 1964, Vol. I, p. 176 e segs.).

450. Por todos nesse sentido: CARVALHO, Paulo de Barros. *Curso de direito tributário*. 25ª ed. São Paulo: Saraiva, 2013, p. 397 e 398. DERZI, Misabel Abreu Machado. *Direito tributário brasileiro*. 11ª ed. Rio de Janeiro: Forense, 2010, p. 811.

quando eivado de erro de fato, o lançamento seria passível de revisão, ao passo que, quando eivado de erro de direito, deveria ser anulado, não sendo suscetível de ato revisional.

Erro de fato, na visão de Paulo Barros Carvalho[451], "é um problema intranormativo, um desajuste interno na estrutura do enunciado, por insuficiência de dados linguísticos informativos ou pelo uso indevido de construções de linguagem que fazem as vezes de prova".

No mesmo sentido, Marina Vieira de Figueiredo[452] assevera que é um engano relativo aos recursos da linguagem utilizados para produção do fato jurídico, isto é, "quando da releitura dos enunciados probatórios, verifica-se uma nova situação jurídica, diferente daquela descrita pelo fato jurídico".

Assim, o "erro de fato" consistiria no descompasso entre a situação fática descrita no antecedente do lançamento e o enunciado probatório, por intermédio do qual as coisas, os acontecimentos ocorridos na vida real ingressam no mundo jurídico.

Já o erro de direito, de acordo com Sacha Calmon Navarro Coelho[453], é aquele "decorrente da escolha equivocada de um módulo normativo inservível ou não mais aplicável à regência da questão que estivesse sendo juridicamente considerada".

Para Paulo de Barros Carvalho[454], o erro de direito é "um problema de subsunção", caracterizado pelo "descompasso entre a norma individual e concreta e a norma geral e abstrata".

A distinção entre o erro de fato e o erro de direito para fins de revisão de lançamento seria uma especificação, no

---

451. CARVALHO, Paulo de Barros. *Curso de direito tributário*. 30ª ed. São Paulo: Saraiva Educação, 2019, p. 501.

452. FIGUEIREDO, Marina Vieira de. *Lançamento tributário*: revisão e seus efeitos. São Paulo: Noeses, 2014, p. 182.

453. COELHO, Sacha Calmon Navarro. *Curso de direito tributário brasileiro*. 10ª ed. Rio de Janeiro: Forense, 2009, p. 708.

454. CARVALHO, Paulo de Barros. *Fundamentos jurídicos da incidência*. 9ª ed. São Paulo: Saraiva, 2012, p. 163/164.

TÚLIO TERCEIRO NETO PARENTE MIRANDA

âmbito do direito tributário, da dicotomia entre a questão de fato e a questão de direito[455].

Castenheira Neves[456] defende que há um entrave conceitual que impossibilita a separação o que chamou de" questão de fato" e "questão de direito":

> Ao considerar-se a questão-de-fato; ao considerar-se a questão-de-direito não se pode prescindir-se da solidária influência da questão-de-fato. Ou numa formulação bem mais expressiva: "para dizer a verdade o "puro fato" e o "puro direito" não se encontram nunca na vida jurídica: o facto não tem existência senão a partir do mundo em que se torna matéria de aplicação do direito, o direito não tem interesse senão no momento em que se trata de aplicar o facto; pelo que, quando o jurista pensa facto, pensa-o como matéria do direito, quando pensa direito, pensa como forma destinada ao facto. (...) Não é "direito" que se distingue de "o facto", pois o direito é a síntese normativo-material em que o "facto" é também elemento, aquela síntese que justamente a distinção problemática criticamente prepara e fundamenta.

Sergi Guasch Fernández[457] também adverte que a tentativa de separação entre problema de fato e problema de direito tem causado o que chamou de "verdeiros desvíos patológicos de orden teórica".

Souto Maior Borges[458], igualmente, sustenta que não é possível separar a questão de fato da questão de direito, havendo entres eles uma indivisibilidade. Reproduz-se abaixo os trechos pertinentes:

---

455. BORGES, José Souto Maior. *Lançamento tributário*. 2ª Ed. São Paulo: Malheiros, 1999, p. 272.

456. NEVES, Antônio Castanheira neves. *Questão-de-fato – questão-de-direito – ou o problema metodológico da juridicidade (ensaio de uma reposição crítica)*. Coimbra: Livraria Almedina, 1967, p. 55/56; p. 586.

457. FERNANDEZ, Sergio Guasch. *El hecho y el derecho en la casación civil*. Barcelona: J.M. Bosch, 1998, p. 178.

458. BORGES, José Souto Maior. *Lançamento tributário*. Rio de Janeiro: Editora Forense, 1981, p. 307-309.

REVISÃO DO LANÇAMENTO TRIBUTÁRIO: HIPÓTESES E LIMITES

> a distinção entre direito e o fato não é realizável, porque só é relevante o fato – qualquer fato natural – enquanto juridicamente qualificado, ou seja, enquanto corresponde ao conceito do fato jurídico, algo inteiramente diverso do fato natural "bruto". Os fatos naturais são, pois, selecionados e subsumidos às normas jurídicas que lhes forem aplicáveis. E estas, de sua vez, para sua aplicação, também são selecionadas em função da estrutura do caso concreto. Por isso, averbou-se elegantemente que, ao considerar-se a questão de fato, está presente e relevante questão de direito; ao considerar-se a questão de direito não pode prescindir-se da solidária influência da questão de fato. Há, pois, nesse sentido, não só uma solidariedade, mas também uma indivisibilidade entre a questão de fato e a questão de direito. E, se todo fato, juridicamente considerado, não pode ser havido senão como fato jurídico, o problema da distinção entre questão de fato e a questão de direito não passaria de um falso problema. (...) Pressuposto um fato desprovido de qualificação jurídica, ele corresponderia a algo juridicamente irrelevante.

Karl Larenz[459], a despeito de ter, essencialmente no campo do direito privado, proposto uma distinção entre questão de fato e questão de direito, lança dúvida quanto à possibilidade de diferençá-los. Vejamos:

> Só à primeira vista parece a distinção não ser problemática. De facto é em grande medida discutível se e de que modo ela pode ser feita. (...) Nalguns casos, porém, a questão de fato e a questão de direito estão tão próximas entre si que não é possível, na prática, levar a cabo a sua separação.

Na realidade, não é possível cindir o "direito" do "fato" e vice-versa, porquanto os fatos que merecem os auspícios do direito são aqueles juridicizados, erigidos à categoria dos fatos jurídicos, ou seja, os "fatos do direito"; o direito, por outro lado, somente se manifesta, alcançando seus desígnios, dirigindo-se à realidade social, por meio de enunciados factuais, a partir da constituição do fato jurídico em sentido estrito,[460] que faz surgir o fato jurídico relacional.

---

459. LARENZ, Karl. *Metodologia da ciência do direito*. 6ª ed. Lisboa: Fundação Calouste Gulbenkian, 2012, p. 434/435.

460. A expressão "fato jurídico em sentido estrito" é utilizada na acepção de enunciado veiculado no antecedente de norma individual e concreta, e não no sentido empregado por Pontes de Miranda na sua teoria do fato jurídico, em que fatos

Feitas essas considerações de índole terminológica, é necessário verificar se o erro de fato e o erro de direito constituem, no nosso sistema, uma categoria jurídico-positiva, isto é, se, de fato, são elementos previstos na ordem tributária e, caso existentes, se interferem no exercício de poder de revisão do lançamento.

Analisando o CTN, nenhum enunciado contempla a distinção entre erro de fato e erro de direito, tampouco possibilita a revisão do lançamento quando verificado um ou outro.

Havia, no artigo 111, inciso IX, do Projeto do CTN[461], uma previsão de revisão de lançamento, "quando o lançamento anterior estivesse viciado por erro na apreciação dos fatos ou na aplicação da lei". No entanto, a disposição não chegou a ser inserida no sistema jurídico, não tendo sido introduzida no CTN, ficando relegada ao plano pré-jurídico.

Verifica-se que, analisando o CTN, tal como foi positivado, e as alterações que sobrevieram, não há previsão de revisão de lançamento, seja na hipótese de erro de fato, seja na hipótese de erro de direito.

Os efeitos jurídicos que devem apresentar o lançamento em face de uma ou outra circunstância dependeriam do regramento traçado pelo CTN. Não se pode inferir diferentes consequências jurídicas quando o direito assim não as previu.

Souto Maior Borges ensina que "o Código Tributário Nacional, em nenhum dos seus dispositivos, acolhe a suposta distinção entre erro de direito e erro de fato. Por isso, só merece os devidos encômios. Esquivou-se de uma incorreção de técnica legislativa."[462]

---

jurídicos *stricto sensu* são "fatos que entram no mundo jurídico, sem que haja, na composição deles, ato humano, ainda que, antes da entrada deles no mundo jurídico o tenha havido". (MIRANDA, Francisco Cavalcanti Pontes de. *Tratado de Direito Privado*, tomo II. 1ª Ed. Campinas: Bookseller, 2000, p. 225).

461. Trabalhos da Comissão Especial do Código Tributário Nacional, Rio de Janeiro, Ministério da Fazenda, 1954, p. 51.

462. BORGES, José Souto Maior. *Lançamento tributário*. 2ª ed. São Paulo: Editora

Na verdade, o que o inciso VIII do artigo 149 do referido Código autoriza é a revisão, quando deva ser apreciado fato não conhecido ou não provado por ocasião do lançamento anterior.

Como o CTN impôs um limite à revisibilidade, exigindo que a existência de fato não conhecido ou não provado por ocasião do lançamento anterior, "não parece que seja correto enveredar sobre uma querela sempre recorrente na doutrina entre "erro de fato" e "erro de direito"".[463]

Nesse prisma, o "erro de fato" e o "erro de direito" não se revelam critérios legítimos para se verificar se determinado lançamento é passível ou não de revisão. O que é relevante, para fins de revisão de lançamento, é verificar se houve fato não conhecido ou que não foi possível provar no lançamento anterior, que deveria ser apreciado.

A vinculação da revisão de lançamento à qualificação do erro não tem suporte no Código Tributário Nacional, que é o diploma que tem a incumbência constitucional de dispor sobre normas gerais de lançamento (art. 146, inciso III, do CTN)[464].

Assim, não há diferença essencial, em matéria de revisão, entre lançamento com erro porque (i) está em desacordo com o acontecimento ocorrido e com as provas que o lastreiam; ou (ii) foi praticado com ignorância da existência de alguma norma vigente; ou (iii) foi efetuado com desconhecimento de um critério de interpretação do direito; ou (iv) recaiu sobre uma situação de fato que não devia ter sido regulada ou deveria ter sido disciplinada diversamente; ou (v) aplicou uma norma jurídica revogada[465].

Malheiros, 1999, p. 281.

463. TORRES, Heleno Taveira. *Direito constitucional tributário e segurança jurídica:* metódica da segurança jurídica do sistema constitucional tributário. São Paulo: RT, 2011, p. 229/230.

464. KOCH, Deonísio. *Processo administrativo tributário e lançamento.* São Paulo: Malheiros, 2012, p. 272.

465. Cf. BORGES, José Souto Maior. *Lançamento tributário.* 2ª ed. São Paulo: Editora Malheiros, 1999, p. 280.

Apesar disso, atualmente, na jurisprudência em matéria tributária, seja judicial[466], seja administrati-

---

466. "(...) 4. Destarte, a revisão do lançamento tributário, como consectário do poder-dever de autotutela da Administração Tributária, somente pode ser exercido nas hipóteses do artigo 149, do CTN, observado o prazo decadencial para a constituição do crédito tributário.
5. Assim é que a revisão do lançamento tributário por erro de fato (artigo 149, inciso VIII, do CTN) reclama o desconhecimento de sua existência ou a impossibilidade de sua comprovação à época da constituição do crédito tributário.
6. Ao revés, nas hipóteses de erro de direito (equívoco na valoração jurídica dos fatos), o ato administrativo de lançamento tributário revela-se imodificável, máxime em virtude do princípio da proteção à confiança, encartado no artigo 146, do CTN, segundo o qual "a modificação introduzida, de ofício ou em consequência de decisão administrativa ou judicial, nos critérios jurídicos adotados pela autoridade administrativa no exercício do lançamento somente pode ser efetivada, em relação a um mesmo sujeito passivo, quanto a fato gerador ocorrido posteriormente à sua introdução».
7. Nesse segmento, é que a Súmula 227/TFR consolidou o entendimento de que "a mudança de critério jurídico adotado pelo Fisco não autoriza a revisão de lançamento".
8. A distinção entre o "erro de fato" (que autoriza a revisão do lançamento) e o "erro de direito" (hipótese que inviabiliza a revisão) é enfrentada pela doutrina, verbis: "Enquanto o 'erro de fato' é um problema intranormativo, um desajuste interno na estrutura do enunciado, o 'erro de direito' é vício de feição internormativa, um descompasso entre a norma geral e abstrata e a individual e concreta. Assim constitui 'erro de fato', por exemplo, a contingência de o evento ter ocorrido no território do Município 'X', mas estar consignado como tendo acontecido no Município 'Y' (erro de fato localizado no critério espacial), ou, ainda, quando a base de cálculo registrada para efeito do IPTU foi o valor do imóvel vizinho (erro de fato verificado no elemento quantitativo).
'Erro de direito', por sua vez, está configurado, exemplificativamente, quando a autoridade administrativa, em vez de exigir o ITR do proprietário do imóvel rural, entende que o sujeito passivo pode ser o arrendatário, ou quando, ao lavrar o lançamento relativo à contribuição social incidente sobre o lucro, mal interpreta a lei, elaborando seus cálculos com base no faturamento da empresa, ou, ainda, quando a base de cálculo de certo imposto é o valor da operação, acrescido do frete, mas o agente, ao lavrar o ato de lançamento, registra apenas o valor da operação, por assim entender a previsão legal. A distinção entre ambos é sutil, mas existente." (Paulo de Barros Carvalho, in "Direito Tributário - Linguagem e Método", 2ª Ed., Ed. Noeses, São Paulo, 2008, págs. 445/446) "O erro de fato ou erro sobre o fato dar-se-ia no plano dos acontecimentos: dar por ocorrido o que não ocorreu. Valorar fato diverso daquele implicado na controvérsia ou no tema sob inspeção.
O erro de direito seria, à sua vez, decorrente da escolha equivocada de um módulo normativo inservível ou não mais aplicável à regência da questão que estivesse sendo juridicamente considerada. Entre nós, os critérios jurídicos (art. 146, do CTN) reiteradamente aplicados pela Administração na feitura de lançamentos têm conteúdo de precedente obrigatório. Significa que tais critérios podem ser alterados em razão de decisão judicial ou administrativa, mas a aplicação dos novos critérios somente pode dar-se em relação aos fatos geradores posteriores à alteração." (Sacha Calmon Navarro Coêlho, in "Curso de Direito Tributário Brasileiro", 10ª Ed., Ed. Forense, Rio de Janeiro, 2009, pág. 708) "O comando dispõe sobre a apreciação de fato não conhecido ou não provado à época do lançamento anterior. Diz-se que este lançamento teria sido perpetrado com erro de fato, ou seja, defeito que não depende de interpretação normativa para sua verificação.
Frise-se que não se trata de qualquer 'fato', mas aquele que não foi considerado por

REVISÃO DO LANÇAMENTO TRIBUTÁRIO: HIPÓTESES E LIMITES

va[467], continuam, de forma equivocada, sendo utilizados os chamados "erro de fato" e "erro de direito" para qualificar os defeitos contidos nos lançamentos e, assim, determinar se tais atos são passíveis ou não de revisão.

---

puro desconhecimento de sua existência. Não é, portanto, aquele fato, já de conhecimento do Fisco, em sua inteireza, e, por reputá-lo despido de relevância, tenha-o deixado de lado, no momento do lançamento.
Se o Fisco passa, em momento ulterior, a dar a um fato conhecido uma 'relevância jurídica', a qual não lhe havia dado, em momento pretérito, não será caso de apreciação de fato novo, mas de pura modificação do critério jurídico adotado no lançamento anterior, com fulcro no artigo 146, do CTN, (...).
Neste art. 146, do CTN, prevê-se um 'erro' de valoração jurídica do fato (o tal 'erro de direito'), que impõe a modificação quanto a fato gerador ocorrido posteriormente à sua ocorrência. Não perca de vista, aliás, que inexiste previsão de erro de direito, entre as hipóteses do art. 149, como causa permissiva de revisão de lançamento anterior."
(Eduardo Sabbag, in "Manual de Direito Tributário", 1ª ed., Ed. Saraiva, pág. 707) 9. *In casu*, restou assente na origem que: "Com relação a declaração de inexigibilidade da cobrança de IPTU progressivo relativo ao exercício de 1998, em decorrência de recadastramento, o bom direito conspira a favor dos contribuintes por duas fortes razões.
Primeira, a dívida de IPTU do exercício de 1998 para com o fisco municipal se encontra quitada, subsumindo-se na moldura de ato jurídico perfeito e acabado, desde 13.10.1998, situação não desconstituída, até o momento, por nenhuma decisão judicial.
Segunda, afigura-se impossível a revisão do lançamento no ano de 2003, ao argumento de que o imóvel em 1998 teve os dados cadastrais alterados em função do Projeto de Recadastramento Predial, depois de quitada a obrigação tributária no vencimento e dentro do exercício de 1998, pelo contribuinte, por ofensa ao disposto nos artigos 145 e 149, do Código Tribunal Nacional.
Considerando que a revisão do lançamento não se deu por erro de fato, mas, por erro de direito, visto que o recadastramento no imóvel foi posterior ao primeiro lançamento no ano de 1998, tendo baseado em dados corretos constantes do cadastro de imóveis do Município, estando o contribuinte notificado e tendo quitado, tempestivamente, o tributo, não se verifica justa causa para a pretensa cobrança de diferença referente a esse exercício." 10. Consectariamente, verifica-se que o lançamento original reportou-se à área menor do imóvel objeto da tributação, por desconhecimento de sua real metragem, o que ensejou a posterior retificação dos dados cadastrais (e não o recadastramento do imóvel), hipótese que se enquadra no disposto no inciso VIII, do artigo 149, do Codex Tributário, razão pela qual se impõe a reforma do acórdão regional, ante a higidez da revisão do lançamento tributário.
10. Recurso especial provido. Acórdão submetido ao regime do artigo 543-C, do CPC, e da Resolução STJ 08/2008.
(REsp 1130545/RJ, Rel. Ministro LUIZ FUX, PRIMEIRA SEÇÃO, julgado em 09/08/2010, DJe 22/02/2011).

467. Vide: "IMPOSTO SOBRE A RENDA DE PESSOA FÍSICA (IRPF) Exercício: 2015 OMISSÃO DE RENDIMENTOS. DEPENDENTE. ERRO DE FATO. O erro de fato que pode justificar, em sede de revisão de ofício, a alteração de lançamento regularmente formalizado depende de sua comprovação. A escolha de módulo normativo inservível evidencia erro de direito e não se confunde com erro de fato. (...) " (CONSELHO ADMINISTRATIVO DE RECURSOS FISCAIS, Segunda Seção, SEGUNDA CÂMARA - PRIMEIRA TURMA, ACÓRDÃO: 2201-006.114, Data da publicação: 15.04.2020).

164

5.2.4 Fato não conhecido ou não provado no lançamento anterior

O CTN, no seu artigo 149, inciso VIII, estabelece que o lançamento pode ser revisado "quando deva ser apreciado fato não conhecido ou não provado por ocasião do lançamento anterior".

Note-se que referido enunciado não faz referência apenas ao fato não conhecido ou não provado. Antes disso, ele exige que esse fato, para ser capaz de permitir uma revisão de lançamento, "deva ser apreciado". Dessa forma, não é o surgimento de qualquer acontecimento ou a descoberta de qualquer situação que viabiliza a revisão. É necessário, antes de tudo, ter relevância tributária em relação ao lançamento, interferindo na identificação, qualificação ou quantificação dos elementos do fato jurídico tributário e/ou da relação tributária. Seria, em resumo, uma situação que, se conhecida ou oportunamente provada, teria modificado o lançamento original[468].

Nesse sentido, Aliomar Baleeiro dizia que o fato tinha que ser juridicamente idôneo, relevante e suficiente para autorizar a revisão de lançamento, porque, se conhecido ou provado àquele tempo, o teria alterado[469].

Já a expressão "fato não conhecido ou não provado por ocasião do lançamento anterior" contemplada no inciso VIII, do artigo 149, do CTN, corresponde a descoberta de uma situação que era ignorada pela Administração Tributária, seja porque ainda não tinha acontecido, seja porque não se poderia ter conhecimento dela.

A norma em questão possui vínculo direto com a prova, seja do evento novo, seja de situações passadas e relevantes,

---

468. Cf. TABOADA, Carlos Palao. La revisión de oficio de los actos administrativo-tributarios. In: *Revista de Direito Tributário*, São Paulo: RT, n° 06, 1978, p. 17. Cf. BORGES, José Souto Maior. *Lançamento tributário*. 2ª Ed. São Paulo: Malheiros, 1999, p. 353.

469. BALEEIRO, Aliomar. *Direito tributário brasileiro*. 11ª ed. atualizada por Misabel Abreu Machado Derzi. Rio de Janeiro: Forense, 2010, p. 823.

REVISÃO DO LANÇAMENTO TRIBUTÁRIO: HIPÓTESES E LIMITES

as quais eram ignoradas. Logo, a rigor, em última instância, o acesso às provas é que deve ser superveniente, visto que é por meio delas que os acontecimentos se tornam conhecidos no domínio do direito. Elas são o meio de expressão da realidade fenomênica no sistema jurídico.

O elemento superveniente, nesse contexto, é algo que anteriormente não poderia ter sido apreendido pela Administração Tributária, pois estava à margem da sua esfera perceptiva[470]. Deve se tratar de situações ignoradas e desconhecidas ao tempo da realização do lançamento, e não simplesmente de aspectos que não foram levados em consideração pela autoridade fiscal[471]. Exige-se, portanto, a impossibilidade de a Administração Tributária ter conhecimento dos eventos no momento da expedição da notificação do lançamento originário[472].

As inconsistências contidas no lançamento relativas a acontecimentos já conhecidos e provados não autorizam a correção do ato administrativo. Quando fica evidenciado que, no lançamento anterior, houve acessibilidade cognitiva da Administração aos fatos[473], não há espaço para revisão. Nessa perspectiva, Giuliani Fonrouge[474], idealizador do Anteprojeto

---

470. Cf. MARSILLA, Santiago Ibáñez. La actividad de comprobación y el efecto preclusivo de las liquidaciones tributarias. *Crónica tributaria*, n. 129, p. 71-112, 2008, p. 87.

471. Cf. CROXATO, Giancarlo. *Conizioni che legittimano l'accertamento per sopravvenuti elementi nuovi, Diritto e Pratica Tributaria*, 1962, II, págs. 385-401.
Cf. TREMONTI, Giulio. Contributo allo studio dell'atto di accertamento integrativo o modificativo, *Rivista di Diritto Finanziario e Scienza delle Finanze*, 1971, I, p. 278/307.

472. MICCINESI, M. *La sopravvenuta conoscenza di nuovi elementi, presupposto per gli accertamenti integrativi e modificativi*. Rass. Trib. 1985. No mesmo sentido: PISTOLESI, Francesco. Brevi osservazioni in merito alla sopravvenuta conoscenza di nuovi elementi, quale condizione di legittimità degli accertamenti integrativi e modificativi in materia di imposte dirette. In: *Riv.dir. trib.*, II, Giuffré, 1991, p. 779/791.

473. TORRES, Heleno Taveira. *Direito constitucional tributário e segurança jurídica:* metódica da segurança jurídica do sistema constitucional tributário. São Paulo: RT, 2011, p. 233.

474. FONROUGE, Giuliani Carlos M. *Derecho Financiero*. Buenos Aires: Depalma, 1977, v. II, p. 714.

166

argentino que inspirou o modelo brasileiro[475], já sustentava a impossibilidade de revisão quando as autoridades administrativas apreciam indevidamente dados e elementos conhecidos oportunamente.

Nesse sentido, convém reproduzir trecho acórdão n° 1301-002.208 proferido pelo CARF[476], no qual se analisou a possibilidade de revisão de lançamento, com base no inciso VIII do artigo 149 do CTN, quando o Fisco já tinha conhecimento sobre os acontecimentos suscitados:

> Segundo o artigo 149, VIII, do CTN, o lançamento pode ser revisto de ofício quando deva ser apreciado fato não conhecido ou não provado por ocasião do lançamento anterior. Portanto, essa regra exige novas provas para a revisão do lançamento já efetuado, devendo-se entender que novas provas significam novos fatos, e não novos elementos de prova sobre os mesmos fatos já conhecidos. Assim, ainda que se perceba, a posteriori, que o sujeito passivo agiu com dolo, fraude ou simulação, não cabe a revisão de lançamento com suposto supedâneo no inciso VII do artigo 149 do CTN, se não houver fatos novos que favoreçam a qualificação da conduta fraudulenta ou simulada, afinal o artigo 146 do CTN constitui óbice à alteração da qualificação jurídica sobre os mesmos fatos conhecidos ao longo da investigação, que se encerrou com o lançamento de ofício anterior.

Dessa forma, não é hipótese revisional a nova apreciação do material probatório já disponível no momento do lançamento, ainda que um exame mais aprofundado posteriormente pudesse encontrar elementos que não foram levados em consideração ou mesmo que foram considerados de forma incorreta ou insuficiente, seja por dificuldades internas da Administração, seja por negligência.[477]

---

475. Trabalhos da Comissão Especial do Código Tributário Nacional, Rio de Janeiro, Ministério da Fazenda, 1954, p. 103.

476. Conselho Administrativo de Recursos Fiscais, Acórdão n° 1301-002.208, Número do Processo: 10480.721765/2011-46, Data de Publicação: 07/01/2019, Relator(a): Flávio Franco Corrêa.

477. FALSITTA, Gaspare. *Manuale di Diritto Tributario. Parte Generale*, 2ª ed., CEDAM, 1997, p. 455/456.

Quando a Administração Tributária encontra-se abastecida de dados contábeis e fiscais, por meio das inúmeras declarações exigidas [Escrituração Contábil Fiscal ("ECF"), Escrituração Fiscal Digital ("EFD"), Escrituração Contábil Digital ("ECD") etc], ou ainda quando, em procedimento fiscalizatório, lhe são entregues documentação, em razão de solicitação fiscal ou não, as informações conhecidas ou que pudessem ser descobertas por meio desse acervo documental não podem ensejar a revisão do lançamento.[478]

O Superior Tribunal de Justiça, ao apreciar o Recurso Especial nº 1130545, submetido à sistemática do Recurso Repetitivo, firmou entendimento de que a revisão de lançamento com base no artigo 149, inciso VIII, do CTN, "reclama o desconhecimento de sua existência ou a impossibilidade de sua comprovação à época da constituição do crédito tributário".[479]

Nesse contexto, também vale mencionar o Acórdão nº 1302-005.293 do CARF[480], o qual desconstituiu lançamento que, a seu ver, foi indevidamente emendado, mesmo tendo havido, ao final, uma redução do valor cobrado. Nesse caso, a autoridade fiscal, para modificar o lançamento, sustentou que tomou conhecimento de informação apenas a partir da manifestação do contribuinte no processo, de maneira que o ato revisional estaria enquadrado no artigo 149, inciso VIII, do CTN. No entanto, foi dado provimento ao Recurso Voluntário do sujeito passivo, tendo em vista que o órgão julgador constatou que os elementos que teriam motivado a revisão constariam nos sistemas internos da Receita Federal do Brasil. O acórdão estabeleceu que "a apuração dos fatos tributáveis dependia unicamente de consulta aos sistemas da própria

---

478. Cf. FALSITTA, Gaspare. *Manuale di Diritto Tributario. Parte Generale*, 2ª ed., CEDAM, 1997, p. 456.

479. Superior Tribunal de Justiça, Recurso Especial nº 1130545/RJ, Rel. Ministro Luiz Fux, Primeira Seção, julgado em 09/08/2010, DJe 22/02/2011.

480. Conselho Administrativo de Recursos Fiscais, Acórdão nº 1302-005.293, Número do Processo: 16327.002587/2003-08, Data de Publicação: 08/04/2021, Relator(a): Luiz Tadeu Matosinho Machado.

Receita Federal, onde constavam as declarações de compensação efetuadas pela Recorrente." Mais adiante, concluiu-se o raciocínio, consignando que "os fatos apurados eram de conhecimento da RFB, pois já constavam nos seus sistemas internos, de modo que a revisão do lançamento, ainda que tenha reduzido parte da autuação, foi ilegal e não merece subsistir."

É uma garantia da segurança jurídica e do princípio da proibição do comportamento contraditório proibir a autoridade administrativa de recorrer à revisibilidade do lançamento quando os fatos foram conhecidos e demonstrados nos dados eletrônicos, declarações e livros de natureza contábil e fiscal, a que teve acesso a Administração Tributária, durante a época da expedição do ato[481]. Além disso, atentaria contra a moralidade administrativa permitir ao Fisco, que teve ou poderia ter acesso ao fato, consertar um ato administrativo em prejuízo do contribuinte, que não contribuiu para o desconhecimento do motivo da pretensa revisão.

A condição de "novo" do fato não se pode determinar com base apenas na circunstância de que era desconhecido, devendo ser avaliada também a culpa da Administração ao não ter procurado informação sobre os fatos quando tinha o dever de ter feito[482]. Nessa perspectiva, em síntese, não devem ser considerados elementos novos aqueles que não foram levados em consideração por desídia ou descuido da Administração Tributária, seja porque tinha conhecimento deles, seja porque poderia ter.[483]

---

481. Cf. TORRES, Heleno Taveira. *Direito constitucional tributário e segurança jurídica:* metódica da segurança jurídica do sistema constitucional tributário. São Paulo: RT, 2011, p. 233.

482. TABOADA, Carlos Palao. La revisión de oficio de los actos administrativo-tributarios. In: *Revista de Direito Tributário*, São Paulo: RT, n° 06, 1978, p. 17

483. BERLIRI, Antonio. *Principi di diritto tributario*, 2° Volume, Mião: Giuffrè, 1967, p. 288.

REVISÃO DO LANÇAMENTO TRIBUTÁRIO: HIPÓTESES E LIMITES

Por isso, Alberto Xavier[484] já destacava que não permitem a revisão de lançamento os fatos efetivamente conhecidos pela Administração Tributária e "também os fatos que oficiosamente devia ter conhecimento".

Logo, na hipótese em questão, para realização da revisão do lançamento, deve inexistir negligência administrativa, não sendo possível a retificação quando tiver como base dados que poderiam ter sido conhecidos tempestivamente se o Fisco tivesse atuado com maior diligência[485].

Nesse contexto, não pode a Administração Tributária, com o propósito de ajustar lançamento já feito, realizar novas verificações para tentar identificar elementos não explorados anteriormente ou para melhor examinar o acervo documental do sujeito passivo em face do qual o tributo já foi lançado [486].

Na ordem tributária brasileira, podem ser considerados "fato não conhecido ou que não foi possível comprovar por ocasião do lançamento anterior" os documentos ocultados pelos sujeitos passivos ou por outras pessoas em seu nome; documentos revelados, posteriormente, no curso de fiscalizações envolvendo outros contribuintes; documentos recebidos, após a lavratura do lançamento, de outras instituições públicas ou privadas (juntas comerciais, cartórios, instituições bancárias, unidades policiais, unidades jurisdicionais etc); denúncias formuladas no âmbito da própria Administração Tributária depois da constituição do crédito.

Um ponto importante, nesse panorama, é definir para quem deve ser considerado superveniente os fatos e provas descobertos. Bayón Mariné, considerando o modelo tributário espanhol, preconiza que a ignorância deve existir em relação

---

484. XAVIER, Alberto. *Do lançamento tributário:* teoria geral do ato, do procedimento e do processo tributário. Rio de Janeiro: Forense, 1998, p. 255.

485. EHMCKE, Torsten; FABO, Diego Marín-Barnuevo. La revisión e impugnación de los actos tributarios en Derecho alemán. *Crónica tributaria,* n. 108, 2003, p. 9-22.

486. LUPI, Raffaello. *Lezioni di Diritto Tributario, Parte Generale,* Giuffrè, 1992, 225.

170

à pessoa jurídica de direito público e a qualquer tributo[487]. Essa posição deve ser vista com ressalvas. De acordo com esse posicionamento, se qualquer órgão pertencente à estrutura de um ente federativo tivesse conhecimento de um fato ou da prova, na data da lavratura do lançamento, a autoridade fiscal não poderia revisá-lo. Então, a título exemplificativo, se Ministério da Agricultura, o Tribunal de Contas ou a Controladoria Geral da União tivesse conhecimento de um fato ou prova completamente desconhecido para a Receita Federal, o lançamento de tributos federais não poderia ser revisto.

O desconhecimento, na verdade, deve ser em relação aos órgãos que compõem a Administração Tributária do ente federativo competente para lançar o tributo. Dessa forma, se um dos integrantes dessa estrutura tributária tinha acesso aos elementos que se alega serem desconhecidos, na época da constituição do crédito, não há que se cogitar ato revisional.

Outro aspecto que merece reflexão é se as informações que podem ser obtidas em registros públicos podem ser consideradas fato não conhecido ou não comprovado por ocasião do lançamento anterior, para viabilizar a revisão do lançamento, nos termos do artigo 149, inciso VIII, do CTN.

A título ilustrativo, convém pontuar que Francesco Pistolesi, tratando do sistema tributário italiano, defende que, com relação aos dados extraídos de registros públicos, a Administração nunca pode reivindicar o caráter "novo", pois a fácil obtenção dessa informação estaria dentro do que constitui seu dever de cuidado[488].

Essa posição, no entanto, não deve ser transposta para a experiência tributária brasileira. Em um país continental, imiscuído em uma cultura burocrática e com uma estrutura

---

487. MARINÉ, I. Bayón. La llamada revisión de oficio en materia tributaria. *Revista Española de Derecho Financiero*, n. 1, 1974.

488. PISTOLESI, Francesco. Brevi osservazioni in merito alla sopravvenuta conoscenza di nuovi elementi, quale condizione di legittimità degli accertamenti integrativi e modificativi in materia di imposte dirette. In: *Riv.dir. trib.*, 1991, II, Giuffré, 1991, p. 791.

organizacional desconcentrada, não há como a Administração Tributária conhecer a gigantesca quantidade dos registros públicos existentes ao longo do seu território. Seria irrazoável, por exemplo, exigir conhecimento de todo o conteúdo de registro notarial dos cartórios de registro civil da pessoa natural, registros de pessoas jurídicas, registro de títulos e documentos e registro de imóveis.

Quanto à extensão da revisão do lançamento, é importante registrar que ela pode modificar elementos do fato jurídico tributário e da relação tributária, inclusive, critérios jurídicos, desde que a mudança seja decorrente da superveniência de acontecimentos ou da descoberta de provas sobre situações desconhecidos.

Dessa forma, o alcance da revisão depende da medida que os elementos desconhecidos interferiram na correta produção do lançamento. Ou seja, se os desajustes constatados no lançamento não tiverem relação com o fato descoberto, não há que se cogitar ato revisional.

5.2.5 Fraude e falta funcional

O artigo 149 do CTN, no seu inciso IX, prevê a revisão de lançamento, "quando se comprove que, no lançamento anterior, ocorreu fraude ou falta funcional da autoridade que o efetuou, ou omissão, pela mesma autoridade, de ato ou formalidade especial".

Nota-se que a norma pressupõe um lançamento antecedente e um ilícito praticado, não pelo sujeito passivo, mas pela própria autoridade lançadora, de modo que o campo de abrangência da hipótese normativa apenas alcança as transgressões de responsabilidade dos funcionários públicos,[489] os quais podem ser leves, graves ou até mesmo configurar crime.[490]

---

489. BORGES, José Souto Maior. *Lançamento tributário.* 2ª ed. São Paulo: Malheiros, 1999, p. 354/356.

490. DERZI, Misabel Abreu Machado. *Direito tributário brasileiro.* 11ª ed. Rio de Janeiro: Forense, 2010, p. 824.

Para fins didáticos, serão analisados, neste tópico, apenas a fraude e a falta funcional, de sorte que a omissão de ato e de formalidade especial serão enfrentados mais à frente, em seções separadas.

A fraude, além de constar no inciso IX, do artigo 149, também está prevista no inciso VII, do artigo 149; no artigo 150, § 4º; no artigo 154, parágrafo único; e no artigo 180, todos do CTN.

Bruno Nepomuceno[491] ensina que "a fraude vem disposta no Código Tributário brasileiro no seu sentido penal, isto é, no campo do ilícito, cuja conduta presume o dolo de enganar".

Destaca-se que legislador optou por fazer uma definição estipulativa do conceito de fraude no artigo 72 da Lei n. 4.502/1964:

> Art. 72. Fraude é tôda ação ou omissão dolosa tendente a impedir ou retardar, total ou parcialmente, a ocorrência do fato gerador da obrigação tributária principal, ou a excluir ou modificar as suas características essenciais, de modo a reduzir o montante do impôsto devido a evitar ou diferir o seu pagamento.

Analisando o referido enunciado, verifica-se está na essência da fraude a tentativa de tentar se ocultar da fiscalização a ocorrência de uma situação passível de tributação, havendo, na verdade, uma dupla omissão: "por um lado, há omissão na falta de recolhimento dos tributos por meio da prática de atos positivos, e, por outro lado, há omissão na informação da fiscalização sobre a ocorrência de fatos tributáveis." [492]

Importante destacar que esse conceito de fraude pode ser aplicável para o inciso VII, do artigo 149, do CTN, que prevê a realização de lançamento de ofício, para constituição

---

491. SOUZA, Bruno Nepomuceno de. *Norma geral antielisiva e desenvolvimento:* diagnóstico, formulações normativas à prova e uma contribuição ao desenredo da regulação no Brasil. 2017. (Mestrado em Direito Tributário). Fundação Getúlio Vargas, São Paulo, p. 76/77.

492. HALPERIN, Eduardo Kowarick. *Multa qualificada no direito tributário.* São Paulo, IBDT, 2021, p. 84.

do crédito tributário, quando o sujeito passivo tiver cometido fraude. No entanto, no inciso IX, do artigo 149, do CTN, o ilícito deve ser cometido pela autoridade fiscal no exercício do lançamento, de maneira que não se pode aplicar o conceito de fraude do artigo 72 da Lei nº 4.502/1964, que pressupõe a ocultação do evento tributário por parte do sujeito passivo.

A fraude, aqui, pode ser definida como toda ação ou omissão ilícita e consciente cometida pela autoridade fiscal no exercício do lançamento, com a finalidade de obter vantagem para si ou para outrem, ou de causar danos, mediante retribuição ou não.

As faltas funcionais dizem respeito às infrações disciplinares cometidas pelo servidor fiscal na realização do lançamento, as quais podem ou não constituir crime. Correspondem, portanto, às transgressões às normas que estabelecem os deveres e vedações que devem ser observados pelos agentes fiscais durante o exercício da função.

Nessa perspectiva, não é qualquer erro ou equívoco cometido pela autoridade fiscal, ao realizar o lançamento, que pode ser considerado falta funcional, viabilizando a revisão de lançamento. Se assim fosse, não haveria motivo e, portanto, perderia o sentido a existência das hipóteses de omissão de ato ou formalidade especial, da parte final do próprio inciso IX, e do fato não conhecido ou não provido, do inciso VIII do mesmo artigo (149 do CTN), tendo em vista que todas as inconsistências havidas no lançamento constituiriam uma falta funcional e poderiam ser corrigidas.

São exemplos de ilícitos que viabilizam a revisão, por exemplo, excesso de exação, quando, intencionalmente, exige-se do sujeito passivo mais que o tributo devido (art. 316 do Código Penal); falsidade ideológica, consistente na omissão, em documento, de declaração que deveria constar ou inserção de declaração falsa ou diversa daquele que deveria ser escrita, com o fim de prejudicar direito, criar obrigação ou alterar a verdade sobre fato juridicamente relevante (art. 299 do

Código Penal); a certidão ou atestado ideologicamente falso, isto é, atestar ou certificar falsamente, em razão de função pública, fato ou circunstância que habilite alguém a obter cargo público, isenção de ônus ou de serviço de caráter público, ou qualquer outra vantagem (art. 301 do Código Penal); extraviar livro oficial, processo fiscal ou qualquer documento, de que tenha a guarda em razão da função; sonegá-lo, ou inutilizá-lo, total ou parcialmente, acarretando pagamento indevido ou inexato de tributo ou contribuição social (art. 3º, inciso I, da Lei nº 8.137/1990); exigir, solicitar ou receber, para si ou para outrem, direta ou indiretamente, ainda que fora da função ou antes de iniciar seu exercício, mas em razão dela, vantagem indevida; ou aceitar promessa de tal vantagem, para deixar de lançar ou cobrar tributo ou contribuição social, ou cobrá-los parcialmente (art. 3º, inciso II, da Lei nº 8.137/1990).

Para que os ilícitos cometidos pela autoridade fiscal deem origem à revisão de lançamento, é necessário que a falta incorrida tenha interferido na correta identificação do sujeito passivo, qualificação jurídica dos fatos ou na quantificação da obrigação tributária. Logo, não é a fraude ou a falta funcional, *per si*, que autoriza a revisão, mas a inconsistência constatada em razão do seu cometimento.

A norma veiculada no inciso IX, do artigo 149, do CTN, é uma via de mão dupla, considerando que se destina à proteção do Fisco, quando o montante liquidado é menor que o devido, e do sujeito passivo, quando foi incluído indevidamente no polo passivo da obrigação ou quando o montante liquidado é maior que o devido[493].

---

493. Cf. BALEEIRO, Aliomar. *Direito tributário brasileiro*. 11ª ed, atualizada por Misabel Abreu Machado Derzi. Rio de Janeiro: Forense, 2010, p. 824.
Cf. BORGES, José Souto Maior. *Lançamento tributário*. 2ª ed. São Paulo: Malheiros, 1999, p. 355/356.

5.2.6 Omissão de ato ou formalidade especial

A parte final do inciso IX, do artigo 149, do CTN, ainda prevê como hipótese de revisão de lançamento a omissão, por parte da autoridade administrativa, de ato ou formalidade especial.

Esse trecho do inciso IX derivou do inciso VIII, do artigo 111, do Projeto do CTN[494], que previa a "omissão de formalidade essencial no processo do lançamento anterior".

Rubens Gomes de Sousa[495], no relatório dos Trabalhos da Comissão do Projeto do Código Tributário Nacional, afirmou que o inciso VIII do artigo 111 foi acrescentado, para permitir "a substituição oficiosa do lançamento eivado de vício formal".

No entanto, quando o CTN foi positivado, previu-se a revisão do lançamento, na hipótese de omissão de ato ou formalidade especial pela autoridade fiscal. Fundamentalmente, substituiu-se o termo "essencial" por "especial" e adicionou-se a omissão de ato especial.

Deve-se esclarecer que o adjetivo especial também se refere ao substantivo "ato", de modo que devem, portanto, ser dotados de especialidade tanto a formalidade quanto o ato, cuja omissão ensejará a revisão do lançamento.

Vê-se, portanto, que o inciso IX do artigo 149 do CTN permite a revisão do lançamento em virtude da verificação de vício formal e em razão de omissão, por parte da autoridade fiscal, de ato especial para o lançamento.

Ressalta-se que esse ato especial cuja ausência permite a revisão de lançamento não tem natureza de defeito formal. Considerando que os vícios formais já estavam abrangidos pela previsão de omissão de formalidade essencial, prevista desde o Projeto do CTN, no inciso VIII, do artigo 111, não

---

494. Trabalhos da Comissão Especial do Código Tributário Nacional, Rio de Janeiro, Ministério da Fazenda, 1954, p. 51.

495. Trabalhos da Comissão Especial do Código Tributário Nacional, Rio de Janeiro, Ministério da Fazenda, 1954, p. 209.

haveria motivos para o legislador acrescentar um novo elemento no rol das hipóteses de revisão, para se referir a um mesmo objeto. Trata-se, portanto, de uma situação autônoma de cabimento de revisão de lançamento.

Como se trata, a rigor, de hipóteses diferentes de revisão, elas serão analisadas separadamente.

5.1.1.1 Vício formal

O vício formal é aquele relacionado à forma de expressão do ato. A forma, por sua vez, consiste no conjunto de solenidades com que a lei cerca exteriorização do ato[496]. É o revestimento exterior do ato, vale dizer, o modo pelo qual ele aparece e revela a sua existência[497].

Os vícios formais se revelam quando não é obedecida a determinada maneira pela qual o ato deve ser externado, de acordo com as prescrições normativas.[498]. Dizem respeito, então, não à norma individual e concreta inserida, mas ao veículo que a introduziu, isto é, ao documento que instrumentaliza o lançamento e o procedimento que o antecedeu.

Eles pressupõem um defeito que atinge aspectos relativos ao modo exteriorização do ato[499], isto é, quando não há o cumprimento aos elementos de forma exigidos por lei para sua edição. São as chamadas formalidades extrínsecas[500].

---

496. FAGUNDES, Miguel Seabra. *O controle dos atos administrativos pelo Poder Judiciário*. Rio de Janeiro, 1979, Editora Forense, p. 73.

497. MELLO, Celso Antônio Bandeira de. *Curso de direito administrativo*. 24ª ed. São Paulo: Malheiros, 2007, p. 383.

498. MELLO, Celso Antônio Bandeira de. *Curso de direito administrativo*. 24ª ed. São Paulo: Malheiros, 2007, p. 383.

499. Cf. MADAUAR, Odete. *Direito Administrativo* Moderno. São Paulo: RT, 2008, p. 173.

500. Cf. DIAS, Manoel Antonio Gadelha. O vício formal no lançamento tributário. In: TORRES, Heleno; QUEIROZ, Mary Elbe; FEITOSA, Raymundo Juliano. *Direito tributário e processo administrativo aplicados*. Editora Quartier Latin do Brasil, 2005, p. 346.

O Código Tributário Nacional é omisso quanto à definição do conceito de vício formal. No entanto, a Lei n. 4.717/65, que regulamenta a Ação Popular, no seu artigo 2°, parágrafo único, alínea "b", definiu o vício formal como "a omissão ou observância incompleta ou irregular de formalidades indispensáveis à existência ou seriedade do ato." Embora a citada legislação não cuide especificamente de matéria tributária, o enunciado representa um norte para a conceituação dos vícios formais[501].

O Conselho Administrativo de Recurso Fiscais, em diversos precedentes, inclusive da Câmara Superior, tem aplicado a definição da Lei n. 4.717/65, para reconhecer que "o vício de forma verifica-se na ausência do requisito ou na inobservância da formalidade, mas não no erro constante em seu conteúdo"[502].

Nessa linha também foi o julgamento do acórdão n. 9101-002.536[503], que estabeleceu "o vício formal é aquele verificado de plano no próprio instrumento de formalização do crédito, e que não está relacionado à realidade representada (declarada) por meio do ato administrativo de lançamento." Ficou consignado, no referido julgamento, que os vícios formais não dizem respeito aos elementos constitutivos da obrigação tributária, ou seja, ao fato jurídico tributário, à base de cálculo, ao sujeito passivo, etc. O órgão julgador decidiu que a "indicação defeituosa ou insuficiente da infração cometida, da data em que ela ocorreu, do montante correspondente à infração

---

501. MURICI, Gustavo Lanna; MELO, Anthéia Aquino; FENELON, Bernardo Rodrigues. Lançamento tributário: caracterização dos vícios formais e materiais para fins de aplicação do prazo decadencial do art. 173, II, do CTN – análise da jurisprudência da CSRF. In: *Análise crítica da jurisprudência do CARF*. MURICI, Gustavo Lanna; GODOI, Marciano Seabra de; RODRIGUES, Raphael Silva; FERNANDES, Rodrigo Mineiro [Orgs.] -- Belo Horizonte: Editora D'Plácido, 2019, p. 265.

502. Câmara Superior de Recursos Fiscais, Terceira Turma, Acórdão n° 9303-011.022, Número do Processo: 13116.001419/2001-12, Data de Publicação: 18/01/2021, Conselheiro Relator Andrada Márcio Canuto Natal.

503. Câmara Superior de Recursos Fiscais, Primeira Turma, Acórdão: 9101-002.536, Número do Processo: 16095.000147/2006-21, Data de Publicação: 22/02/2017, Relator(a): Cristiane Silva Costa.

(base imponível); e dos documentos caracterizadores da infração cometida (materialidade), não configura vício formal."

Já na apreciação do Acórdão n. 9303-011.019, a CSRF[504] novamente entendeu que o "erro na descrição do fato gerador não constitui vício formal, trata-se de circunstância material, relacionada ao âmago da obrigação tributária, possuindo intrínseca relação com o conteúdo material do ato".

Podem ser considerados vícios formais, no processo administrativo fiscal federal, a falta de indicação do prazo de impugnação, a ausência de indicação do cargo ou função da autoridade autuante, a ausência de indicação da disposição legal infringida.

Cita-se, como exemplo, a Súmula nº 21 do CARF, que estabelece que "é nula, por vício formal, a notificação de lançamento que não contenha a identificação da autoridade que a expediu."

Cumpre ressaltar, ainda, que a revisão do lançamento em decorrência da anulação por vício formal deve se restringir à correção dos elementos formais cuja inconsistência motivou a desconstituição. Assim, não pode a autoridade fiscal, depois da anulação por vício formal, modificar o lançamento para retificar elementos materiais anteriormente adotados.

Nesse sentido, colhe-se o Acórdão n. 2202-003-127 do CARF[505], da lavra do Conselheiro Márcio Henrique Sales Parada, que consignou que "o novo lançamento, de caráter substitutivo, que se faz em decorrência do lançamento anterior, anulado por vício formal, não pode trazer inovações materiais, mas apenas corrigir o vício apontado".

---

504. 3ª Turma da Câmara Superior de Recursos Fiscais, Acórdão nº 9303-011.019, Número do Processo: 18471.001003/2007-64, Data de Publicação: 28/01/2021, Conselheira Relatora Érika Costa Camargos Autran.

505. Conselho Administrativo de Recursos Fiscais, Acórdão nº 2202-003.127, Número do Processo: 19740.000407/2008-67, Data de Publicação: 30/03/2016, Relator(a): EDUARDO DE OLIVEIRA.

De igual maneira, convém reproduzir trecho de Acórdão nº 9202-003.186 da Câmara Superior do CARF[506], em Recurso Especial interposto pelo sujeito passivo, questionando a legitimidade do novo lançamento para cobrança de contribuições previdenciárias, realizado depois da anulação por vício formal do lançamento anterior.

> Sob o pretexto de corrigir o vício formal detectado, não pode o Fisco intimar a contribuinte para apresentar informações, esclarecimentos, documentos, etc. tendentes a apurar a matéria tributável. Se tais providências forem efetivamente necessárias para o novo lançamento, significa que a obrigação tributária não estava definida e não há que se falar em lançamento substitutivo, mas, sim, em novo lançamento.

Logo, uma vez constatado o vício formal no lançamento, a revisão deve se restringir à sua correção, não podendo alterar outros elementos do ato constitutivo do crédito tributário.

Também é oportuno ressaltar que há pequenos vícios que, embora constituam inobservância à forma prescrita em lei, por serem irrelevantes, não justificam a anulação do lançamento, não configurando vício formal, mas, antes mera irregularidade. Celso Antônio Bandeira de Melo[507] afirma que atos irregulares são aqueles que padecem de vícios materiais irrelevantes, reconhecíveis de plano, ou incursos em formalização defeituosa consistente em transgressão de normas cujo real alcance é meramente o de impor a padronização interna dos instrumentos pelos quais se veiculam os atos administrativos. São exemplos o erro de grafia do nome do sujeito passivo, quando é possível identificá-lo, a falta ou indicação equivocada do local, data ou hora da lavratura do lançamento[508].

---

506. Câmara Superior de Recursos Fiscais, Acórdão: 9202-003.186, Número do Processo: 13502.000332/2008-41, Data de Publicação: 19/05/2014, Relator(a): Luiz Eduardo de Oliveira Santos.

507. MELLO, Celso Antônio Bandeira de. *Curso de direito administrativo.* 24ª ed. São Paulo: Malheiros, 2007, p. 455.

508. Cf. DIAS, Manoel Antonio Gadelha. O vício formal no lançamento tributário. In: TORRES, Heleno; QUEIROZ, Mary Elbe; FEITOSA, Raymundo Juliano.

Nesses casos, a ordem jurídica admite, amparada no princípio da economia do procedimento, que a própria Administração os retifique, não havendo interferência na relação entre ela e o administrado[509].

5.1.1.2 Omissão de ato especial

É importante destacar que nem toda omissão de atos e expedientes ostenta natureza formal, envolvendo obrigatoriamente elementos do modo de expressão do ato de lançamento (ato-fato) ou mesmo do procedimento que o antecedeu.

Existem omissões em relação à prática de determinados atos no curso do procedimento fiscalizatório que também podem atingir a própria substância lançamento, impactando a legitimidade do próprio crédito tributário constituído. São, portanto, os atos especiais, cuja omissão deve implicar a revisão do lançamento.

Nesses casos, o veículo introdutor do lançamento pode ter sido devidamente expedido, no que tange ao cumprimento dos requisitos de forma do ato, mas não teria sido praticado um ato fundamental para a constituição do crédito tributário, cuja ausência atinge a própria obrigação tributária.

É o exemplo do lançamento que decorreu de procedimento fiscal em que houve a emissão de Requisição de Informações sobre Movimentação Financeira (RMF) sem a prévia intimação do sujeito passivo para apresentação de informações sobre movimentação financeira, como exige o § 2º, do artigo 4º, do Decreto nº 3.724/2001[510]. Igualmente, a título ilus-

---

Direito tributário e processo administrativo aplicados. Editora Quartier Latin do Brasil, 2005, p. 346.

509. CARVALHO, Paulo de Barros. *Curso de direito tributário*. 30ª ed. São Paulo: Saraiva Educação, 2019, p. 506.

510. Art. 4º. Poderão requisitar as informações referidas no § 5º do art. 2º as autoridades competentes para expedir o TDPF. (Redação dada pelo Decreto nº 8.303, de 2014). § 1º. A requisição referida neste artigo será formalizada mediante documento denominado Requisição de Informações sobre Movimentação Financeira (RMF) e será

trativo, cita-se o lançamento por omissão de rendimentos em razão de depósito bancário não comprovado, quando, tendo sido obtidas as informações de movimentação financeira em virtude de RMF corretamente emitido, o titular ou cotitular da conta não é intimado para comprovar a origem dos valores, como exige o artigo 42 da Lei n. 9.430/1996[511].

Nessas hipóteses, a falha do lançamento não está associada ao aspecto formal do ato, mas ao seu conteúdo, por faltar um pressuposto de validade, maculando o fato jurídico tributário e a relação veiculada no consequente da norma.

Desse modo, verificando a ausência desses atos especiais, que são fundamentais para a higidez do próprio crédito tributário, pode haver a revisão do lançamento, no prazo decadencial, para suprir tal omissão.

5.3 LIMITE TEMPORAL

Vistas as hipóteses da revisão do lançamento, cabe, agora, verificar o limite temporal para a sua realização. Nos termos do parágrafo único do artigo 149, do CTN, "a revisão do lançamento só pode ser iniciada enquanto não extinto o direito da Fazenda Pública". A regra em questão tem por finalidade

---

dirigida, conforme o caso, ao:
I - Presidente do Banco Central do Brasil, ou a seu preposto;
II - Presidente da Comissão de Valores Mobiliários, ou a seu preposto;
III - presidente de instituição financeira, ou entidade a ela equiparada, ou a seu preposto;
IV - gerente de agência.
§ 2º. A RMF será precedida de intimação ao sujeito passivo para apresentação de informações sobre movimentação financeira, necessárias à execução do procedimento fiscal.

511. Art. 42. Caracterizam-se também omissão de receita ou de rendimento os valores creditados em conta de depósito ou de investimento mantida junto a instituição financeira, em relação aos quais o titular, pessoa física ou jurídica, regularmente intimado, não comprove, mediante documentação hábil e idônea, a origem dos recursos utilizados nessas operações.

precípua limitar no tempo a liberdade da Administração de convalidar seus atos[512].

A redação do referido dispositivo é imperfeita, tendo em vista que, para que não se extinguir o direito da Fazenda Pública, a revisão não só deve "iniciar-se", como também deve ser concluída dentro do prazo decadencial previsto em lei.

Ou seja, o prazo para o lançamento ser revisado, para corrigir vícios passíveis de revisão, é o mesmo concedido à Fazenda para lançar o tributo. Logo, tendo escoado o prazo decadencial para lançar o crédito tributário, não pode a autoridade fiscal revisar o lançamento, ainda que se verifique uma das situações previstas em lei, cabendo a ela, nesse caso, desconstituí-lo.

Como dizia Alberto Xavier[513], o prazo para o reexercício do poder é também o mesmo prazo fixado para o seu exercício originário, de maneira que, decorrido esse intervalo temporal, o lançamento torna-se "irrevisível ou imodificável".

No mesmo sentido, Paulo Campilongo[514] assevera que, transcorrido o prazo decadencial para a revisão do lançamento, o ato administrativo ganha estabilidade e se torna imutável, ou seja, não pode mais ser convalidado, visto que não poderá ser substituído por outro sem vício.

Dessa forma, considerando que o prazo para constituição do crédito tributário é de cinco anos, nos termos do artigo 150, § 4º, e do artigo 173, do CTN, o prazo para revisão de lançamento deve ocorrer, portanto, no mesmo período. O que pode

---

512. Cf. CAMPILONGO. Paulo Antonio Fernandes. *Os limites à revisão do auto de infração no contencioso administrativo tributário*. 2005. Dissertação (Mestrado em Direito Tributário) – Pontifícia Universidade Católica de São Paulo, São Paulo. 222.

513. XAVIER, Alberto. *Do lançamento tributário*: teoria geral do ato, do procedimento e do processo tributário. Rio de Janeiro: Forense, 1998, p. 248/249.

514. CAMPILONGO. Paulo Antonio Fernandes. *Os limites à revisão do auto de infração no contencioso administrativo tributário*. 2005. Dissertação (Mestrado em Direito Tributário) – Pontifícia Universidade Católica de São Paulo, São Paulo, p. 223.

variar, no entanto, a depender do crédito tributário a ser revisado, é o termo inicial da fluência do prazo.

Nos casos em que o lançamento de ofício foi suplementar ao lançamento por homologação de tributo, em que houve pagamento parcial e não ocorreu fraude, dolo ou simulação, o prazo é de cinco anos a contar do fato gerador, nos termos do artigo 150, § 4º, do CTN.

Quando o lançamento de ofício for originário ou quando tiver havido acusação de dolo, fraude ou simulação no lançamento por homologação, o prazo flui no primeiro dia do exercício seguinte àquele em poderia ter sido lançado, nos termos do artigo 173, inciso I, do CTN.

Há, no entanto, uma outra regra temporal específica, que deve ser aplicada para substituir os lançamentos anulados por vício formal.

O artigo 173, inciso II, do CTN, prevê que a Fazenda Pública tem o direito de constituir o crédito tributário no prazo de cinco anos, contados da data em que se tornar definitiva a decisão que tiver anulado o lançamento realizado por vício formal.

Paulo de Barros Carvalho adverte que "a decisão final que declare a anulação do ato nada mais faz que interromper o prazo que houvera decorrido até aquele momento", contrariando a própria natureza da decadência cuja fluência do prazo nem se interrompe, nem se suspende. O enunciado, conclui o autor, briga com a essência do instituto, cujas raízes foram recolhidas nas construções do Direito Privado.[515]

Deixando a controvérsia em relação à interrupção do prazo decadencial de lado, o artigo 173, inciso II, do CTN, reforça a hipótese de revisão, ao permitir que a autoridade fiscal promova um novo lançamento, corrigindo os vícios formais cometidos no ato que foi anulado.

---

515. CARVALHO, Paulo de Barros. *Curso de direito tributário*. 30ª ed. São Paulo: Saraiva Educação, 2019, p. 501.

O legislador não andou bem, pois, de acordo com o aludido dispositivo, o sujeito ativo, na hipótese de anulação do lançamento por vício formal, tem devolvido integralmente o prazo de cinco anos para editar um novo ato, e não somente o intervalo que faltava quando foi praticado o ato anulado.

Luciano Amaro destaca que a citada norma "é de uma irracionalidade gritante", na medida em que não faz sentido dar à autoridade fiscal um novo prazo de cinco anos como "prêmio", por ter praticado um ato ilegítimo.[516]

No entanto, apesar das merecidas críticas ao legislador, o fato é que o regramento, não obstante infeliz, foi introduzido no ordenamento tributário e deve ser observado tal como positivado.

Nesse contexto, é crucial a identificação do vício formal, pois a desconstituição do lançamento por esse motivo, além de permitir a sua retificação, ainda devolve integralmente o prazo decadencial para que a Fazenda promova o novo lançamento, assegurando-lhe, nessa hipótese, um regime tributário bem mais complacente.

Dessa forma, diferentemente das hipóteses dos incisos VIII e da parte inicial do inciso IX (fraude, falta funcional e omissão de ato especial) do artigo 149 do CTN, os quais se submetem às regras gerais de decadência (artigo 150, § 4º, do CTN; e artigo 173, inciso I, do CTN), a revisão em decorrência da anulação por vício formal se sujeita ao prazo estabelecido no artigo 173, inciso II, do CTN.

Assim, para a revisão por vício formal, o seu critério temporal é regido pelo artigo 149, parágrafo único, em conjunto com o artigo 173, inciso II, criando a regra de que a revisão do lançamento com vício formal deve ser feita em até cinco anos da data em que o ato defeituoso foi anulado.

---

516. AMARO, Luciano. *Direito tributário brasileiro.* 14ª ed. São Paulo: Saraiva, 2008, p. 407.

5.4 LIMITE PESSOAL

O artigo 149 prevê que o lançamento pode ser revisto pela autoridade fiscal. Com isso, a primeira conclusão a que se chega é que somente possui autorização para praticar a revisão de lançamento o agente fiscal, sendo vedado ao Judiciário lançar mão desse expediente.

Logo, não deve o magistrado, ao apreciar controvérsia envolvendo débitos tributários constituídos por lançamento em sentido estrito, verificando-se a ilegitimidade do crédito formalizado, reformar ou substituir o ato, para corrigi-lo, porquanto não detém essa competência, que foi por lei reservada apenas à autoridade fiscal.

Nesse contexto, cita-se o caso julgado pelo Superior Tribunal de Justiça, no Recurso Especial nº 1873394[517], em que a Corte Superior entendeu que o Judiciário não pode promover ajustes no lançamento quando houver necessidade de alterar o regime de apuração do tributo. A controvérsia, originalmente, dizia respeito a um lançamento de ofício, para cobrança de PIS e COFINS, no qual a autoridade fiscal adotou o regime cumulativo (Lei nº 9.718/1998) quando deveria ter adotado o regime não cumulativo (Leis nºs 10.637/2002 e 10.833/2003), desprezando, na apuração, os créditos a que o contribuinte teria direito.

Na primeira instância, com base em prova pericial realizada para avaliar os créditos que deveriam ser considerados para apuração do PIS e COFINS no regime não cumulativo, o magistrado proferiu sentença, determinando a redução do valor do débito fiscal em 34%. A sentença, posteriormente, foi mantida pelo Tribunal Regional Federal da Quinta Região.

O contribuinte, então, interpôs Recurso Especial, ao qual a Segunda Turma do STJ deu provimento, para reformar o acórdão do TRF-5, a fim de anular integralmente o crédito tributário exigido, sob o fundamento de que não caberia ao

---

517. Superior Tribunal de Justiça, Recurso Especial n. 1.873.394/PE, relator Ministro Gurgel de Faria, Primeira Turma, julgado em 6/10/2022, DJe de 11/11/2022.

Judiciário fazer reapuração do tributo, visto que essa tarefa que cabe exclusivamente à autoridade fiscal. Concluiu o órgão julgador que o "Tribunal *a quo*, adotando critérios e regime jurídicos diversos daqueles referidos no ato de fiscalização, e que ensejaram a inscrição em dívida ativa, acabou por, com base prova pericial, proceder ao lançamento de forma indevida", impondo-se "a decretação de nulidade das CDA's".

O Judiciário, ao fazer o controle de legalidade, deve apreciar a conformidade do lançamento em relação à ordem jurídica considerando-o tal como foi introduzido pela Administração Tributária, não lhe cabendo fazer qualquer ajuste. Se ele for legítimo, o ato deve ser mantido; se ilegítimo, deve ser anulado.

Visto que somente a autoridade fiscal tem a prerrogativa para promover a revisão de lançamento, é importante pontuar que não é qualquer autoridade fiscal que tem competência para realizá-la. Isto é, somente deve ter o direito de efetuar a revisão a autoridade fiscal que tem a competência para efetuar o lançamento tributário.

Reveste-se de especial relevância no direito tributário brasileiro a distinção entre órgãos de lançamento e órgãos de julgamento, de sorte que os primeiros têm a competência para constituir o crédito tributário, por meio do exercício do lançamento, e os últimos têm a função de apreciar a legitimidade dos lançamentos.[518]

No processo administrativo fiscal, na esfera federal, no passado, a competência legal para efetuar o lançamento tributário e julgar em primeira instância o litígio era cumulativa das Delegacias da Receita Federal - DRF e das Inspetorias da Receita Federal - IRF. Com a reforma do processo administrativo fiscal, implementada pela Lei n° 8.748/1993, foram criadas as Delegacias da Receita Federal de Julgamento — DRJ, com a competência para julgar os litígios fiscais em primeira instância.

---

518. XAVIER, Alberto. *Do lançamento tributário:* teoria geral do ato, do procedimento e do processo tributário. Rio de Janeiro: Forense, 1998, p. 311.

Atualmente, a competência para o julgamento da impugnação compete às Delegacias de Julgamento (artigo 330 da Portaria do Ministério da Economia n° 284/2020), ao passo que a competência para apreciação dos recursos (recurso voluntário, recurso de ofício, recurso especial e agravo) pertence ao Conselho Administrativo de Recursos Fiscais (Portaria do Ministério da Fazenda n° 343/2015). Já a competência para promover lançamentos, para constituir e cobrar créditos tributários, continua cabendo às Delegacias da Receita Federal do Brasil (DRF), no âmbito da respectiva região fiscal (artigo 290 da Portaria do Ministério da Economia n° 284/2020).

As decisões que podem ser produzidas pelos órgãos de julgamento devem se limitar a anular ou confirmar o lançamento e o crédito tributário submetidos à sua apreciação, não lhes cabendo promover reforma ou substituição. Por isso, Alberto Xavier[519] defendia que o processo administrativo fiscal, no âmbito federal, decorrente da apresentação da impugnação exerce uma cognição restrita, porque deve se limitar, no máximo, a anular o lançamento.

Assim, a revisão de lançamento, inclusive para agravar a exigência fiscal, durante o processo administrativo, não deve ser levada a efeito por meio de um ato decisório, mesmo nas hipóteses do artigo 149, inciso VIII e IX, do CTN.

Nesse sentido, colhe-se a seguinte lição de José Eduardo Soares de Melo[520]:

> Entendo que o auto de Infração incorreto somente poderá ser corrigido (acerto de lançamento) enquanto não ocorrido o prazo decadencial, uma vez que restará prejudicado o auto de Infração anterior. O órgão de julgamento só poderia ter competência para decidir a lide, manter o auto de infração (total ou parcial) ou decretar sua insubsistência, com o consequente arquivamento do processo. Sua natural competência é para julgar (solucionar o

---

519. XAVIER, Alberto. *Do lançamento tributário:* teoria geral do ato, do procedimento e do processo tributário. Rio de Janeiro: Forense, 1998, p. 312.

520. MELO, José Eduardo Soares de. *Processo tributário administrativo e judicial.* 2ª ed. Quartier Latin, 2009, p. 104.

> conflito entre fisco e autuado), e nunca para efetuar correções ou determinar as respectivas providências, porquanto constituem medidas de execução administrativa. Não há que se confundir as funções administrativa (lavratura do Auto de Infração) e executiva (diligências e providências pertinentes à retificação do auto de Infração) com a função de julgamento (decisão da legitimidade do lançamento). Estranha-se a competência para julgar e, ao mesmo tempo, para determinar a correção do Auto de Infração.

Desse modo, os equívocos passíveis de revisão, verificados no curso do contencioso administrativo, podem ser sanados pela autoridade lançadora, por determinação da autoridade fiscal julgadora. Se, eventualmente, por força da legislação tributária de algum ente federativo, a autoridade lançadora for a mesma autoridade julgadora, nesse caso, caberá a ela também proceder à revisão de lançamento, nas hipóteses cabíveis.

Na esfera federal, verificando-se inconsistências no lançamento, a sua revisão, quando for o caso, poderá ser formalizada por meio de lançamento tributário complementar, conforme determina o § 3º, do artigo 18, do Decretolei nº 70.235/1972, o qual tem o seguinte teor:

> Art. 18. (...) § 3º. - Quando, em exames posteriores, diligências ou perícias, realizados no curso do processo, forem verificadas incorreções, omissões ou inexatidões de que resultem agravamento da exigência inicial, inovação ou alteração da fundamentação legal da exigência, será lavrado auto de infração ou emitida notificação de lançamento complementar, devolvendo-se, ao sujeito passivo, prazo para impugnação no concernente à matéria modificada.

O CARF tem preconizado que não cabe aos órgãos julgadores, seja da DRJ, seja do CARF, promover complementos ou retificações no lançamento, por faltar-lhes competência. Nessa linha, cita-se o Acórdão nº 1401-002.992, que, analisando o artigo 3º, do artigo 18, do Decreto-lei nº 70.235/1972, tratou da competência para expedir lançamento complementar, no que diz respeito aos tributos federais.

> Nessa linha, o § 3º do artigo 18 do DecretoLei 70.235/1972 garante que "Quando, em exames posteriores, diligências ou

perícias, realizados no curso do processo, forem verificadas incorreções, omissões ou inexatidões de que resultem agravamento da exigência inicial, inovação ou alteração da fundamentação legal da exigência, será lavrado auto de infração ou emitida notificação de lançamento complementar, devolvendose, ao sujeito passivo, prazo para impugnação no concernente à matéria modificada." Notese que a DRJ não tem sequer competência para lançar tributos ou complementar lançamentos, devendo apenas decidir sobre a procedência ou não das autuações colocadas para sua análise, com base (i) nas acusações constantes do TVF, (ii) nos argumentos de defesa levantados pelo contribuinte em sua impugnação e (iii) em questões de ordem pública que possam ser conhecidas de ofício.[521]

É importante destacar, ainda, que a revisão de lançamento deve observar a ampla defesa e o contraditório. Dessa forma, a autoridade fiscal deverá (i) descrever os motivos que fundamentam a alteração do lançamento original, indicando o elemento que será retificado ou complementado; (ii) demonstrar o valor do crédito tributário unificado, de modo a permitir ao contribuinte o pleno conhecimento da alteração; (iii) franquear a oportunidade de ampla defesa para o sujeito passivo, assegurando-lhe prazo para impugnação e produção de novas provas.[522]

O CARF, no acórdão nº 1401-004.672[523], analisando lançamento complementar expedido pela autoridade fiscal, anulou os acórdãos de primeira instância, porque a DRJ, (i) em relação ao lançamento de ofício inicial, não conheceu da impugnação, por intempestividade; (ii) e, em relação ao lançamento de ofício complementar, apenas conheceu da impugnação em relação à matéria suplementar (diferença de alíquota). De acordo com a Turma de Julgamento do CARF, a lavratura de

---

521. Conselho Administrativo de Recursos Fiscais. Acórdão nº 1401-002.992, Número do Processo: 16561.720065/2013-82, Data de Publicação: 09/01/2019, Relator(a): Daniel Ribeiro Silva. No mesmo sentido: Acórdão: 2401-005.173, Número do Processo: 11080.725554/2014-09, Data de Publicação: 15/01/2018, Relator(a): Cleberson Alex Friess.

522. Cf. NEDER, Marcus Vinicius; LÓPEZ, Teresa Martínez. *Processo administrativo federal comentado*, 2ª Edição. São Paulo, Editora Dialética, 2004, 230.

523. Conselho Administrativo de Recursos Fiscais, Acórdão: 1401-004.672, Número do Processo: 18471.000042/2008-25, Data de Publicação: 28/10/2020, Relator(a) Nelso Kichel.

lançamento complementar implica a abertura de novo prazo para impugnação, podendo ser questionadas as matérias do lançamento original e complementar. Reproduz-se, abaixo, trechos da decisão:

> (...) No lançamento inicial, a Impugnação restou não conhecida, por intempestividade. Já, no lançamento complementar, a Impugnação foi apresentada tempestivamente, porém a Turma somente conheceu da matéria atinente à matéria complementar (diferença de alíquota), julgando a Impugnação improcedente. De modo que não avançou na análise do mérito se o sujeito passivo detinha ou não imunidade na data de lavratura dos autos de infração.
>
> *Data venia*, ambos os acórdãos são nulos, pois o auto de infração complementar, que implicou agravamento da exação fiscal, devolveu o prazo para apresentação de uma nova Impugnação (Decreto nº 70.235/72, art. 15, com redação dada pelo art. 1º da Lei nº 8.748/93).
>
> Ou seja, em ocorrendo agravamento da exigência inicial, há devolução do prazo para impugnação.
>
> Em face do princípio da coerência dos atos públicos, deve-se considerar que com o lançamento suplementar foi aberto novo prazo para a contribuinte contestar o auto de infração. Ou seja, a segunda impugnação abrange não só o lançamento complementar, mas todo o lançamento originalmente elaborado. Isso porque, se assim não for, é possível que os autos de infração fundamentados nas mesmas razões de fato e de direito tenham destinos diferentes. (...) Justamente, para evitar aberração jurídica, a segunda impugnação abrange não só o lançamento complementar, mas todo o lançamento originalmente elaborado. Isso porque, se assim não for, é possível que os autos de infração fundamentados nas mesmas razões de fato e de direito tenham destinos diferentes.
>
> Ambos os lançamentos deveriam estar no mesmo processo e terem sido julgados pelo mesmo acórdão, porém antes deveria ter ocorrido a juntada dos processos por anexação ou apensação. (...)
>
> No agravamento do lançamento fiscal (lançamento complementar), a segunda impugnação abrange não só o lançamento complementar, mas todo o lançamento originalmente elaborado. Isso porque, se assim não fosse, seria possível que os autos de infração fundamentados nas mesmas razões de fato e de direito teriam destinos diferentes.
>
> Portanto, em face das vicissitudes do caso concreto em tela, o lançamento complementar implicou a abertura de novo prazo e

> nova impugnação, abarcando as matérias do lançamento original e complementar. Logo, não há que se falar em preclusão, no caso.
>
> Assim, devem ser declarados, de ofício, nulos os acórdãos recorridos por cerceamento do contraditório e da ampla defesa.
>
> Por todas essas razões, voto para anular, ce ofício, ambos os acórdãos da primeira instância, e devolver os autos do processo à DRJ de origem para que seja proferido um único acórdão e para que sejam enfrentadas todas as questões suscitadas pelo sujeito passivo atinentes ao lançamento inicial e complementar.

Observa-se, portanto, que a revisão de lançamento deve ser feita pela autoridade lançadora, assegurando aos sujeitos passivos todos os direitos inerentes aos princípios da ampla defesa e contraditório.

CAPÍTULO VI
A REVISÃO DO LANÇAMENTO
TRIBUTÁRIO NA EXPERIÊNCIA BRASILEIRA

6.1 LANÇAMENTO COMPLEMENTAR: ARTIGO 18, § 3º, DO DECRETO Nº 70.235/1972

O § 3º, do artigo 18, do Decreto n. 70.235/1972, com a redação dada pela Lei nº 8.748/1993, prevê a possibilidade de realização de lançamento complementar, quando, no curso do processo, em exames posteriores, diligências ou perícias, forem verificadas inconsistências que resultem agravamento da exigência, inovação ou alteração da fundamentação legal da cobrança, *in verbis*:

> Art. 18 (...) § 3º. Quando, em exames posteriores, diligências ou perícias, realizados no curso do processo, forem verificadas incorreções, omissões ou inexatidões de que resultem agravamento da exigência inicial, inovação ou alteração da fundamentação legal da exigência, será lavrado auto de infração ou emitida notificação de lançamento complementar, devolvendo-se, ao sujeito passivo, prazo para impugnação no concernente à matéria modificada.

A norma acima mencionada prevê a realização de revisão de lançamento, para majorar o valor do crédito tributário, bem assim para alterar a sua fundamentação jurídica. Dessa forma, esse preceito normativo deve ser interpretado conforme o artigo 149 do CTN, *caput* e seus incisos VIII e IX, do CTN, que veiculam as hipóteses autorizativas do ato revisional.

Alberto Xavier[524] destaca que configura verdadeira "reformatio in pejus" inconstitucional a previsão de agravamento da exigência inicial, mediante lançamento a ser realizado pelos órgãos de lançamento, decorrente de decisão de órgão de julgamento, que tenha verificado incorreções, omissões ou inexatidões.

Como a previsão normativa não envolve ausência de ato especial ou vício formal - considerando que trata de agravamento da exigência e da fundamentação legal da cobrança - a inconsistência identificada deve, obrigatoriamente, ser decorrente (i) de fato superveniente ou descoberta de prova sobre fato desconhecido; ou (ii) de fraude ou falta funcional.

Nesse prisma, é relevante pontuar que o exame posterior de prova já conhecida ou a diligência e perícia em relação à documentação que podia ser acessada pela Administração Tributária não constitui fato não conhecido ou não provado no lançamento anterior (artigo 149, inciso VIII, do CTN). A documentação cujo exame pode ensejar a revisão do lançamento deve ser superveniente e deve dizer respeito a evento até então desconhecido, tendo a autoridade somente dela tomado conhecimento após a lavratura do lançamento, por não ter sido possível conhecê-la anteriormente, por mais que tivesse agido com diligência.

Logo, para se enquadrar no conceito de "fato não conhecido ou não provado no lançamento anterior", o vício que pode ensejar a revisão do lançamento tem que ser descoberto em exame, perícia ou diligência realizada em prova que não era de conhecimento da Administração tributária e que não poderia ser.

---

524. XAVIER, Alberto. *Do lançamento tributário:* teoria geral do ato, do procedimento e do processo tributário. Rio de Janeiro: Forense, 1998, p. 342.

A circunstância de a diligência ser posterior, durante o curso do processo, ainda que em conversão de julgamento em diligência, não deve ser um parâmetro jurídico apto para determinar a realização de lançamento complementar, porquanto, por si só, não implica fato não conhecido ou não provado no lançamento anterior. Reitera-se: o que deve ser posterior é a descoberta da prova que revela um fato novo, seja por ser superveniente, seja por ser desconhecido.

Além disso, para fins de interpretação do artigo 18, § 3º, do Decreto nº 70.235/1972, o fato novo revelado pela prova superveniente, para legitimar o lançamento complementar, deve ter interferido na quantificação do crédito tributário, tendo sido apurada uma quantia menor que a devida; ou deve ter afetado o pleno conhecimento da infração tributária cometida pelo sujeito passivo, a ponto de ter distorcido a fundamentação legal da cobrança.

Assim, a reapreciação ou revaloração de material probatório disponível à época do lançamento, pela mesma autoridade lançadora ou por um terceiro (outra autoridade fiscal ou *expert*, por exemplo), não deve autorizar a revisão de lançamento.

Caso, no entanto, os exames posteriores, diligências e perícias evidenciem uma fraude ou falta funcional da autoridade fiscal no exercício do lançamento (artigo 149, inciso IX, do CTN), que tenha ocasionado uma apuração indevida do crédito tributário ou uma autuação com uma motivação adulterada, favorecendo ou prejudicando ilicitamente pessoas, o lançamento complementar poderá ser realizado, para apurar devidamente o tributo e/ou para apresentar nova motivação para o lançamento, com a correta fundamentação. Nesse caso, o material probatório a ser investigado em exame, diligência ou perícia não precisa ser superveniente ao lançamento, tendo em vista que a fraude e falta funcional, nos termos do artigo 149, inciso IX, do CTN, não precisam ser não conhecidas ou não provadas no lançamento anterior.

Como o CTN foi recepcionado como lei complementar de caráter nacional, suas normas gerais de direito tributário devem ser obedecidas por todas as legislações tributárias dos entes federativos. Dessa maneira, o § 3º, do artigo 18, do Decreto n. 70.235/1972, para ser juridicamente legítimo e atender à norma que lhe dá fundamento de validade, deve ser interpretado à luz dos incisos VIII e IX, do artigo 149, do CTN, sob pena de criar hipótese de revisão de lançamento não consagrada pelo referido diploma legal.

6.2 IMPUTAÇÃO DE RESPONSABILIDADE TRIBUTÁRIA: INSTRUÇÃO NORMATIVA RFB Nº 1.862/2018

A Instrução Normativa n. 1862/2018 da Receita Federal dispõe sobre o procedimento de imputação de responsabilidade tributária, no processo administrativo fiscal, em âmbito federal. No seu capítulo segundo, o ato normativo trata da imputação de responsabilidade depois da lavratura do lançamento e antes do julgamento em primeira instância administrativa. Reproduz-se, abaixo, o teor dos artigos 11, 12 e 13, do citado diploma normativo:

> Art. 11. A identificação de hipótese de pluralidade de sujeitos passivos decorrente de fatos novos ou subtraídos ao conhecimento do Auditor-Fiscal da Receita Federal do Brasil responsável pelo procedimento fiscal deve seguir o disposto neste Capítulo.
>
> Art. 12. Caso o processo administrativo fiscal esteja pendente de julgamento em primeira instância, será emitido Termo de Devolução de Processo para Imputação de Responsabilidade por Auditor-Fiscal da Receita Federal do Brasil, que será anexado ao processo.
>
> (...)
>
> Art. 13. Identificada a hipótese a que se refere o art. 11, o Auditor Fiscal da Receita Federal do Brasil lavrará Termo de Imputação de Responsabilidade Tributária, que deve conter os requisitos previstos no art. 3º.
>
> § 1º. O sujeito passivo responsabilizado de acordo com o disposto no *caput* poderá impugnar o crédito tributário lançado e o

vínculo de responsabilidade constantes do Termo de Imputação de Responsabilidade Tributária no prazo de 30 (trinta) dias

Observa-se que, de acordo com a Instrução Normativa em questão, uma vez identificado, no curso do processo administrativo, antes da decisão do julgamento de primeira instância, hipótese de pluralidade de sujeitos passivos, decorrente de fatos novos ou subtraídos do conhecimento da Receita Federal, o processo deverá ser devolvido para a autoridade lançadora, que lavrará o Termo de Imputação de Responsabilidade, notificando o responsabilizado para, em trinta dias, impugnar o crédito tributário e o vínculo de responsabilidade.

No capítulo terceiro, a referida Instrução Normativa, por sua vez, disciplina a imputação de responsabilidade tributária em relação ao crédito tributário "definitivamente constituído", *in verbis*:

> Art. 15. Nos casos em que o crédito tributário definitivamente constituído não seja extinto, o Auditor-Fiscal da Receita Federal do Brasil que identificar hipóteses de pluralidade de sujeitos passivos previamente ao encaminhamento para inscrição em dívida ativa deverá formalizar a imputação de responsabilidade tributária mediante Termo de Imputação de Responsabilidade Tributária, o qual observará o disposto no art. 3º.
>
> § 1º. Considera-se definitivamente constituído o crédito tributário:
>
> I - cujo lançamento ou despacho decisório não tiver sido contestado por impugnação ou manifestação de inconformidade, conforme os termos do art. 21 do Decreto nº 70.235, de 1972;
>
> II - cujo lançamento ou despacho decisório tiver sido mantido ou parcialmente mantido por decisão definitiva em processo administrativo fiscal, conforme os termos do art. 42 do Decreto nº 70.235, de 1972; ou
>
> III - proveniente de declaração do sujeito passivo com efeito de confissão de débito.
>
> § 2º. A imputação de responsabilidade nas hipóteses a que se referem os incisos I e II do § 1º deve observar o disposto no art. 11.

§ 3º. Fica vedada a imputação de responsabilidade na hipótese a que se refere o inciso II do § 1º pelos mesmos elementos de fato e de direito contidos no processo administrativo fiscal.

Art. 16. É facultado ao sujeito passivo apresentar recurso, nos termos do art. 56 da Lei nº 9.784, de 29 de janeiro de 1999, em face da decisão que tenha imputado responsabilidade tributária decorrente do crédito tributário a que se refere o art. 15.

§ 1º. O recurso deve ser apresentado no prazo de 10 (dez) dias, contado da data da ciência da decisão recorrida, nos termos do art. 56 da Lei nº 9.784, de 1999, e se restringirá ao vínculo de responsabilidade.

§ 2º. O recurso será apreciado pelo Auditor-Fiscal da Receita Federal do Brasil que proferiu a decisão.

§ 3º. Na hipótese de não reconsideração da decisão, o Auditor--Fiscal da Receita Federal do Brasil encaminhará o recurso ao titular da unidade.

§ 4º. Os recursos fundamentados no art. 56 da Lei nº 9.784, de 1999, contra a decisão proferida pelo titular da unidade, são decididos, em última instância e de forma definitiva, pelo titular da Superintendência Regional da Receita Federal do Brasil (SRRF).

Art. 17. O recurso a que se refere o art. 16 terá efeito suspensivo apenas em relação ao vínculo de responsabilidade tributária do sujeito passivo, caso em que o crédito tributário relativo aos demais sujeitos passivos deverá ser encaminhado para inscrição em dívida ativa no prazo a que se refere o art. 2º da Portaria MF nº 447, de 25 de outubro de 2018.

Parágrafo único. Caso a decisão definitiva a que se refere o § 4º do art. 16, desfavorável ao responsável tributário, seja proferida posteriormente ao prazo a que se refere o caput, ela deverá ser encaminhada à Procuradoria Geral da Fazenda Nacional (PGFN) para fins de aditamento da inscrição em dívida ativa.

O capítulo em descortino disciplina a imputação de responsabilidade, quando o lançamento não tiver sido impugnado ou quando tiver sido mantido em decisão definitiva em processo administrativo. Nessa hipótese, o Auditor-Fiscal da Receita Federal do Brasil que identificar hipóteses de pluralidade de sujeitos passivos, antes de encaminhar o débito fiscal para inscrição em dívida ativa, deverá formalizar a imputação de responsabilidade tributária mediante Termo de Imputação de Responsabilidade Tributária.

Ressalta-se que, ao se estabelecer, no artigo 15, § 2º, que deve ser observado o artigo 11,[525] da mesma Instrução Normativa, a Receita Federal do Brasil previu que a responsabilização depois a notificação do lançamento - mesmo em relação ao crédito que não foi objeto de impugnação ou que foi mantido em decisão definitiva no processo administrativo fiscal – também depende da descoberta de fato novo ou subtraído do conhecimento da Receita Federal.

Dessa forma, se houver contencioso administrativo, com a apresentação de impugnação pelo sujeito passivo, a responsabilização com base em o acontecimento superveniente ou descoberto, até antes do julgamento de primeira instância, deve obedecer ao regramento do capítulo II; se, por outro lado, a descoberta se der a partir do julgamento da primeira instância administrativa, deve seguir o rito do capítulo III da Instrução Normativa.

Verifica-se que o ato normativo andou bem ao exigir a verificação de fato novo ou subtraído da Receita Federal, para imputar a responsabilidade depois da realização do lançamento, observando o que dispõe o artigo 149, inciso VIII, do CTN. Com isso, a Instrução Normativa reforça a vedação à atribuição de responsabilidade, depois de constituído o crédito tributário, com base em fatos já acessíveis à Administração Tributária.

No entanto, o mencionado diploma normativo pecou em outros aspectos. Primeiro porque não estabeleceu o limite temporal para proceder à responsabilização. Como se trata de revisão de lançamento, a alteração do polo passivo da obrigação tributária, para incluir um novo sujeito passivo, deve se submeter ao prazo do parágrafo único, do artigo 149, do

---

525. Art. 11. A identificação de hipótese de pluralidade de sujeitos passivos decorrente de fatos novos ou subtraídos ao conhecimento do Auditor-Fiscal da Receita Federal do Brasil responsável pelo procedimento fiscal deve seguir o disposto neste Capítulo.

CTN, devendo ocorrer, portanto, dentro do prazo decadencial de cinco anos para a realização do lançamento.

Nessa perspectiva, a inserção de uma nova pessoa para responder pelo débito tributário, com base em fato novo ou ocultado da Receita Federal, durante o contencioso tributário ou mesmo depois dele, antes da inscrição em dívida ativa, deve ser formalizada dentro do prazo decadencial, findo o qual não poderá haver alteração no lançamento. Logo, mesmo nas hipóteses do artigo 149, VIII e IX, do CTN, caso tenha expirado o prazo para revisão do lançamento, não poderá a autoridade fiscal colocar outro sujeito passivo no polo da relação tributária.

Outro ponto que merece destaque é a ilegitimidade da Instrução Normativa, ao restringir excessivamente o direito de defesa do novo responsabilizado, na hipótese da imputação de responsabilidade em relação ao que chamou de "crédito tributário devidamente constituído", disciplinada no capítulo terceiro. Isso porque, nessa situação, a pessoa a quem foi atribuída a responsabilidade, de acordo com artigo 16 e parágrafos, terá 10 (dez) dias, para apresentar recurso exclusivamente em relação ao vínculo de responsabilidade, não lhe sendo oportunizado o direito de questionar o crédito tributário.

Viola os princípios da ampla defesa e do contraditório colocar uma pessoa na contingência de arcar com um crédito tributário, sem ter a oportunidade de questioná-lo administrativamente.

Relembra-se que a Constituição, no artigo 5º, inciso LV, erigiu à condição de direito fundamental a ampla defesa e o contraditório na esfera administrativa. Consagrou a expressão "ampla defesa", justamente para dar uma dimensão maximizada ao direito de defesa, de modo que, às pessoas, naturais e jurídicas, devem ser assegurados, de forma abrangente, todos os direitos para defender-se de medidas que atinjam sua esfera jurídica.

Sem dúvida, assegurar a possibilidade de insurgir apenas quanto ao vínculo de responsabilidade não implica sequer direito de defesa em seu conteúdo mínimo, porquanto a pessoa de quem será exigido o crédito tributário está sendo impedida de questionar a própria prestação que lhe será cobrada.

É relevante destacar que o Supremo Tribunal Federal[526] já firmou convicção de que "os princípios do contraditório e da ampla defesa aplicam-se plenamente à constituição do crédito tributário em desfavor de qualquer espécie de sujeito passivo, irrelevante sua nomenclatura legal (contribuintes, responsáveis, substitutos, devedores solidários etc.)."

Na hipótese em questão, a pessoa em desfavor de quem está sendo estendida a constituição do crédito tributário não poderá questionar a legitimidade do débito fiscal que lhe será cobrado, o que evidencia o esvaziamento dos princípios do contraditório e da ampla defesa.

6.3 ERRO NA IDENTIFICAÇÃO DO SUJEITO PASSIVO

Não é raro, na experiência do contencioso administrativo fiscal, se verificar a pretensão do Fisco de alterar o polo passivo da obrigação tributária, em razão de erro de sujeição passiva.

A Receita Federal do Brasil editou a Solução de Consulta COSIT (Coordenação-geral de Tributação) nº 07/2017, estabelecendo que o erro de identificação de sujeito passivo, ao se promover lançamento em face da pessoa já falecida, constitui vício formal, o que, nos termos do artigo 149, inciso IX, e do artigo 173, inciso II, todos do CTN, implica a possibilidade de corrigir o polo passivo da obrigação. Veja-se o teor do aludido ato normativo:

> LANÇAMENTO. VÍCIO FORMAL. IDENTIFICAÇÃO DO SUJEITO PASSIVO. FALECIDO. ESPÓLIO. REVISÃO DE OFÍCIO. CONVALIDAÇÃO. NULIDADE. DECADÊNCIA. TERMO INICIAL.
>
> Lançamento efetuado em face de pessoa já falecida, em vez do espólio ou herdeiros, não causado por erro de valoração jurídica,

---

526. Supremo Tribunal Federal. Agravo Regimemental em Recurso Extraordinário nº 608.426. Relator Ministro Joaquim Barbosa, julgado em 04.10.2011, 2ª T, publicado no diário em 24.10.2011.

caracteriza vício formal, passível de convalidação, ou, na sua impossibilidade, de declaração de nulidade, com novo lançamento para a correção do vício, para o qual se aplica o art. 173, II, do CTN.

Decisão judicial que extingue processo de execução fiscal sem resolução do mérito não se configura como ato decisório de anulação de lançamento fiscal.

Dispositivos Legais: arts. 142, 145, 149, inciso IX, 173 da Lei nº 5.172, de 1966; arts. 10 e 11 do Decreto nº 70.235, de 1972.[527]

A matéria, no entanto, é controversa, inclusive nas Câmaras Superiores do CARF.

A Segunda Turma da Câmara Superior tem precedentes no sentido de que, nesses casos de erro de identificação do sujeito passivo, quando o contribuinte faleceu antes da expedição do lançamento, o vício é de natureza formal, podendo ser refeita a cobrança, corrigindo o polo passivo.

Cita-se, por exemplo, o acórdão nº 9202-007.249, em que foi reconhecida que a realização de lançamento em face de pessoa já falecida, para cobrança de ITR, constitui vício formal, de modo que a exigência pode ser realizada novamente, em face do espólio, no prazo de cinco anos, a partir da anulação da exigência, nos termos do artigo 173, inciso II, do CTN, *in verbis*:

> Imposto sobre a Propriedade Territorial Rural - ITR Exercício: 2001 LANÇAMENTO. ERRO NA INDICAÇÃO DO SUJEITO PASSIVO. RESPONSÁVEL TRIBUTÁRIO. ART. 131 DO CTN. VÍCIO FORMAL. Constatado o falecimento do contribuinte, deve o lançamento ser realizado em nome do espólio, eleito como responsável tributário, observado o prazo do art. 173, II do CTN e demais condições estabelecidas na legislação de regência[528].

No entanto, ressalvada essa hipótese específica do lançamento realizado em face de pessoa já falecida – em relação

---

527. Receita Federal do Brasil, Solução de Consulta COSIT nº 07/2017.

528. Câmara Superior de Recursos Fiscais, 2ª Turma, Acórdão: 9202-007.249, Número do Processo: 10183.002855/2006-21, Data de Publicação: 12/11/2018, Relator(a): Rita Eliza Reis da Costa Bacchieri.

a qual a jurisprudência é controvertida – tem preponderado no CARF, inclusive nas Câmaras Superiores, a orientação de que o erro na identificação do sujeito passivo constitui vício de natureza material.

Menciona-se, a título ilustrativo, a realização de lançamento em face de pessoa jurídica extinta, quando esse evento é previamente comunicado ao Fisco. O CARF, tratando especificamente do lançamento realizado em desfavor de empresa já extinta por liquidação voluntária, editou a Súmula 112, reconhecendo que esse equívoco é causa de nulidade do lançamento.

> Súmula CARF nº 112: É nulo, por erro na identificação do sujeito passivo, o lançamento formalizado contra pessoa jurídica extinta por liquidação voluntária ocorrida e comunicada ao Fisco Federal antes da lavratura do auto de infração.

A Primeira Turma da Câmara Superior de Recursos Fiscais, após a edição da referida súmula, firmou convicção de que o lançamento realizado em face de pessoa jurídica já extinta, quando a comunicação tiver sido providenciada antes da formalização do crédito tributário, constitui vício de natureza material.

Nesse sentido, vale citar o Acórdão nº 9101-004.527, em que se reconheceu que a constituição do crédito tributário em face de pessoa jurídica já extinta, quando o evento foi informado à Receita Federal, implica vício material do lançamento. No caso, constava informação da extinção da sociedade no extrato do sistema da Receita Federal, bem assim a cópia da Declaração de Informações Econômico-Fiscais da Pessoa Jurídica ("DIPJ") transmitida antes da expedição do lançamento, demonstrando que a fiscalização tinha conhecimento do encerramento voluntário da empresa. Reproduz-se a abaixo a correspondente ementa:

> NORMAS GERAIS DE DIREITO TRIBUTÁRIO Ano-calendário: 1999 RECURSO ESPECIAL. CONHECIMENTO. SÚMULA CARF. CONTRARIEDADE DO PARADIGMA NÃO EVIDENCIADA. Se os fundamentos do acórdão paradigma não confrontam todas as premissas do entendimento consolidado na Súmula

CARF nº 112, o recurso especial deve ser conhecido e, só assim, verificar se as circunstâncias do caso demandam a aplicação do entendimento sumulado CONHECIMENTO. RECURSO ESPECIAL. NULIDADE FORMAL. É conhecido recurso especial quanto ao questionamento a respeito da natureza do vício de lançamento. NULIDADE DO LANÇAMENTO. PESSOA JURÍDICA EXTINTA. SÚMULA CARF 112. Segundo a Súmula CARF 112: É nulo, por erro na identificação do sujeito passivo, o lançamento formalizado contra pessoa jurídica extinta por liquidação voluntária ocorrida e comunicada ao Fisco Federal antes da lavratura do auto de infração.? NULIDADE DO LANÇAMENTO VÍCIO MATERIAL. VÍCIO FORMAL. Define-se como vício formal a omissão ou na observância incompleta ou irregular de formalidades indispensáveis à existência ou seriedade do ato, na forma do artigo 2º, parágrafo único, alínea b, da Lei nº 4.717/65. ERRO NA IDENTIFICAÇÃO DO SUJEITO PASSIVO. NULIDADE MATERIAL. A identificação equivocada do sujeito passivo é causa de nulidade material do lançamento.[529]

A Terceira Turma da Câmara Superior de Recursos Fiscais tem entendido que, quando há a identificação do sujeito passivo, mas ela é feita de forma equivocada, o vício é de natureza material. A seu ver, haveria erro formal se não houvesse a qualificação do sujeito passivo, já que, nesse caso, não se cumpriria o requisito exigido pelo inciso I, do artigo 10, do Decreto n. 70.235/72. Por todos os precedentes nesse sentido, cita-se o Acórdão nº 9303-010.949, em que reconheceu que não constitui vício formal a realização de lançamento para cobrança de Imposto de Importação em face de pessoa que, na realidade, não era devedora do tributo:

ASSUNTO: PROCESSO ADMINISTRATIVO FISCAL Data do fato gerador: 08/02/2008 AUTO DE INFRAÇÃO. ERRO NA SUJEIÇÃO PASSIVA. VÍCIO FORMAL. INOCORRÊNCIA. O vício de forma ocorre quando a autoridade responsável pelo procedimento não observa quaisquer das formalidades exigidas por lei para constituição do crédito tributário. Uma vez que tenha

---

529. Câmara Superior de Recursos Fiscais, Primeira Turma, Acórdão: 9101-004.527, Número do Processo: 10830.001496/2004-51, Data de Publicação: 14/01/2020, Relator(a): CRISTIANE SILVA COSTA.

havido a qualificação do autuado, embora equivocada, não há que se falar em vício formal.[530]

O erro na identificação do sujeito passivo da obrigação tributária, enquanto vício que envolve o elemento pessoal da regra matriz de incidência tributária, por si só, não se enquadra nas hipóteses de revisão do lançamento (incisos VIII e IX do artigo 149 do CTN).

Não constitui vício formal, pois o defeito não atinge aspectos relativos ao modo exteriorização do lançamento (ato--fato). Nesse caso, há a observância dos elementos de forma exigidos por lei para edição do ato, de sorte que o defeito, na realidade, se revela no seu conteúdo. Nessa situação, a inconsistência afeta a própria relação tributária veiculada no fato--conduta do lançamento (relação tributária), atingindo a pessoa que deve compor o liame obrigacional tributário. Nessa perspectiva, como não se trata de vício formal, o lançamento não pode ser revisado.

De igual modo, não se trata de omissão de ato especial, pois não se cogita, nesse caso, falta de um expediente adicional para emprestar legitimidade ao lançamento, envolvendo, na verdade, uma errônea designação para composição do próprio polo passivo da relação tributária.

Porém, se o erro na identificação do sujeito passivo ocorrer em decorrência de fato não conhecido ou não provado no lançamento anterior (inciso VIII do artigo 149 do CTN) ou, ainda, por fraude ou falta funcional (parte inicial do inciso IX, do artigo 149, do CTN), é devida a revisão de lançamento, para se corrigir o polo passivo da relação tributária.

É o caso, por exemplo, da expedição de lançamento, em face de pessoa jurídica extinta ou de pessoa física já falecida, quando tais eventos não tiverem sido oportunamente

---

530. Câmara Superior de Recursos Fiscais, 3ª Turma, Acórdão: 9303-010.949, Número do Processo: 10814.005293/2008-66, Data de Publicação: 18/01/2021, Relator(a): Rodrigo da Costa Pôssas.

informados ao Fisco. Nessa hipótese, haveria ocultação da situação, impedindo o seu conhecimento pela Administração Tributária, razão pela qual seria possível a revisão do lançamento, nos termos do artigo 149, inciso VIII, do CTN.

Há também um ilustrativo exemplo no lançamento para cobrança do imposto de renda, por omissão de rendimentos, com base em depósito bancário não comprovado. De acordo com o § 5º, do artigo 42, da Lei n. 9.430/96[531], havendo interposição de pessoa, a constituição da exigência deve ser feita em relação ao terceiro, na condição de efetivo titular do depósito bancário, e não em nome da interposta pessoa, que apenas é titular formalmente do numerário.

No entanto, a autoridade lançadora, com alguma frequência, tem dificuldade de identificar os casos de interposição de pessoas e, consequentemente, os reais titulares dos valores depositados, por serem subtraídas informações do seu conhecimento. Nessa situação, quando a autoridade fiscal descobre, após a realização do lançamento, o efetivo beneficiário da quantia mantida em conta bancária, poderá revisar o lançamento, para corrigir o polo passivo na obrigação tributária, com base no inciso VIII, do artigo 149, do CTN.

Igualmente, se ficar comprovado que a autoridade fiscal não indicou no polo passivo o real beneficiário conscientemente, a despeito de ter conhecimento, o Fisco também poderá lançar mão do ato revisional, amparado no inciso IX, do artigo 149 do CTN, por constituir, pelo menos, falta funcional.

---

531. Art. 42. Caracterizam-se também omissão de receita ou de rendimento os valores creditados em conta de depósito ou de investimento mantida junto a instituição financeira, em relação aos quais o titular, pessoa física ou jurídica, regularmente intimado, não comprove, mediante documentação hábil e idônea, a origem dos recursos utilizados nessas operações. (...)
§ 5º. Quando provado que os valores creditados na conta de depósito ou de investimento pertencem a terceiro, evidenciando interposição de pessoa, a determinação dos rendimentos ou receitas será efetuada em relação ao terceiro, na condição de efetivo titular da conta de depósito ou de investimento.

Percebe-se que não é a ocorrência do erro na identificação do sujeito passivo que permite a revisão de lançamento. Ela, por si só, não se enquadra em nenhuma das correspondentes hipóteses contempladas em lei. Porém, se o equívoco tiver sido cometido porque não era possível a autoridade ter conhecimento da situação ou pela circunstância dela ter agido com fraude ou falta funcional, é devida a revisão do lançamento.

6.4 ERRO DE ENQUADRAMENTO

Outro vício que se verifica com alguma frequência na experiência tributária é o erro no enquadramento da cobrança do crédito tributário (aqui tomado em seu sentido amplo, abrangendo também as penalidades pecuniárias), assim como da responsabilidade imputada pela autoridade fiscal.

Nesses casos, é recorrente, principalmente, no contencioso administrativo desenvolvido no âmbito dos Estados, a revisão do lançamento, retificando o fundamento legal que havia sido indicado indevidamente, para amparar a cobrança e a responsabilidade tributárias.

Muitas legislações consagram a possibilidade de correção do erro no enquadramento jurídico, inclusive pela autoridade julgadora, quando as normas tributárias tiverem sido indicadas de forma indevida ou insuficiente.

Veja-se, por exemplo, que, no Estado de São Paulo, na Lei nº 13.457/2009[532], que disciplina o processo administrativo fiscal, está previsto, no seu artigo 13, que o chamado "erro de fato" e os erros de capitulação não são causas de nulidades, podendo ser corrigidos, em fase de julgamento, pelo órgão julgador, de ofício ou a pedido das partes.

---

532. Art. 13 - Estando o processo em fase de julgamento, os erros de fato e os de capitulação da infração ou da penalidade serão corrigidos pelo órgão de julgamento, de ofício ou em razão de defesa ou recurso, não sendo causa de decretação de nulidade.

REVISÃO DO LANÇAMENTO TRIBUTÁRIO: HIPÓTESES E LIMITES

Na Lei nº 2.315/2001[533], que regula o contencioso administrativo fiscal no Estado do Mato Grosso do Sul, há previsão, no artigo 65, que o julgador pode alterar a qualificação jurídica dada aos fatos e à penalidade pela autoridade lançadora.

No Estado do Amazonas, de igual modo, na Lei nº 19/1997[534], que disciplina, no âmbito do seu território, o processo administrativo fiscal, o artigo 219-B estabelece que os erros de capitulação e de fato poderão ser corrigidos pelo próprio órgão julgador, desde que não gere uma sanção mais gravosa.

Também na Lei nº 15.614/2014[535], do Estado do Ceará, há enunciado prescrevendo que a ausência ou o erro na indicação dos dispositivos infringidos não implica nulidade, cabendo ao órgão julgador corrigir o vício.

Da mesma maneira, a Lei nº 6.763/1975,[536] do Estado de Minas Gerais, permite a reformulação do lançamento, com aumento o valor do crédito tributário, nova fundamentação jurídica e alteração do polo passivo.

---

533. Art. 65. O julgador pode dar ao fato apurado definição jurídica diversa da que constar no lançamento ou no ato de imposição de penalidade pecuniária ou encargo pecuniário, desde que mantidas as mesmas circunstâncias materiais em que se fundou o ato original de formalização, observadas as regras do art. 60, no que couber.

534. Art. 219-B. Os erros de capitulação da penalidade e os de fato constantes no AINF, cujos elementos informativos sejam suficientes para determinar com segurança a matéria tributável e a natureza da infração, poderão ser corrigidos, de ofício ou em razão de impugnação ou recurso, na própria decisão do órgão de julgamento, caso a correção leve à aplicação de uma pena equivalente ou menos gravosa.

535. Art. 84 (...) § 7º. Estando o processo administrativo-tributário em fase de julgamento, a ausência ou o erro na indicação dos dispositivos legais e regulamentares infringidos e dos que cominem a respectiva penalidade, constantes do auto de infração, serão corrigidos pela autoridade julgadora, de ofício ou em razão de defesa ou recurso, não ensejando a declaração de nulidade do lançamento, quando a infração estiver devidamente determinada.

536. "Art. 168. Recebida e autuada a impugnação com os documentos que a instruem, a repartição fazendária competente providenciará, conforme o caso: (...)II - a reformulação do crédito tributário. § 1º Caso o lançamento seja reformulado e resulte em aumento do valor do crédito tributário, inclusão de nova fundamentação legal ou material ou alteração da sujeição passiva, será aberto ao sujeito passivo o prazo de trinta dias para impugnação, aditamento da impugnação ou pagamento do crédito tributário com os mesmos percentuais de redução de multas aplicáveis nos trinta dias após o recebimento do Auto de Infração.

208

Vê-se que as legislações de diversos entes federativos, ao disciplinarem o processo administrativo fiscal no seu correspondente âmbito territorial, indevidamente, têm ampliado o rol de hipóteses de cabimento de revisão do lançamento (em sentido estrito) definidas pelo CTN, conferindo à Administração Tributária o poder de rever o aludido ato administrativo para, inclusive em fase de julgamento, corrigir critério jurídico, a fim de requalificar juridicamente os fatos, seja no que diz respeito à cobrança do tributo, à exigência da multa ou mesmo à atribuição de responsabilidade. Preveem, também, a possibilidade de correção do chamado "erro de fato", elemento que não está previsto como hipótese autorizativa de revisão de lançamento pelo CTN.

Isso demonstra a inobservância, por parte dos citados Estados, ao critério material da norma de revisão de lançamento estabelecida pelo CTN.

De igual maneira, não observam o limite pessoal da revisão do lançamento, na medida em que, de acordo com as citadas legislações, o ato pode ser produzido, não pela autoridade que detém competência para lançar, mas por aquela que julga o processo administrativo.

O CTN, diploma normativo que foi recepcionado com status de lei complementar pela ordem jurídica vigente, ao traçar as regras gerais sobre lançamento, amparado no artigo 146, inciso III, alínea "b", da CF, estabeleceu, no seu artigo 146, que é vedada a alteração de lançamento para modificação de critério jurídico. Além disso, no seu artigo 149, incisos VIII e IX, trouxe as circunstâncias em que a Administração Tributária pode rever lançamento, as quais correspondem, em síntese, aos casos de fato não conhecido ou não provado por ocasião do lançamento anterior; omissão de ato especial; vício formal; e fraude ou falta funcional.

Logo, as pessoas políticas não são livres para dispor sobre revisão de lançamento, devendo obedecer aos parâmetros e limites traçados pelo CTN.

Dessa forma, quando o Fisco agir sem o devido cuidado, promovendo qualificações jurídicas indevidas e incorrendo em vício na constituição do crédito tributário, não lhe é permitido, após a sua notificação ao sujeito passivo, retificá-lo, alterando seus elementos defeituosos. Cabe-lhe, antes, reconhecer a ilegalidade do ato administrativo, desconstituindo-o.

Como destaca Luís Eduardo Schoueri, se há um argumento jurídico novo, caracterizando uma mudança de opinião por parte da Autoridade, ou uma nova valoração jurídica dos fatos já conhecidos, então não cabe revisão do lançamento, nem mesmo por meio de previsão legal, já que contrariaria o disposto no artigo 146 do CTN[537].

Importante reiterar que o Superior Tribunal de Justiça[538], no Recurso Especial nº 1130545, julgado sob a sistemática do recurso repetitivo, embora tenha feito equivocadamente menção aos chamados "erro de fato" e "erro de direito", já pacificou o entendimento de que o lançamento (i) não pode ser revisado na hipótese de equívoco na valoração jurídica dos fatos; e (ii) pode ser revisado, com base no inciso VIII, do artigo 149, do CTN, quando o motivo da revisão for desconhecido ou impossível de ser comprovado à época da sua realização.

Ressalta-se, ainda, que, ao permitirem à Administração Tributária emendar o lançamento originalmente ilegal, alterando a sua estrutura, após a notificação e apresentação da impugnação pelo sujeito passivo da obrigação tributária, as legislações dos entes políticos violam a proibição do *venire contra factum proprium* e, por conseguinte, a segurança jurídica. Isso porque, nessa hipótese, o Fisco *(i)* promove um lançamento tributário, veiculando uma determinada motivação e uma dada relação jurídica tributária; *(ii)* notifica o sujeito passivo da obrigação tributária, estabilizando a relação

---

537. SCHOUERI, Luís Eduardo. *Direito tributário*. 8ª ed. São Paulo: Saraiva, 2018, p. 643.

538. Superior Tribunal de Justiça, Recurso Especial nº 1130545/RJ, Rel. Ministro LUIZ FUX, PRIMEIRA SEÇÃO, julgado em 09/08/2010, publicado no diário em 22/02/2011.

jurídica, dando-se o lançamento por pronto e acabado; e *(iii)* reformula o ato administrativo anteriormente por ela editado, após a correspondente notificação ao administrado, ao perceber suas impropriedades, modificando a motivação e/ou a relação jurídica lá contempladas[539].

Esvaziam a importância do contraditório e da ampla defesa no âmbito administrativo, visto que os argumentos expendidos na impugnação apresentada em face do lançamento tributário podem ser utilizados em desfavor do próprio administrado, mediante a possibilidade de a autoridade fiscal sanar dos vícios apontados na peça de defesa, para convalidar um ato administrativo ilegal.[540]

Permitir livremente a posterior correção do lançamento seria conceder liberdade à Administração Tributária para realizar lançamentos desvairados, pois deteria a prerrogativa de, mesmo em fase de julgamento, modificá-lo, consertando os elementos incorretos, violando, dessa forma, o princípio da segurança jurídica na sua função certeza.[541]

A permissão de a Administração Tributária manipular livremente os lançamentos cujos sujeitos passivos já foram notificados da obrigação tributária também atenta contra a estabilidade sistêmica do princípio da segurança jurídica, na medida em que promove uma desarmonia estrutural entre a legislação do ente federativo que assim dispuser e o CTN, que

---

539. Cf. MIRANDA, Túlio Terceiro Neto Parente. Limites à revisão de lançamento e segurança jurídica. *In*: SOUZA, Pedro Guilherme Gonçalves de; DANTAS, Rodrigo Numeriano Dubourcq (Coords.). *Obrigação Tributária e Segurança Jurídica*. São Paulo: Quartier Latin, 2016, p. 89.

540. Cf. MIRANDA, Túlio Terceiro Neto Parente. Limites à revisão de lançamento e segurança jurídica. *In*: SOUZA, Pedro Guilherme Gonçalves de; DANTAS, Rodrigo Numeriano Dubourcq (Coords.). *Obrigação Tributária e Segurança Jurídica*. São Paulo: Quartier Latin, 2016, p. 90.

541. Cf. MIRANDA, Túlio Terceiro Neto Parente. Limites à revisão de lançamento e segurança jurídica. *In*: SOUZA, Pedro Guilherme Gonçalves de; DANTAS, Rodrigo Numeriano Dubourcq (Coords.). *Obrigação Tributária e Segurança Jurídica*. São Paulo: Quartier Latin, 2016, p. 90.

foi recebido com natureza de lei complementar e que demarca os limites da revisão do lançamento.

De mais a mais, a falta de um modelo harmônico de revisão do lançamento entre os entes federativos atenta contra a acessibilidade normativa, também chamada de cognoscibilidade, um dos aspectos da segurança jurídica, a qual exige que o direito seja compreensível[542]. Essa desarmonia legislativa promove mais desnorteamento para os intérpretes de um já confuso sistema tributário, comprometendo a compreensão da revisão do lançamento, considerando que, em cada ordem tributária parcial, o instituto revela uma feição diferente, sem obedecer ao padrão traçado pelo CTN.

Esse desconhecimento em relação à revisão do lançamento também compromete a previsibilidade do direito, outra faceta da segurança jurídica, preceito que impõe que o sistema jurídico reúna condições para assegurar às pessoas capacidade de antever e controlar os efeitos jurídicos que poderão recair, no futuro, sobre o ato hoje praticado. Se os contribuintes não entendem o que a revisão é e quando deve ser aplicada, simplesmente, não conseguem saber quando os lançamentos podem ser reformados e substituídos.

Nesse contexto, Pontes de Miranda[543] já alertava que "se a solução é imprevisível, é que não há sistema, mas variação ou, pelo menos, incerteza e vacilação".

Logo, se não tem efetividade o regramento dado à revisão do lançamento pelo CTN, considerando que não é respeitado pelos seus destinatários (Estados), na prática, é como se as regras veiculadas por lei complementar de caráter nacional fossem desprovidas de imperatividade. Nessa perspectiva, essa

---

542. Cf. TORRES, Heleno Taveira. *Direito constitucional tributário e segurança jurídica*: metódica da segurança jurídica do sistema constitucional tributário. São Paulo: RT, 2011, p. 240.
Cf. ÁVILA, Humberto. *Teoria da segurança jurídica*: entre permanência, mudança e realização no direito tributário. São Paulo: Malheiros, 2011, p. 339/342.

543. MIRANDA, Francisco C. Pontes de. *Sistema da ciência positiva do direito*. São Paulo: Bookseller, 2000, t. IV, p. 206.

falta de vigor do diploma que estabelece as normas gerais de direito tributário também compromete o ideal de confiabilidade da segurança jurídica, também chamada de certeza funcional[544], que exige um Direito protetor da expectativa de confiança legítima nos atos de criação e aplicação das normas jurídicas.

6.5 ERRO NA APLICAÇÃO DA ALÍQUOTA

Não é incomum, seja no âmbito administrativo, seja no âmbito judicial, a autoridade julgadora determinar a correção da alíquota, principalmente quando aquela aplicada pela autoridade fiscal é superior à devida. Alega-se, nesses casos, que a medida empreendida pelo julgador favoreceria o contribuinte, que passaria a ficar incumbido de saldar uma obrigação tributária menor.

No entanto, essa modificação promovida constitui indevida revisão de lançamento, na medida em que altera o elemento quantitativo da norma individual e concreta, afetando a própria relação jurídica estabelecida no consequente normativo.

Nessa situação, não se cogita mera irregularidade, pois é hipótese de aplicação de critério jurídico equivocado. Se a alíquota é aplicada indevidamente – mais do que gerar uma exigência fiscal com um valor maior que o devido – tem-se uma aplicação equivocada da norma geral e abstrata que a prevê, incidindo sobre uma situação que não preencheu as propriedades conotadas pela hipótese normativa. Há, portanto, uma incompatibilidade entre o lançamento e a norma tributária que lhe serve de fundamento.

É o que acontece, por exemplo, quando se expede um lançamento para cobrança do imposto sobre prestação de

---

544. Cf. TORRES, Heleno Taveira. *Direito constitucional tributário e segurança jurídica:* metódica da segurança jurídica do sistema constitucional tributário. São Paulo: RT, 2011, p. 186 e segs.
Cf. ÁVILA, Humberto. *Teoria da segurança jurídica:* entre permanência, mudança e realização no direito tributário. São Paulo: Malheiros, 2011, p. 339/342.

serviços (ISS), aplicando uma alíquota de 5% (cinco por cento), quando a correta seria 3% (três por cento); ou quando se aplica uma alíquota do imposto sobre transmissão *causa mortis* e doação (ITCMD) no percentual de 8% (oito por cento), quando a devida seria 5% (cinco por cento).

No momento em que há a modificação de lançamento, com a aplicação de uma nova alíquota, há uma requalificação jurídica que interfere na quantificação da obrigação tributária, porquanto é escolhida uma outra norma geral e abstrata, que veicula uma grandeza diferente.

Quando a mudança é feita no Judiciário, que determina a redução da alíquota, corrigindo o erro cometido pela autoridade fiscal, a ilegalidade é reforçada, porquanto ultrapassa o limite pessoal da revisão de lançamento, pois quem detém a competência para realizá-la é a autoridade administrativa incumbida de efetuar o lançamento.

Nos casos em que a alíquota é aplicada incorretamente, sem que se verifique uma das hipóteses do artigo 149, inciso VIII e IX, do CTN, deve a autoridade julgadora anular o lançamento, por vício no elemento quantitativo da relação tributária e em razão da escolha indevida da correspondente norma geral e abstrata.

6.6 ERRO NA APURAÇÃO DA BASE DE CÁLCULO

Outro erro que se verifica no contencioso tributário é a escolha, pela autoridade lançadora, da base de cálculo equivocada ou – quando escolhida corretamente a grandeza, em tese – da metodologia indevida para determinar a matéria tributável.

Aqui cabe mencionar a cobrança do imposto sobre prestação de serviços (ISS) sobre a prestação de serviço de construção civil sem se considerar o valor do material utilizado na obra; ou a cobrança do imposto sobre operações relativas à circulação de mercadorias e sobre prestações de serviços de transporte interestadual e intermunicipal e de comunicação

214

(ICMS), sem levar em conta a existência de saldo credor do imposto pelo contribuinte; ou, ainda, a cobrança do ICMS, por glosa de crédito presumido, sem levar em consideração os créditos do imposto que foram estornados, como condição para fruição do benefício fiscal.

Nesses casos, não cabe à autoridade julgadora ou mesmo à autoridade lançadora, atentando para o defeito na composição da base de cálculo de obrigação tributária, reduzir o valor da quantia exigida ou converter o processo em diligência, para reapurar a quantia exigida, sob pena de indevida revisão de lançamento.

Igualmente, em relação a débitos tributários constituídos por lançamento em sentido estrito e questionados no Judiciário, não deve o magistrado, verificando erro no critério adotado para apurar a base de cálculo, determinar a realização de cálculos ou perícia contábil, para estipular corretamente o valor do *quantum debeatur*, até mesmo porque não tem competência para realizar a revisão.

Nas situações em que há apuração indevida do crédito tributário, com utilização de uma grandeza incorreta, o lançamento deve ser anulado, por vício no elemento quantitativo da obrigação tributária, veiculada na norma individual e concreta. Há, portanto, falha na aplicação da regra-matriz do tributo, que não pode ser sanada.

Trata-se de circunstância que, por si só, não se enquadra em nenhumas das circunstâncias previstas nos incisos VIII e IX do artigo 149, do CTN, não sendo possível, portanto, a correção do lançamento nesses casos.

Nesse contexto, convém trazer o entendimento firmado pelo Superior Tribunal de Justiça, no julgamento do Recurso Especial nº 1386229[545], submetido à sistemática do Recurso Repetitivo. A Corte, tratando especificamente da execução fiscal

---

545. Superior Tribunal de Justiça, Recurso Especial nº 1386229/PE, Rel. Ministro HERMAN BENJAMIN, PRIMEIRA SEÇÃO, julgado em 10/08/2016, DJe 05/10/2016.

do PIS e da COFINS, com a base de cálculo do § 1º, do art. 3º, da Lei nº 9.718/98, já declarada inconstitucional por desbordar do conceito constitucional de faturamento, entendeu que as certidões de dívida ativa podem ser corrigidas, quando as receitas estranhas à atividade operacional da empresa puderem ser expurgadas do título mediante cálculos aritméticos.

Com isso, a obrigação tributária deverá ser reapurada, com a demonstração, por meio de provas, que no valor exigido no título estão incluídas cobranças tributárias sobre receitas não operacionais, as quais deverão ser excluídas.

Essa orientação, ao final, não permite apenas uma emenda da certidão de dívida ativa, com base em um mero excesso de execução. Ela, na verdade, chancela, indevidamente, uma revisão de lançamento no Judiciário, inclusive para alterar critério jurídico, na medida em que legitima uma correção na metodologia eleita pela autoridade fiscal para determinar a base de cálculo do crédito tributário. Logo, quando se modifica a certidão de dívida ativa (CDA), para corrigir equívocos no critério de liquidação do tributo, está se modificando o próprio lançamento, fazendo, ilegitimamente, as vezes da Administração Tributária, quando sequer ela mesma não tem competência para agir, seja por não se enquadrar nas hipóteses de revisão do lançamento, seja por, muitas vezes, já ter transcorrido o prazo decadencial.

O título executivo não deve ser inovado, devendo corresponder ao conteúdo do termo de inscrição em dívida, que, por sua vez, deve reproduzir os termos do lançamento, mantido em decisão administrativa irreformável.

Ao se permitir uma modificação de certidão da CDA, para substituição do valor cobrado no título, reapurando-se o valor do crédito tributário, consagra-se, indevidamente, a possibilidade de uma revisão de lançamento jurisdicional, com alteração de critério jurídico e sem obedecer ao prazo decadencial, em desarmonia com o artigo 145, inciso III; artigo 146; e artigo 149, incisos VIII e IX, e parágrafo único, todos do CTN.É oportuno pontuar que o Superior Tribunal de Justiça,[546] no julgamento do Recurso Especial nº 1045472, também submetido à sistemática do recurso repetitivo, já tinha firmado convicção de que, quando houver equívoco no próprio lançamento, fazendo-se necessária a nova apuração do tributo com a aferição da base de cálculo por outros critérios, é indispensável a revisão do próprio lançamento dentro do prazo decadencial, não sendo possível a correção do vício apenas na CDA. Vejamos trecho do voto do ministro relator Luiz Fux, com amparo na lição de Leandro Paulsen, René Bergmann e Ingrid Schroder Sliwka:

> É que: "Quando haja equívocos no próprio lançamento ou na inscrição em dívida, fazendo-se necessária alteração de fundamento legal ou do sujeito passivo, nova apuração do tributo com aferição de base de cálculo por outros critérios, imputação de pagamento anterior à inscrição etc., será indispensável que o próprio lançamento seja revisado, se ainda viável em face do prazo decadencial, oportunizando-se ao contribuinte o direito à impugnação, e que seja revisada a inscrição, de modo que não se viabilizará a correção do vício apenas na certidão de dívida. A certidão é um espelho da inscrição que, por sua vez, reproduz os termos do lançamento. Não é possível corrigir, na certidão, vícios do lançamento e/ou da inscrição. Nestes casos, será inviável simplesmente substituir-se a CDA." (Leandro Paulsen, René Bergmann Ávila e Ingrid Schroder Sliwka, in "Direito Processual Tributário: Processo Administrativo Fiscal e Execução Fiscal à luz da Doutrina e da Jurisprudência", Livraria do Advogado, 5ª ed., Porto Alegre, 2009, pág. 205).

A Corte Superior, no julgamento do Recurso Especial nº 1873394,[547] aplicou esse entendimento, entendendo que o equívoco na escolha do regime de apuração no lançamento de PIS e COFINS deve levar à sua anulação, não podendo o Judiciário calcular as contribuições com base na sistemática correta, ainda que esse ajuste implique a redução do débito. No caso

---

546. Superior Tribunal de Justiça, Recurso Especial nº 1045472/BA, Rel. Ministro Luiz Fux, Primeira Seção, nov/2009.

547. Superior Tribunal de Justiça, Recurso Especial n. 1.873.394/PE, relator Ministro Gurgel de Faria, Primeira Turma, julgado em 6/10/2022, DJe de 11/11/2022.

analisado, a autoridade fiscal adotou o regime cumulativo para apurar as contribuições, quando, na realidade, deveria ter adotado o regime não cumulativo. O órgão julgador, então, reformou o acórdão do Tribunal *a quo* – que havia, com base em perícia judicial, reapurados os tributos, reduzindo-os em 34% – para desconstituir integralmente os créditos tributários.

O erro na apuração da base de cálculo, com base em regime de apuração e metodologias equivocados, deve conduzir à anulação do lançamento, seja em âmbito administrativo, seja na esfera judicial.

6.7 CLASSIFICAÇÃO FISCAL: ERRO NA ESCOLHA DO NCM

A classificação fiscal de mercadorias é o processo de determinação do código numérico representativo da mercadoria, obedecendo-se aos critérios estabelecidos na Nomenclatura Comum do Mercosul (NCM). Essa categorização de produtos é bastante utilizada na legislação tributária brasileira, para, dentre outras finalidades, estabelecer a alíquota dos tributos. A Tabela de Incidência do Imposto sobre Produtos Industrializados (TIPI), por exemplo, utiliza, para definir o percentual da alíquota do imposto, a NCM, nos termos do artigo 2º, do Decreto nº 11.158/2022[548].

É recorrente a realização de lançamento, para cobrança de diferenças tributárias, em razão de reclassificação fiscal empreendida pela autoridade lançadora. Nesses casos, o agente fiscal deve não só demonstrar que o código NCM utilizado pelo sujeito passivo está equivocado, como deve indicar o código NCM correto em que o produto se enquadra.

Se, no entanto, ao longo do contencioso tributário se constatar que a reclassificação realizada pela autoridade fiscal também não está correta, ainda que aquela adotada pelo

---

548. Art. 2º A TIPI tem por base a Nomenclatura Comum do Mercosul – NCM.

TÚLIO TERCEIRO NETO PARENTE MIRANDA

contribuinte igualmente não esteja, o lançamento deve ser desconstituído, por vício de motivação, em virtude do erro de enquadramento no NCM.

Não se pode, como acontece algumas vezes, se manter o lançamento tributário, alegando-se que - mesmo que a autoridade fiscal não tenha indicado devidamente o código NCM - a alíquota devida na classificação fiscal adequada (diferente da adotada pelo sujeito passivo e também da apontada pela autoridade fiscal) é maior que a adotada pelo sujeito passivo. Isso porque o Fisco tem o dever de aplicar corretamente as normas atinentes à classificação fiscal, não podendo, após a notificação do lançamento, promover tal ajuste.

O CARF possui entendimento de que, quando a classificação fiscal de uma mercadoria é feita com base em um terceiro código NCM, que não aqueles apontados pelo contribuinte e pela autoridade autuante, o lançamento deve ser cancelado, por vício de fundamentação.

Cita-se, como exemplo, o acórdão nº 3301-003.147[549], em que foi dado provimento ao Recurso Voluntário, para desconstituir o lançamento, lavrado para cobrar cobrança de diferenças de Imposto de Importação, IPI, PIS-Importação e COFINS-Importação. Nesse caso, o contribuinte realizou a importação de "transponder óptico para sistema DWDM 10 GBPS para telecomunicação", adotando como classificação fiscal o código NCM 8541.50.20. De acordo com a autoridade lançadora, por outro lado, "a classificação fiscal correta é a NCM 8517.90.99 até 31/12/06 e a NCM 8517.70.99 a partir de 01/01/07". O órgão

---

549. Conselho Administrativo de Recursos Fiscais, Acórdão: 3301-003.147, Número do Processo: 10831.724290/2014-65, Data de Publicação: 02/05/2017, Relator(a): Liziane Angelotti Meira. No mesmo sentido, citam-se os seguintes acórdãos: Acórdão: 3301-007.007, Número do Processo: 10074.001041/2008-79, Data de Publicação: 13/01/2020, Relator(a): Marcelo Costa Marques D Oliveira. Acórdão: 3302-005.696, Número do Processo: 13971.722726/2011-22, Data de Publicação: 21/08/2018, Relator(a): Paulo Guilherme Deroulede. Acórdão: 9303-005.501, Número do Processo: 10314.004833/2003-11, Data de Publicação: 29/01/2018, Relator(a): Rodrigo Da Costa Possas. Acórdão: 3302-002.930, Número do Processo: 15165.000471/2011-73, Data de Publicação: 15/02/2016, Relator(a): José Fernandes Do Nascimento.

julgador do CARF, no entanto, entendeu que a classificação correta era o código NCM 8517.50.99 (até 31/12/2006) e NCM 8517.62.59, (a partir de 2007). Com isso, embora tenha ressaltado que a classificação indicada pela autoridade fiscal seria mais parecida com a correta, anulou-se a cobrança, em virtude da inadequação da classificação fiscal adotada no lançamento, alegando-se que "a invalidade da classificação atribuída pelo Fisco torna improcedente o auto de infração, diante da impossibilidade de modificação da fundamentação do lançamento." Reproduzem-se, abaixo, trechos do acórdão da lavra da Conselheira Relatora Liziane Angelotti Meira:

> (...) A impugnante promoveu o registro das declarações de importação relacionadas nas fls. 06 a 17 do auto de infração submetendo a despacho mercadorias descritas como: 'transponder óptico para sistema dwdm 10 GBPS para telecomunicação', doravante 'módulo 10G', classificando na NCM 8541.50.20.

> Segundo a fiscalização, a classificação fiscal correta é a NCM 8517.90.99 até 31/12/06 e a NCM 8517.70.99 a partir de 01/01/07.

> (...)

> Tendo em conta que na Informação Fiscal Coana/Ceclam nº 1, de 2016, elaborada em decorrência da diligência determinada neste processo, concluiu-se que a classificação correta do módulo 10G é o código NCM 8517.50.99 (até 31/12/2006) e NCM 8517.62.59, (a partir de 2007), entendo que são essas as classificações corretas. Colaciono observações constantes dos Memoriais da recorrente (fl. 2355): "Importante observar que, a COANA é a maior autoridade no país para sanear dúvidas sobre a classificação fiscal e seus pareceres são vinculantes para a administração tributária aduaneira."

> Cumpre lembrar a classificação adotada pelo contribuinte: 8541.50.20; e também a constante do auto de infração: 8517.90.99 (até 31/12/2006) e 85.17.70.99 (a partir de 2007). Dessarte, ainda que seja visível o erro cometido pela recorrente, ainda que a correta classificação se aproxime muito mais daquela adotada pela Fiscalização, a classificação da recorrente não foi correta e tampouco foi adequada a classificação adotada pela autoridade fiscal.

> A invalidade da classificação atribuída pelo Fisco torna improcedente o auto de infração, diante da impossibilidade de modificação da fundamentação do lançamento. (...)

Destaca-se que a realocação de um produto em outro código NCM constitui alteração de critério jurídico, na medida em que os itens da NCM/SH constituem elementos normativos, cuja aplicação pressupõe a qualificação jurídica dos produtos.

Nesse sentido, eis o que preconiza Paulo de Barros Carvalho:[550]

> Quero ressaltar, e o escrito deixa isso muito claro, que o teor prescritivo com que a juridicidade "colore" os tópicos da classificação não se restringe às posições, subposições, itens e subitens ali arrolados, mas também às regras de interpretação que – integrando o corpo de dispositivos da NCM/SH – compõem o texto deste expediente classificatório, motivo pelo qual, trazidas para o direito positivo brasileiro, não mais orientam ou simplesmente descrevem os procedimentos para situar dado objeto em meio aos pontos da tabela. Ao contrário: com o timbre imperativo que a ordem jurídica lhes confere, prescreve como se deve interpretar os preceitos classificatórios, ordenando às autoridades competentes o modo pelo qual devem produzir os atos aduaneiros, para promover a subsunção dos vários objetos nas classes correspondentes.

Nas situações em que a autoridade fiscal efetua um lançamento com o código NCM impróprio, o ato não poderá ser retificado ou substituído por outro com classificação fiscal nova, porquanto esse equívoco não constitui hipótese de revisão de lançamento.

O CARF, no acórdão n. 3201-007.221,[551] dando provimento ao Recurso Voluntário do contribuinte, reconheceu que é indevida a substituição de lançamento de ofício para atribuir nova classificação fiscal à mercadoria importada. Veja-se:

> ART. 149 DO CTN. NOVA CLASSIFICAÇÃO FISCAL DA MERCADORIA IMPORTADA. LAVRATURA DE AUTO DE

---

550. CARVALHO, Paulo de Barros. In ASSIS JÚNIOR., Milton Carmo. *Classificação Fiscal de Mercadorias – NCM/SH*: Seus reflexos no Direito Tributário, Quartier Latin, São Paulo: 2015, p. 15.

551. Conselho Administrativo de Recursos Fiscais, Acórdão: 3201-007.221, Número do Processo: 10314.001337/2001-43, Data de Publicação: 07/10/2020, Relator(a): Paulo Roberto Duarte Moreira.

> INFRAÇÃO EM SUBSTITUIÇÃO DE AUTO DE INFRAÇÃO ANTERIOR. IMPOSSIBILIDADE.
>
> Não é possível a revisão de lançamento efetuado através de Auto de Infração, sem atendimento do procedimento descrito no Decreto n° 70.235/72 pela autoridade fiscal, pois tal revisão não está incluída dentre as hipóteses previstas no art. 149 do CTN.

Se, no entanto, a classificação fiscal for equivocada por fraude ou falta funcional ou se a classificação correta for identificada em razão de fato desconhecido, caberá a revisão do lançamento, dentro do prazo decadencial.

6.8 EQUÍVOCO NAS COMPETÊNCIAS TRIBUTÁRIAS EXIGIDAS

Outra falha, em alguma medida, frequente na experiência tributária é correção, pela autoridade fiscal ou pela autoridade julgadora, do erro na escolha do elemento temporal dos tributos lançados. Isto é, são constituídos créditos tributários em períodos de apuração desconexos da data do chamado fato gerador ou não é respeitada a periodicidade do tributo. Por exemplo, exigem-se mensalmente tributos que têm apuração trimestral ou anual e vice-versa.

Nesses casos, a inobservância do critério temporal da regra-matriz ainda compromete o elemento quantitativo da obrigação, já que o valor do crédito tributário não está sendo mensurado corretamente no tempo, pois se exigirá em uma competência valores que nela não devem ser cobrados.

A título ilustrativo, pontua-se que a Lei n° 9.249/95, tratando do IRPJ, CSLL, PIS, COFINS e contribuições previdenciárias, determina que, verificando-se que a receita não foi oferecida à tributação, a autoridade deve determinar o valor do tributo, de acordo com o regime de tributação a que está sujeita a pessoa jurídica e no período-base a que corresponder a omissão. Reproduz, abaixo, o teor do artigo 24 e § 2°:

TÚLIO TERCEIRO NETO PARENTE MIRANDA

> Art. 24. Verificada a omissão de receita, a autoridade tributária determinará o valor do imposto e do adicional a serem lançados de acordo com o regime de tributação a que estiver submetida a pessoa jurídica no período-base a que corresponder a omissão. (...)
>
> § 2º. O valor da receita omitida será considerado na determinação da base de cálculo para o lançamento da Contribuição Social sobre o Lucro Líquido – CSLL, da Contribuição para o Financiamento da Seguridade Social – COFINS, da Contribuição para o PIS/Pasep e das contribuições previdenciárias incidentes sobre a receita.

Dessa forma, um lançamento que tributa receita em um período-base diferente daquele em que a omissão é considerada, não atende ao critério temporal da regra-matriz dos correspondentes tributos.

Uma hipótese que pode elucidar bem esse ponto é a tributação de imposto de renda, por presunção de omissão de rendimentos por passivo fictício, assim considerado a manutenção na escrituração contábil de obrigação cuja exigibilidade não seja comprovada (art. 40 da Lei n. 9.430/96[552]). Nesse caso, o critério temporal é a data do reconhecimento da obrigação fictícia, isto é, o momento do registro contábil desse passivo.

Nesse sentido, vale mencionar a Súmula CARF nº 144, que consagrou esse entendimento:

> A presunção legal de omissão de receitas com base na manutenção, no passivo, de obrigações cuja exigibilidade não seja comprovada ("passivo não comprovado"), caracteriza-se no momento do registro contábil do passivo, tributando-se a irregularidade no período de apuração correspondente.

Desse modo, nesse tipo de situação, a tributação deve ocorrer no período de apuração contemporâneo à escrituração contábil da operação desconsiderada pela autoridade fiscal. No entanto, nesse tipo de autuação, principalmente antes da edição da súmula do CARF, acontecia com certa recorrência

---

552. Art. 40. A falta de escrituração de pagamentos efetuados pela pessoa jurídica, assim como a manutenção, no passivo, de obrigações cuja exigibilidade não seja comprovada, caracterizam, também, omissão de receita.

a formalização de cobrança de forma consolidada no último período do ano-calendário. De igual maneira, é equivocada a tributação, não no momento da constituição do passivo, mas em ano-calendário posterior, em que eles continuam escriturados, sem terem sido baixados.

Tratando justamente sobre o critério temporal do imposto de renda, em lançamento decorrente de omissão de rendimentos por escrituração de passivo não comprovado, cita-se, abaixo, trecho do Acórdão nº 1301-001.638[553], em que se reconhece que, mesmo que o passivo continue escriturado na contabilidade nos anos posteriores, ele deve ser tributado no momento da sua constituição, *in verbis*:

> (...) Obviamente que o passivo constituído no momento A, e que continua como não comprovado no momento B, só pode ser tributado com base na presunção legal no instante de sua formação, isto é, no referido momento A, eis que é nele que ocorre o fato suposto pela lei (ingresso de ativo por meio de receitas omitidas tendo como contrapartida passivo inexistente). À evidência, tributar passivo não comprovado em momento distinto do correspondente à sua formação, significaria, em última análise, autorizar múltiplas incidências sobre o mesmo fato, pois, admitindo-se a hipótese de uma pessoa jurídica ser submetida a procedimento de fiscalizações sucessivos, o fato de o passivo não ter sido "baixado" provocaria de igual forma lançamentos tributários sucessivos. (...)

Os valores que foram lançados no período de apuração incorreto devem ser excluídos. No entanto, havendo erro apenas em uma ou algumas competências, os tributos que, eventualmente, forem lançados corretamente, na devida competência, devem ser mantidos.

Não se pode, porém, corrigir o lançamento, para fazer ajustes nos períodos de apuração exigidos, pois, nessas hipóteses, os tributos foram constituídos sem respeitar o critério

---

553. Conselho Administrativo de Recursos Fiscais, Acórdão: 1301-001.638, Número do Processo: 19515.002803/2006-21, Data de Publicação: 22/10/2014, Relator(a): Wilson Fernandes Guimarães.

temporal da regra matriz tributária, descumprindo as normas tributárias que disciplinam a produção do lançamento.

Importante registrar que a falha na eleição do período de apuração do tributo não se enquadra em nenhuma das hipóteses de revisão do lançamento. Trata-se, na verdade, de aplicação indevida do critério temporal do tributo, veiculado pela norma geral e abstrata.

A Câmara Superior do CARF tem precedente no sentido de que o erro na periodicidade das competências tributárias exigidas não constitui vício formal, já que não se verifica defeito no modo de exteriorização do lançamento. No acórdão 9101-003.748[554], foi mantido acórdão proferido pela Turma Ordinária de julgamento do CARF, que cancelou o lançamento de PIS e COFINS, por não ter sido obedecida a periodicidade mensal das bases de cálculos das contribuições. No julgamento, por unanimidade de votos, a Primeira Turma da Câmara Superior de Recursos Fiscais entendeu que o defeito contido no lançamento não era vício formal, mas "erro na aplicação do direito material, por parte da autoridade fiscal".

Dessa forma, lançando-se tributos em períodos de apuração em desconformidade com a data do chamado fato gerador ou não respeitada a periodicidade do tributo, o lançamento deve ser anulado, não podendo ser corrigido ou substituído pela autoridade fiscal.

---

554. Câmara Superior de Recursos Fiscais, Acórdão: 9101-003.748, Número do Processo: 10932.000368/2006-12, Data de Publicação: 18/10/2018, Relator(a): Flavio Franco Correa.

CONCLUSÕES

A presente obra teve como objetivo responder às seguintes indagações: o que é revisão do lançamento tributário? Quais são as suas hipóteses? Quem pode realizá-la e até quando?

Em outras palavras, a finalidade da pesquisa era determinar o conceito normativo da revisão do lançamento, suas hipóteses e os limites para o seu exercício. Ao fim, este trabalho chegou às conclusões que são adiante expostas.

A revisão do lançamento tributário é um conceito jurídico-positivo que deve ser analisado à luz do direito tributário, considerando os contornos que lhe foram dados pelo Código Tributário Nacional, notadamente no artigo 145, inciso III, e artigo 149, do CTN. Trata-se, portanto, de uma revisão específica do lançamento tributário, sendo inaplicável aos demais atos administrativos.

A revisão do lançamento tributário é a prerrogativa que tem a autoridade fiscal para corrigir o lançamento em sentido estrito, por meio de reforma ou substituição. Essa revisão pode ser chamada de complementar ou integrativa, quando se introduz novos elementos referentes a aspectos não considerados no lançamento original; ou pode ser retificativa, quando os elementos novos introduzidos recaírem sobre questões que já foram objeto de consideração do lançamento original.

REVISÃO DO LANÇAMENTO TRIBUTÁRIO: HIPÓTESES E LIMITES

Determinado o seu conteúdo, decorrem duas conclusões: não é revisão do lançamento o chamado "lançamento de ofício de revisão", que seria aquele suplementar ao chamado lançamento por homologação; e (ii) não é revisão do lançamento o controle de legalidade que é feito pela Administração Pública ou pelo Judiciário, que resulte a anulação do lançamento tributário.

No primeiro caso, porque o ato praticado tem a função de constituir diferenças tributárias, em razão do recolhimento a menor por parte do sujeito passivo, não havendo a correção do lançamento realizado pela própria Administração Tributária.

No segundo caso, três fatores evidenciam a diferença: primeiro porque a anulação é bem mais ampla que revisão – já que deve ocorrer sempre que houver ilegalidade –, não implicando reforma ou substituição do lançamento. O segundo é que a anulação não se submete ao prazo do artigo 149, parágrafo único, do CTN, podendo a desconstituição ocorrer mediante decisão proferida depois do lapso temporal de cinco anos para constituir o tributo. O terceiro porque a anulação pode ser realizada pela autoridade administrativa e também pelo Judiciário, ao passo que o artigo 149 prevê que a revisão do lançamento seja feita apenas pela autoridade administrativa.

Quanto às hipóteses de cabimento, embora o artigo 149 do CTN trate ao mesmo tempo do lançamento de ofício e da sua revisão, contatou-se, ao longo do trabalho, que apenas os enunciados dos incisos VIII e IX tratam da revisão do lançamento, pressupondo um lançamento anterior com um desajuste, enquanto os demais incisos veiculam circunstâncias em que o lançamento de ofício deve ser realizado, para cobrança do crédito tributário em sentido amplo (tributo e penalidade pecuniária).

De acordo com os citados incisos, deve ser realizada a revisão de lançamento quando (i) deva ser apreciado fato não conhecido ou não provado por ocasião do lançamento anterior (inciso VIII); (ii) se comprovar que a autoridade fiscal, no lançamento anterior, incorreu em fraude ou falta funcional, omitiu ato especial, omitiu formalidade especial (inciso IX).

228

Os chamados "erro de fato" e o "erro de direito", por sua vez, não se revelam critérios legítimos para se verificar se determinado lançamento é passível ou não de revisão, tendo em vista que o CTN não fez nenhuma distinção entre eles e não prevê a revisão do lançamento quando verificado um ou outro.

Analisando as hipóteses do lançamento, concluiu-se que o fato não conhecido ou não provado por ocasião do lançamento anterior corresponde a situações ignoradas e que não poderiam ser descobertas pela Administração Tributária ao tempo da constituição do crédito tributário, as quais, se conhecidas oportunamente, teriam modificado o lançamento original.

A fraude corresponde à ação ou omissão, ilícita e consciente, cometida pela autoridade fiscal no exercício do lançamento, com a finalidade de obter vantagem para si ou para outrem, ou de causar danos, mediante retribuição ou não.

As faltas funcionais dizem respeito às infrações disciplinares cometidas pelo servidor fiscal na realização do lançamento, as quais podem ou não constituir crime. Em outras palavras: correspondem, portanto, às transgressões às normas que estabelecem os deveres e vedações que devem ser observados pelas autoridades lançadoras durante o exercício da função, as quais estão sujeitas às penalidades disciplinares.

A omissão de formalidade especial corresponde ao vício formal, assim entendido o defeito que afeta aspectos relativos ao modo exteriorização do ato. Dizem respeito, não à norma individual e concreta inserida, mas ao veículo que lhe introduziu, vale dizer, ao documento que instrumentaliza o lançamento.

A omissão de ato especial equivale à ausência de determinados atos no curso do procedimento fiscalizatório que atinge a própria substância lançamento, impactando a legitimidade do próprio crédito tributário constituído. Esses atos especiais, cuja omissão deve implicar a revisão do lançamento, não ostentam natureza formal, visto que não envolvem o modo de expressão do lançamento.

Quanto ao limite temporal, concluiu-se que a revisão de lançamento, em regra, deve ser concluída dentro do prazo decadencial de cinco anos previsto em lei, para se constituir o crédito tributário revisado, contado, conforme o caso, a partir do fato gerador (artigo 150, § 4º, do CTN); ou do primeiro dia do exercício seguinte àquele em que o lançamento poderia ter sido efetuado (artigo 173, inciso I, do CTN).

Há, porém, uma outra regra temporal específica para os lançamentos anulados por vício formal. De acordo com o artigo 173, inciso II, do CTN, a Fazenda Pública, nessas hipóteses, tem o direito de constituir o crédito tributário, corrigindo os defeitos de forma, no prazo de cinco anos, contados da data em que se tornar definitiva a decisão que o tiver anulado.

Dessa forma, diferentemente das hipóteses dos incisos VIII (fato não conhecido ou não provado) e da parte inicial do inciso IX (fraude, falta funcional e omissão de ato especial) do artigo 149 do CTN, os quais se submetem às regras gerais de decadência do lançamento do crédito tributário (artigo 150, § 4º, do CTN; e artigo 173, inciso I, do CTN), a revisão em decorrência da anulação por vício formal se sujeita ao prazo estabelecido no artigo 173, inciso II, do CTN.

Por fim, em relação ao limite pessoal, conclui-se que, por força do artigo 149 do CTN, o lançamento somente pode ser revisto pela autoridade fiscal, de modo que a autoridade judicial, embora tenha competência para fazer o controle de legalidade do ato, não a tem para revisá-lo. A autoridade administrativa que deve ter o poder para promover a revisão deve ser aquela que tem a competência para efetuar o lançamento, de modo que o julgador administrativo somente poderá revisar o lançamento quando, de acordo com a legislação tributária de regência, também for o agente incumbido pela constituição do crédito.

REFERÊNCIAS

ABBAGNANO, Nicola. *Diccionario de filosofia*. 5ª. ed. Revisada e Ampliada, São Paulo: Martins Fontes, 2007;

AGOSTINHO, Santo. *Confissões de magistro*. Col. Os Pensadores. São Paulo: Abril Cultural, 1980;

ALMEIDA, Fernando Henrique Mendes de. Vinculação e discrição na teoria dos atos administrativos, p. 462. *Revista de Direito Administrativo*, Rio de Janeiro, v. 89, jul. 1967.

ALMEIDA, Francisco de Paula Lacerda de. *Dos effeitos das obrigações*: arts. 928 a 1.078. Rio de Janeiro: Livraria Editora Freitas Bastos, 1934.

ALVES, Alaôr Caffé. *Dialética e direito*. Linguagem, sentido e realidade. Fundamentos a uma teoria crítica da interpretação do direito. São Paulo: Manole, 2010.

_____. Formação lógico-linguística do conhecimento e a construção do discurso científico. In: CARVALHO, Paulo de Barros (Coord.) et BRITTO, Lucas Galvão de (Org.). *Lógica e Direito*. São Paulo: Noeses, 2016.

AMARAL, Paulo Adyr Dias do. *Processo Administrativo Tributário –e o problema da supressão do contraditório*. 2ª Ed. Belo Horizonte: Del Rey, 2011.

AMARO, Luciano. *Direito Tributário Brasileiro*. 14ª Ed. São Paulo: Saraiva, 2008.

APEL, Karl-Otto. *Teoría de la verdad y ética del discurso.* Tradução de Roberto Smilg. Barcelona: Caidós, 1991.

ATALIBA, Geraldo. *Hipótese de incidência tributária.* 5ª Ed. São Paulo: Malheiros, 1999;

ÁVILA, Humberto Bergmann. *Segurança jurídica:* entre permanência, mudança e realização no direito tributário. São Paulo: Malheiros, 2011;

_____. *Competências tributárias:* um ensaio sobre a sua compatibilidade com as noções de tipo e conceito. São Paulo, Malheiros, 2018;

BALEEIRO, Aliomar. *Direito tributário brasileiro.* 11ª Ed, atualizada por Misabel Abreu Machado Derzi. Rio de Janeiro: Forense, 2010.

BARRETO, Paulo Ayres. *Contribuições: regime jurídico, destinação e controle.* São Paulo: Noeses, 2006.

BARROS JUNIOR, Carlos Seabra de. Teoria dos atos administrativos. *Revista de Direito Administrativo,* v. 106, 1971.

BARROS, José Eduardo Monteiro de. *Elementos do direito tributário:* notas taquigráficas do III Curso de Especialização em Direito Tributário, realizado na Pontifícia Universidade Católica de São Paulo. São Paulo: Ed. RT, 1978.

BECKER, Alfredo Augusto. *Teoria geral do direito tributário.* 3ª Ed. São Paulo: Lejus, 1998.

BECKER, Alfredo Augusto. *Teoria geral do direito tributário.* 4ª Ed. São Paulo: Noeses, 2007.

BENTAHM, Jeremías. *Tratado de las Pruebas Judiciales.* Volumen I. Ediciones Jurídicas Europa-América. Buenos Aires. 1971.

BERGSON, Henri. *Matéria e memória.* Trad. Paulo Neves. São Paulo: Martins Fontes, 1999.

BERLIRI, Antonio. *Principi di diritto tributario,* 2º Volume, Milão: Giuffrè, 1967.

_____. *Principios de Derecho Tributario*, v. III, Madrid: Ed. de Derecho Financiero, 1974.

BETTI, Emilio. *Trattato di Diritto Civile Italiano*, vol. 15, tomo II, 2ª Ed., Torino: Unione Tipografico-Editrice Torinese, 1950.

BITTAR, Eduardo Carlos Bianca. *Linguagem jurídica*. São Paulo: Saraiva, 2001.

BOBBIO, Norberto. Norberto. *Teoria do ordenamento jurídico*. São Paulo: Editora EDIPRO, 2011.

BONILHA, Paulo Celso Bergstrom. *Contraditório e provas no processo administrativo tributário (ônus, direito à perícia, prova ilícita). Processo administrativo fiscal*. São Paulo: Dialética, 1995.

BONNARD, Roger. *Précis de droit administratif: partie générale*,[avec un] supplément de mise à jour au 1er octobre 1937. Libr. du Recueil Sirey, 1935.

BORGES, José Souto Maior. *Lançamento tributário*. 2ª Ed. São Paulo: Malheiros, 1999.

BRÉAL, Michel. *Essai de sémantique: (science des significations)*. Hachette, 1904;

BRASIL, *Trabalhos da Comissão Especial do Código Tributário Nacional*, Rio de Janeiro, 1954.

BRITTO, Lucas Galvão de. *O lugar e o tributo*. São Paulo: Noeses, 2014.

CALCINI, Fábio Pallaretti. Responsabilidade Tributária. O Dever de Observância ao Devido Processo Legal e Motivação. *Revista Dialética de Direito Tributário*, v. 164, 2009.

CAMPILONGO, Celso Fernandes. *O direito na sociedade complexa*. São Paulo: Saraiva, 2017.

_____. Paulo Antonio Fernandes. *Os limites à revisão do auto de infração no contencioso administrativo tributário*. 2005. Dissertação (Mestrado em Direito Tributário) – Pontifícia Universidade Católica de São Paulo, São Paulo.

CANOTILHO, José Joaquim Gomes. *Direito constitucional*. 6ª Ed. Coimbra: Almedina, 1993.

CANTO, Gilberto Ulhôa. *Codificação do Direito Tributário*. Rio de Janeiro, Instituto Brasileiro de Direito Financeiro, 1955.

_____. O lançamento. *Cadernos de Pesquisas Tributárias*, n. 12, São Paulo: Editora Resenha Tributária, 1988.

CANTO, Gilberto Ulhôa. *Temas de direito tributário*. Rio de Janeiro: Alba. 1964.

CAPELLA, Juan Ramón. *El derecho como lenguaje:* un análisis lógico. Ediciones Ariel, 1968;

CARRIÓ, Genaro R. *Notas sobre derecho y lenguage*. 4ª ed. Buenos Aires: Abeledo-Perrot, 1994.

CARVALHO, Aurora Tomazini de. *Curso de teoria geral do direito*: o constructivismo lógico-semântico. 3ª Ed. São Paulo: Noeses, 2013.

CARVALHO, Cristiano. *Teoria do sistema jurídico:* direito, economia, tributação. São Paulo: Quartier Latin, 2005.

CARVALHO, Paulo de Barros. Algo sobre o constructivismo lógico-semântico. In: CARVALHO, Paulo de Barros (Coord.) et CARVALHO, Aurora Tomazini (Org.). *Constructivismo lógico-semântico*. São Paulo: Noeses v. 1, 2014.

_____. *Curso de direito tributário*. 30ª ed. São Paulo: Saraiva Educação, 2019.

_____. *Direito tributário, linguagem e método*. São Paulo: Noeses, 2013.

_____. *Fundamentos jurídicos da incidência*. 9ª Ed. São Paulo: Saraiva, 2012.

_____. O Absurdo da Interpretação Economica do Fato Gerador Direito e sua autonomia O Paradoxo e sua Interdisciplinariedade. *Cadernos da Escola de Direito*, v. 1, n. 7, 2017.

_____. Obrigação tributária: definição, acepções, estrutura interna e limites conceituais. In: (Coord.) LEITE, Geilson Salomão; CAVALCANTI FILHO, José Paulo *Extinção do crédito tributário:* homenagem ao professor José Souto Maior Borges. Belo Horizonte: Forum, 2013.

_____. *Teoria da norma tributária.* São Paulo: Lael, 1974.

CAVALCANTI. Themístocles Brandão. *Teoria dos atos administrativos.* São Paulo, Ed. RT, 1973.

COELHO, Sacha Calmon Navarro. *Curso de direito tributário brasileiro.* 10ª Ed. Rio de Janeiro: Forense, 2009.

_____. O lançamento tributário e a decadência. In: MACHADO, Hugo de Brito (org.). *Lançamento tributário e decadência.* São Paulo: Dialética, 2002.

CONRADO, Paulo César. O problema do contraditório nos casos de lançamento por homologação (é necessária, ou não, a instalação de prévio procedimento administrativo quando crédito tributário decorre de 'autolançamento'?)". *Revista dialética de direito tributário,* v. 52, 2000.

_____. *Processo tributário.* 3ª Ed. São Paulo: Quartier Latin, 2012.

COPI, Irving. *Introdução à lógica.* São Paulo: Mestre Jou, 1979.

CORREA, Walter Barbosa. O lançamento tributário e o ato administrativo nulo. *Revista de Direito Administrativo,* v. 126, p. 29-43, 1976.

COSTA, Alcides Jorge. Faculdades da administração em matéria de lançamento tributário. In: *Revista de direito tributário.* SP: Malheiros, v. 68, 1995.

_____. Faculdades da administração em matéria de lançamento tributário. In: *Revista de direito tributário.* SP: Malheiros, v. 68, 1995.

COSTA, Carlos Celso Orcesi de. *Obrigação, lançamento e relação jurídica tributária.* São Paulo: Ed. RT, 1993.

COSTA, Regina Helena. *Código tributário nacional em sua moldura constitucional*. Rio de Janeiro: Editora Forense, 2020.

CRETELLA JÚNIOR, José. *Dos atos administrativos especiais*. Rio de Janeiro: Forense, 1998.

CROXATO, Giancarlo. *Conizioni che legittimano l´accertamento per sopravvenuti elementi nuovi*, Diritto e Pratica Tributaria, 1962.

DELIGNE, Maysa de Sá Pittondo; LAURENTIIS, Thais de. Alteração de critério jurídico e jurisprudência do CARF. In: MURICI, Gustavo Lanna; GODOI, Marciano Seabra de; RODRIGUES, Raphael Silva; FERNANDES, Rodrigo Mineiro [Orgs.]. *Análise crítica da jurisprudência do CARF*. Belo Horizonte: Editora D'Plácido, 2019.

DERZI, Misabel Abreu Machado. A irretroatividade do direito, a proteção da confiança, a boa fé e o RE n°. 370.682-SC. *Grandes questões atuais do direito tributário*, v. 11, p. 299-325, 2007.

_____. Crédito tributário e lançamento. In: LEITE, Geilson Salomão (Coord.). *Extinção do crédito tributário:* homenagem ao Professor José Souto Maior Borges. Belo Horizonte: Fórum, 2013.

_____. *Direito tributário brasileiro*. 11ª Ed. Rio de Janeiro: Forense, 2010.

_____. In: VALDER, Carlos (coord.). *Comentários ao Código Tributário Nacional*. Rio de Janeiro: Forense, 1997.

_____. *Modificações da jurisprudência no direito tributário:* proteção da confiança, boa-fé objetiva e irretroatividade como limitações constitucionais ao poder judicial de tributar. São Paulo: Noeses, 2009.

DI PIETRO, Maria Sylvia Zanella. *Direito administrativo*. 30ª Ed. Rio de Janeiro: Forense, 2017.

DIAS, Karem Jureidini. *Fato tributário:* revisão e efeitos jurídicos. São Paulo: Noeses, 2013.

TÚLIO TERCEIRO NETO PARENTE MIRANDA

_____. *Fato tributário:* revisão e seus efeitos jurídicos. 2ª Ed. São Paulo: Noeses, 2019.

DIAS, Manoel Antonio Gadelha. O vício formal no lançamento tributário. In: TORRES, Heleno; QUEIROZ, Mary Elbe; FEITOSA, Raymundo Juliano. *Direito tributário e processo administrativo aplicados.* Editora Quartier Latin do Brasil, 2005.

ECO, Umberto. *Interpretação e superinterpretação.* São Paulo: Martins Fontes, 1993.

_____. *Limites da interpretação.* São Paulo: Editora Perspectiva, 1990.

EHMCKE, Torsten; FABO, Diego Marín-Barnuevo. La revisión e impugnación de los actos tributarios en Derecho alemán. *Crónica tributaria,* n. 108, p. 9-22, 2003;

ENGISCH, Karl. *Introdução ao pensamento jurídico.* Lisboa: Fundação Calouste Gulbenkian, 2001.

FAGUNDES, Seabra. *O controle dos atos administrativos pelo Poder Judiciário.* 5ª Ed. Rio de Janeiro: Forense, 1975.

FALCÃO, Amílcar de Araújo. *Fato gerador da obrigação tributária.* 2ª ed. São Paulo: Ed. RT, 1971.

FALCÃO, Raimundo Bezerra. *Hermenêutica.* São Paulo: Malheiros, 1997.

FALSITTA, Gaspare. *Manuale di Diritto Tributario.* Parte Generale, 2ª ed., CEDAM, 1997.

FANUCCHI, Fábio. *A decadência e a prescrição em direito tributário.* 3ª ed. Resenha Tributária, Instituto Brasileiro de Estudos Tributários, 1976;

_____. *Curso de direito tributário brasileiro.* v. 1. São Paulo: Resenha Tributária, 1971.

FERNÁNDEZ, German Alejandro San Martín. Os limites quanto à alterabilidade do crédito tributário no âmbito do contencioso administrativo. In: SALUSSE, Eduardo Perez; SANTI, Eurico Marcos Diniz de (Org.) *Direito tributário:*

237

estudos em homenagem a Luiz Fernando Mussolini Junior. São Paulo: Max Limonad e FGV Direito/ SP, 2019.

FERNANDEZ, Sergio Guasch. *El hecho y el derecho en la casación civil*. Barcelona: J.M. Bosch, 1998.

FERRAGUT, Maria Rita. Responsabilidade tributária do administrador e dever de motivação do ato administrativo. In: SOUZA, Priscila de (Coord.). *30 anos da constituição federal e o sistema tributário*. São Paulo: Noeses, 2018;

FERRAZ JÚNIOR, Tercio Sampaio. Apresentação. In: ALVES, Alaôr Caffé. *Dialética e direito. Linguagem, sentido e realidade. Fundamentos a uma teoria crítica da interpretação do direito*. São Paulo: Manole, 2010.

_____. Tercio Sampaio. *Argumentação jurídica*. Barueri: Manole, 2014.

_____. Tercio Sampaio. *Introdução ao estudo do direito*. 4ª Ed. São Paulo: Atlas, 2014.

FIGUEIREDO, Marina Vieira de. *Lançamento tributário:* revisão e seus efeitos. São Paulo: Noeses, 2014.

FONROUGE, Giuliani Carlos M., *Procedimiento Tributario y de la seguridad social*, 8° Edición actualizada y ampliada por Navarrine, Susana Camila, Depalma, prólogo de la 1° Edición, página XIX.

_____. *Derecho financiero*. Buenos Aires: Depalma, 1977.

FRANÇA, Vladimir da Rocha; ELALI, André; DA SILVA MARQUES, Ênnio Ricardo Lima. Análise da ocultação de documentos e da ausência de motivação em autuações fiscais a partir do devido processo legal. *Revista RDTA*, volume 45, São Paulo: IBDT, 2020.

GALKOWICZ, Thais de Laurentiis. *Mudança de critério jurídico pela administração tributária:* regime de controle e garantia do contribuinte. Tese (Doutorado) – Universidade de São Paulo, São Paulo, 2022.

GAMA, Tácio Lacerda. *Competência tributária.* São Paulo: Noeses, 2009.

_____. O pagamento antecipado e a homologação do lançamento. In: LEITE, Geilson Salomão (Coord.). *Extinção do crédito tributário:* homenagem ao Professor José Souto Maior Borges. Belo Horizonte: Fórum, 2013.

GIARDINO, Cléber. Auto de Infração. Revisão de ofício promovida pelo próprio agente fiscal. *Revista de direito tributário.* v. 39, São Paulo: RT, 1987.

GOMES, José Osvaldo. *Fundamentação do acto administrativo.* Coimbra: Coimbra Editora, 1981.

GONÇALVES, José Artur Lima; e MARQUES, Márcio Severo. Lançamento tributário e decadência. In: MACHADO, Hugo de Brito (org.). *Lançamento tributário e decadência.* São Paulo: Dialética; Fortaleza: ICET, 2002.

GRAU, Eros Roberto. "Conceitos indeterminados". In: *Justiça tributária: direitos do fisco e garantias dos contribuintes nos atos da administração e no processo tributário.* São Paulo: Max Limonad, 1998;

_____. *Ensaio e discurso sobre a interpretação/aplicação do direito.* 5 ed. São Paulo: Editora Malheiros, 2006.

_____. *Por que tenho medo dos juízes:* (a interpretação/aplicação do direito e os princípios). 9ª Ed. São Paulo: Malheiros, 2018.

GRECO, Marco Aurélio. In: LIMONGI, Rubens (coord). *Enciclopédia Saraiva do direito.* São Paulo: Saraiva, v. 48, 1977.

_____. Lançamento. *Cadernos de Pesquisas Tributárias*, n. 12, São Paulo: Editora Resenha Tributária, 1988.

GUASTINI, R. *Le Fonti del Diritto – fondamenti teorici.* Milano: DOTT.A. Giuffrè. Editore, 2010.

_____. *Interpretar y argumentar.* Madrid: Centro de Estudios Políticos y Constitucionales, 2014.

GUERRA, Cláudia Magalhães. *Lançamento tributário:* & sua invalidação. 2ª Ed. Juruá, 2008;

GUIMARÃES, Carlos da Rocha, *Cadernos de Pesquisas Tributárias,* n. 12, São Paulo: Editora Resenha Tributária, 1988.

_____. *Prescrição e decadência.* Rio de Janeiro: Forense, 1984.

GUIRAUD, Pierre. *A semântica.* 3ª Ed. Mascarenhas, Maria Elisa (trad.) Difel, 1980.

HALPERIN, Eduardo Kowarick. *Multa qualificada no direito tributário.* São Paulo: IBDT, 2021.

HJELMSLEV, Louis Trolle. *Prolegômenos a uma teoria da linguagem.* São Paulo: Perspectiva, 1975.

HORVATH, Estevão. *Lançamento tributário.* 2ª Ed. São Paulo: Quartier Latin, 2010.

INSTITUTO BRASILEIRO DE DIREITO FINANCEIRO (IBDF). *Codificação do direito tributário.* Rio de Janeiro: IBDF, 1955.

IVO, Gabriel. *Norma jurídica:* produção e controle. São Paulo: Noeses, 2006.

_____. O direito e a inevitabilidade do cerco da linguagem. In: CARVALHO, Paulo de Barros (Coord.) et CARVALHO, Aurora Tomazini (Org.). *Constructivismo lógico-semântico.* São Paulo: Noeses v. 1, 2014.

JENIÊR, Carlos Augusto. Análise lógico-sistemática do fato jurídico de decadência do direito ao lançamento do crédito tributário. In: MACHADO, Hugo de Brito. *Lançamento tributário e decadência.* São Paulo: Dialética; Fortaleza: ICET, 2002;

KELSEN, Hans, *¿Qué es un acto jurídico?.* trad, de Ulises Schmill Ordóñez, Isonomía. *Revista de Teoría y Filosofía del Derecho,* núm. 4, abril de 1996.

_____. *Teoria geral das normas.* Porto Alegre: Fabris, 1986.

_____. *Teoria pura do direito.* 8ª Ed. São Paulo: Martins Fontes, 2012.

KOCH, Deonísio. *Processo administrativo tributário e lançamento*. 2ª São Paulo: Malheiros Editores, 2012.

KOURY, Paulo Arthur Cavalcante. Segurança juridico-tributária no tempo: um estudo sobre a modulação de efeitos na ADI 4.628. In: SOUZA, Pedro Guilherme Gonçalves de; DANTAS, Rodrigo Numeriano Dubourcq (Coords.). *Obrigação tributária e segurança jurídica*. São Paulo: Quartier Latin, 2016.

LACOMBE, Américo Masset. *Crédito tributário:* lançamento. Direito tributário 4. São Paulo: Bushatsky, 1976.

_____. Conceito e constituição de crédito tributário. In: MARTINS, Ives Gandra da Silva; MARTINS, Rogério Gandra da Silva; e NASCIMENTO, Carlos Valder (coords.). *Tratado de direito tributário*. São Paulo: Saraiva, 2011.

LAFONT, Cristina. *The linguistic turn in hermeneutic philosophy*. Tradução de José Medina. Baskerville: Massachusetts Institute, 1999.

LAPATZA, José Juan Ferreiro. La privatización de La gestión tributaria y las nuevas competências de los Tribunales Económico-Administrativo. In: CIVITAS – *Rev. Esp. Der. Fin.*, nº 37/81, 1983.

LARENZ, Karl. *Metodologia da Ciência do Direito* (trad. port.). José Lamego, Lisboa: Fundação Calouste Gulbenkian, 2014.

LIMA, Daniel Serra; LESSA, Donovan Mazza. A declaração de inconstitucionalidade de benefícios fiscais de icms e a impossibilidade de exigir retroativamente o imposto do contribuinte de direito. *Revista Dialética de Direito Tributário*, n. 209. São Paulo: Dialética, fev/2013.

LIMA, Marcos Vinicius Neder de. *Nulidades no lançamento*. 2014. 224 f. Tese (Doutorado em Direito) - Pontifícia Universidade Católica de São Paulo, São Paulo, 2014.

LOBATO, Valter de Souza. O princípio da confiança retratado no Código Tributário Nacional. A aplicação dos artigos 100 e

146 do CTN. *A análise de casos concretos. Revista Brasileira de Direito Tributário e Finanças Públicas*, v. 6, p. 42-70, 2012.

FIGUEIREDO, Lucia Valle. *Curso de direito administrativo.* 3ª Ed., São Paulo: Malheiros, 1998;

_____. *Curso de direito administrativo.* 4ª ed. São Paulo: Malheiros, 2001.

LINS, Robson Maia. Considerações sobre o conceito de norma jurídica e a pragmática da comunicação na decisão judicial na jurisprudência do supremo tribunal federal. CARVALHO, Paulo de Barros (Coord.) et CARVALHO, Aurora Tomazini (Org.). *Constructivismo lógico-semântico.* São Paulo: Noeses v. 1, 2014;

_____. *Curso de direito tributário brasileiro*, São Paulo: Noeses, 2019. E-book Kindle.

LUPI, Raffaello. *Lezioni di Diritto Tributario*, Parte Generale, Giuffrè, 1992;

MACHADO SEGUNDO, Hugo de Brito; Ramos, Paulo de Tarso Vieira. Lançamento tributário e decadência. In: Machado, Hugo de Brito (coord.). *Lançamento tributário e decadência.* São Paulo: Dialética, 2002;

MACHADO, Brandão. Decadência e prescrição no direito tributário: notas a um acórdão do Supremo Tribunal Federal. *Direito tributário atual*, n.6, São Paulo: IBDT e Resenha Tributária, 1986.

MACHADO, Hugo de Brito. *Curso de direito tributário.* 33ª ed. São Paulo: Malheiros, 2012;

_____. *Curso de direito tributário.* 8. ed. São Paulo: Malheiros, 1993.

_____. In: LIMONGI, Rubens (coord). *Enciclopédia Saraiva do direito.* São Paulo: Saraiva, v. 48, 1977.

_____. Lançamento tributário. *Cadernos de Pesquisas Tributárias*, n. 12, São Paulo: Editora Resenha Tributária, 1988, p. 225.

_____. O lançamento tributário e a decadência. In; MACHA-DO, Hugo de Brito (coord.). *Lançamento tributário e decadência*. São Paulo: Dialética, Fortaleza: ICET, 2002.

MACHADO, Rubens Approbato. Processo administrativo e judicial em matéria tributária. In: LACOMBE, Américo Masset; MARTINS, Ives Gandra (Coord.). *Noções de direito tributário*. São Paulo: LTr, 1975.

MADAUAR, Odete. *Direito administrativo moderno*. São Paulo: RT, 2008.

_____. *Direito administrativo moderno*. São Paulo: Ed. RT, 2002.

MAINO, Carlos Alberto Gabriel. Razón, práctica, interpretación y sus fuentes. In *Interpretação, retórica e linguagem*. Salvador: JusPodivm, 2018.

MARINÉ, I. Bayón. La llamada revisión de oficio en materia tributaria. *Revista Española de Derecho Financiero*, n. 1, 1974.

MARINS, James. *Direito processual tributário brasileiro* (administrativo e judicial). São Paulo: Dialética, 2002.

_____. *Direito processual tributário brasileiro* (administrativo e judicial). 8ª Ed. São Paulo: Dialética, 2015.

_____. Lançamento tributário e a decadência (fragmentos de um estudo). In; MACHADO, Hugo de Brito (coord.). *Lançamento tributário e decadência*. São Paulo: Dialética, Fortaleza: ICET, 2002.

MARSILLA, Santiago Ibáñez. La actividad de comprobación y el efecto preclusivo de las liquidaciones tributarias. *Crónica tributaria*, n. 129, p. 71-112, 2008;

MARTINS, Ives Gandra. *Cadernos de Pesquisas Tributárias*, n. 12, São Paulo: Editora Resenha Tributária, 1988.

_____. Lançamento tributário e decadência. In: MACHADO, Hugo de Brito (coord.). *Lançamento tributário e decadência*. São Paulo: Dialética, 2002.

MARTINS-COSTA, Judith. *A boa-fé no Direito privado:* sistema e tópica no processo obrigacional. São Paulo: Ed. RT, 1999.

_____. Almiro do Couto e Silva e a re-significação do princípio da segurança jurídica na relação entre o Estado e os cidadãos: a segurança como crédito de confiança. In: ÁVILA, Humberto (Org.) *Fundamentos do estado de direito:* estudos em homenagem ao Professor Almiro do Couto e Silva. São Paulo: Malheiros, 2005.

MASSINI, Carlos Ignacio. *La prudencia jurídica.* Introducción a la gnoseología del derecho. Buenos Aires: Lex Nexis, 2006.

MAURER, Hartmut. *Elementos de direito administrativo alemão.* Trad. Luís Afonso Heck. Porto Alegre: Fabris, 2001.

MAYER, Max Ernst et al. *Filosofía del derecho.* Labor, 1937.

MEIRA, Liziane Angelotti. *Tributos sobre o comércio exterior.* Saraiva, 2012.

MEIRELLES, Hely Lopes. *Direito administrativo brasileiro,* 23ª Ed. São Paulo: RT, 1998.

MELLO, Antônio Carlos de Martins. Lançamento tributário e decadência. In: MACHADO, Hugo de Brito (coord.). *Lançamento tributário e decadência.* São Paulo: Dialética; Fortaleza: ICET, 2002.

MELLO, Celso Antônio Bandeira de. *Curso de direito administrativo.* 24ª Ed. São Paulo: Malheiros, 2007.

_____. *O conteúdo jurídico do princípio da igualdade.* 3ª Ed. São Paulo: Malheiros, 1993.

MELO, José Eduardo Soares de. *Curso de direito tributário.* 8ª Ed. São Paulo: Dialética, 2008.

_____. Lançamento. *Cadernos de Pesquisas Tributárias,* n. 12, 1988.

_____. *Processo tributário administrativo e judicial.* 2ª ed. Quartier Latin, 2009.

MELLO, Henrique. *Os terceiros na sujeição passiva tributária e o alterlançamento.* São Paulo: Noeses, 2021.

MICCINESI, M. *La sopravvenuta conoscenza di nuovi elementi, presupposto per gli accertamenti integrativi e modificativi.* Rass. Trib, 1985.

MARIENHOFF, Miguel S., *Tratado de derecho administrativo.* t. II. Buenos Aires: Abeledo-Perrot, 1966.

MILEO FILHO, Francisco Sávio Fernandez. Os custos de conformidade em contraposição à função e à importância das obrigações acessórias. In: R. *Fórum Dir. fin. e Econômico – RF-DFE* | Belo Horizonte, ano 8, n. 15, p. 41-65, mar./ago. 2019.

MIRANDA, Francisco Cavalcanti Pontes de. *Tratado de Direito Privado*, tomo V. 1ª Ed. Campinas: Bookseller, 2000.

_____. *Sistema da ciência positiva do direito.* São Paulo: Bookseller, 2000.

MIRANDA, Túlio Terceiro Neto Parente. In: SOUZA, Pedro Guilherme Gonçalves de; DANTAS, Rodrigo Numeriano Dubourcq (Coords.). *Obrigação Tributária e Segurança Jurídica.* São Paulo: Quartier Latin, 2016.

MORA, José Ferrater. *Dicionário de filosofia.* TOMO 4.(Q-Z). Lisboa: Edições Loyola, 2001.

MORAES, Bernardo Ribeiro de. *Caderno nº 1 de pesquisas tributárias.* Ed. CEEU/Resenha Tributária, 1976.

_____. *Compêndio de Direito Tributário*, primeiro volume, 4 edição. Editora Forense, 1995.

_____. *Sistema tributário da Constituição de 1969.* São Paulo: Ed. RT, 1973.

MORCHÓN, Gregorio Robles. *Teoría del derecho.* Madrid: Civitas, 1998.

MOREIRA NETO, Diogo. *Curso de direito administrativo.* Rio de Janeiro: Forense, 1996.

MOREIRA, Bernardo Motta. *Controle do lançamento tributário pelos Conselhos de Contribuintes:* aspectos polêmicos do processo administrativo fiscal. Rio de Janeiro: Lumen Juris, 2013.

MOURA, Lenice S. Moreira de; MASCENA, Fátima Larisse de Farias. A exceção de pré-executividade como meio de defesa diante da ilegalidade de redirecionamento fiscal: sinalização para uma mudança jurisprudencial no âmbito do STF e do STJ. *RDDT* nº 202/89-102, jul/2012.

MOUSSALLEM, Tárek Moysés. *Fontes do direito tributário*. São Paulo: Max Limonad, 2001.

_____. *Revogação em matéria tributária*. São Paulo: Noeses, 2005.

MÜLLER, Friedrich. *Direito, linguagem e violência:* elementos de uma teoria constitucional I. Porto Alegre: SA Fabris, 1995.

_____. *Juristische Methodik*. 5ª Ed. Berlin: Duncker & Humblot, 1993.

MURICI, Gustavo Lanna; MELO, Anthéia Aquino; FENELON, Bernardo Rodrigues. Lançamento tributário: caracterização dos vícios formais e materiais para fins de aplicação do prazo decadencial do art. 173, II, do CTN – análise da jurisprudência da CSRF. In: *Análise crítica da jurisprudência do CARF*. MURICI, Gustavo Lanna; GODOI, Marciano Seabra de; RODRIGUES, Raphael Silva; FERNANDES, Rodrigo Mineiro [Orgs.] Belo Horizonte: Editora D'Plácido, 2019.

NASCIMENTO, Carlos Valder do. Lançamento tributário. *Cadernos de Pesquisas Tributárias*, n. 12, 1988.

NEDER, Marcus Vinicius; LÓPEZ, Teresa Martínez. *Processo administrativo federal comentado*. 2ª Edição. São Paulo: Editora Dialética, 2004.

NEVES, Antônio Castanheira neves. *Questão-de-fato – questão-de-direito – ou o problema metodológico da juridicidade (ensaio de uma reposição crítica)*. Coimbra: Livraria Almedina, 1967, pp. 55/56.

NEVES, Marcelo. *Entre Têmis e Leviatã: Uma relação difícil:* o Estado democrático de direito a partir e além de Luhmann e Habermas. São Paulo: Martins Fontes, 2006.

NINO, Carlos Santiago. *Introducción al análisis del derecho*. 2ª Ed. Buenos Aires: Editorial Astrea de Alfredo y Ricardo Depalma, 2001.

NOGUEIRA, Ruy Barbosa. *Curso de direito tributário*. 14ª Ed. São Paulo: Saraiva, 1995.

_____. *Teoria do lançamento tributário*, São Paulo: Ed. RT, 1965.

OLIVEIRA, Manfredo Araújo de. *Reviravolta linguístico--pragmática na filosofia contemporânea*. Edições Loyola, 1996.

OLIVEIRA, Ricardo Mariz de. Do lançamento. *Cadernos de Pesquisas Tributárias*, n. 12. São Paulo: Editora Resenha Tributária, 1988.

ORTIZ-OSÉS, Andrés. *Comunicación y experiencia interhumana*, Bilbao, 1977.

PAULINO, Maria Ângela Lopes. A teoria das relações na compreensão do direito positivo, In: CARVALHO, Paulo de Barros (Coord.) et. CARVALHO, Aurora Tomazini (Org.). *Constructivismo lógico-semântico*. São Paulo: Noeses v. 1, 2014.

PAULSEN, Leandro. *Direito Tributário:* Constituição e Código Tributário à luz da doutrina e da jurisprudência. 16ª Ed. Livraria do Advogado, 2014.

PISTOLESI, Francesco. Brevi osservazioni in merito alla sopravvenuta conoscenza di nuovi elementi, quale condizione di legittimità degli accertamenti integrativi e modificativi in materia di imposte dirette. In: *Riv.dir. trib.*, II, Giuffré, 1991.

QUEIROZ, Mary Elbe. *Do lançamento tributário: execução e controle*. São Paulo: Dialética, 1999.

RESENDE, Maria Letícia Rodrigues Guimarães Araújo. *Limites à aplicação da teoria dos motivos determinantes do ato administrativo*. Dissertação (Mestrado em Direito) – Universidade Federal do Estado de Minas Gerais. Minas Gerais, 2016.

ROBLES, Gregorio. *O direito como texto:* quatro estudos de teoria comunicacional do direito. São Paulo: Manole, 2005.

ROBLES, Gregorio. *Teoría del derecho.* Madrid: Civitas, 1998.

ROCHA, Sérgio André. A importância do processo administrativo fiscal. *Revista de Direito Administrativo,* v. 239, p. 33-44, 2005.

_____. *Processo administrativo fiscal:* controle administrativo do lançamento tributário. 3ª Ed. Rio de Janeiro: Lumen Juris, 2009.

ROSS, Alf. *Sobre el derecho y la justicia,* Buenos Aires: Eudeba, 1963.

RUIZ, Alicia EC; CÁRCOVA, Carlos María. *Derecho y transición democrática: Materiales para una teoría crítica del derecho,* 1991.

SANTI, Eurico Marcos Diniz de. Lançamento tributário, enunciação, enunciado, nulidade e anulação: comentários à margem da teoria do prof. Paulo de Barros Carvalho. In: SCHOUERI, Luís Eduardo. (coord.) *Direito tributário – Homenagem a Paulo de Barros Carvalho.* São Paulo: Quartier Latin, 2008.

_____. *Lançamento tributário.* 3ª Ed. São Paulo: Saraiva, 2010.

_____. *Lançamento tributário.* (revista e ampliada). São Paulo: Max Limonad, 2001.

_____. Lançamento, decadência e prescrição no direito tributário. In: BARRETO; Aires Fernandino; BOTALLO, Eduardo Domingos (Coord.). *Curso de iniciação em direito tributário.* São Paulo: Dialética, 2004.

SCAFF, Fernando Facury; SILVEIRA, Francisco Secaf Alves. Aplicação da LINDB na jurisprudência do CARF. In: *Análise crítica da jurisprudência do CARF.* MURICI, Gustavo Lanna; GODOI, Marciano Seabra de; RODRIGUES, Raphael Silva;

FERNANDES, Rodrigo Mineiro [Orgs.] Belo Horizonte: Editora D'Plácido, 2019.

SCAVINO, DARDO. La lógica y el (del)conocimiento del sujeto. In: CARVALHO, Paulo de Barros (Coord.) et BRITTO, Lucas Galvão de (Org.). *Lógica e direito*. São Paulo: Noeses, 2016.

SCHOUERI, Luís Eduardo. *Direito tributário*. 8ª Ed. São Paulo: Saraiva, 2018.

SCHREIER, Fritz. *Conceptos y formas fundamentales del derecho*. Losada, 1942.

SEGUNDO, Hugo de Brito Machado; RAMOS, Paulo de Tarso Vieira. Lançamento tributário e decadência. In: MACHADO, Hugo de Brito. *Lançamento tributário e decadência*. São Paulo: Dialética; Fortaleza: ICET, 2002.

SEIXAS FILHO, Aurélio Pitanga. A motivação do ato administrativo tributário. *Revista Dialética de Direito Tributário*, São Paulo: Dialética, n.125, 2006.

_____. Faculdade da administração na determinação de tributos (lançamento e liquidação). In: *Revista de direito tributário*, nº 68, São Paulo: Malheiros.

_____. Lançamento tributário e a decadência. In: Machado, Hugo de Brito (coord.). *Lançamento tributário e a decadência*. Fortaleza e São Paulo: Dialética e ICET. 2002.

SILVEIRA, Francisco Secaf Alves. Aspectos controvertidos da tributação na importação: imposto de importação, IPI e ICMS: do batismo da mercadoria à revisão fiscal. In: SANTI, Eurico Diniz de; CANADO, Vanessa Rahal. (Org.). *Tributação do setor industrial*. 1ed. São Paulo: Saraiva, 2013.

SOUSA, Rubens Gomes de. *Compêndio de legislação tributária*. Rio de Janeiro: Edições Financeiras, 1964.

_____. *Estudos de direito tributário*. São Paulo: Saraiva. 1950.

SOUZA, Bruno Nepomuceno de. *Norma geral antielisiva e desenvolvimento: diagnóstico, formulações normativas à prova e* uma contribuição ao desenredo da regulação no Brasil. (Mestrado em Direito Tributário). Fundação Getulio Vargas, São Paulo, 2017.

STRAWSON, P. F.. Verdad, in: *Ensayos lógico-lingüísticos*, Madrid, Tecnos, 1984.

STRECK, Lênio Luiz. Para além da retórica, uma hermenêutica jurídica não relativista. In *Interpretação, retórica e linguagem*. Salvador: JusPodivm, 2018.

SUNFELD, Carlos Ari. *Fundamentos de direito público*. São Paulo: Malheiros, 2004;

TABOADA, Carlos Palao. La revisión de oficio de los actos administrativo-tributarios. In: *Revista de Direito Tributário*, São Paulo: RT, n° 06, 1978;

TELLES JÚNIOR, Goffredo. *O direito quântico:* ensaio sobre o fundamento da ordem jurídica. 9ª Ed. São Paulo, Saraiva, 2014.

TERAN, Juan Manuel. *Filosofía del derecho*. 14.ª ed. México: Porrúa, 1998.

TOMÉ, Fabiana Del Padre. *A prova no direito tributário*. 3ª ed. São Paulo: Noeses, 2011.

_____. Exigibilidade do crédito tributário: amplitude e efeitos de sua suspensão. In: SOUZA, Priscila de (Coord.). *Direito tributário e os conceitos de direito privado*. VII Congresso Nacional de Estudos Tributários. São Paulo: Noeses, 2010.

TORRES, Heleno Taveira. Autovinculação do lançamento tributário e controle de revisão no processo administrativo. *Consultor Jurídico*, 2020. Disponível em: https://www.conjur.com.br/2020-abr-01/consultor-tributario-autovinculacao-lancamento-tributario-controle-revisao#_ftn2. Acesso em: 20 jan. 2021.

_____. *Direito constitucional tributário e segurança jurídica:* metódica da segurança jurídica do sistema constitucional tributário. São Paulo: RT, 2011.

_____. In: AMARAL, Antonio Carlos Rodrigues do (coord.). *Curso de direito tributário*. São Paulo: Celso Bastos Editor, 2002.

TORRES, Ricardo Lobo Torres, "Limitações ao poder impositivo e segurança jurídica", in Ives Gandra da Silva Martins (org.), *Limitações ao poder impositivo e segurança jurídica*. São Paulo, Ed. RT/CEU, 2007.

_____. Auto de infração e defesa administrativa fiscal. *Revista de Direito Processual Geral* n. 48: Rio de Janeiro, 1995.

_____. *Curso de direito financeiro e tributário*. 16ª ed. Rio de Janeiro, Renovar, 2009.

_____. Processo Administrativo Fiscal: Caminhos para o seu Desenvolvimento. *Revista Dialética de Direito Tributário*, São Paulo, n. 46, p. 79, 1999.

TREMONTI, Giulio. Contributo allo studio dell´atto di accertamento integrativo o modificativo, *Rivista di Diritto Finanziario e Scienza delle Finanze*, 1971.

TROIANELLI, Gabriel Lacerda. Interpretação da Lei Tributária: Lei Interpretativa, Observância de Normas Complementares e Mudança de Critério Jurídico. In: *Revista Dialética de Direito Tributário*. n. 176, São Paulo: Dialética, 2010.

VASCONCELOS. José Matos de. *Direito Administrativo*, volume I, Rio de Janeiro, 1936.

VIEIRA, Maria Leonor Leite. *A Suspensão da exigibilidade do crédito tributário*. São Paulo: Dialética, 1997.

VILANOVA, Lourival. Lógica, ciência do direito e direito. In: CARVALHO, Paulo de Barros (Coord.) et BRITTO, Lucas Galvão de (Org.). *Lógica e direito*. São Paulo: Noeses, 2016.

_____. *Causalidade e relação no direito*. 5ª Ed. São Paulo: Noeses, 2015.

_____. *As estruturas lógicas e o sistema de direito positivo*. 4ª Ed. São Paulo: Noeses, 2010.

_____. Sobre o conceito do direito. In: *Escritos jurídicos e filosóficos*. Axis Mundi, 2003.

_____. A teoria do direito em Pontes de Miranda. *Escritos Jurídicos e Filosóficos*. São Paulo: Axis Mvndi, v. 1, 2003.

VOLLI, Ugo. *Lezioni di filosofia della comunicazione*. Roma: Laterza, 2008.

WITTGENSTEIN, Ludwig. *Investigações filosóficas*. Trad. José Carlos Bruni. São Paulo: Nova Cultural, 1999.

XAVIER, Alberto. *Do lançamento tributário:* teoria geral do ato, do procedimento e do processo tributário. Rio de Janeiro: Forense, 1998.

XAVIER, Alberto. O conceito de autolançamento e a recente jurisprudência do superior tribunal de justiça. In: SCHOUERI, Luís Eduardo (coord.). *Direito tributário* – homenagem a Paulo de Barros Carvalho. São Paulo: Quartier Latin, 2008.

VAZ, Carlos. O lançamento tributário e decadência. In: Machado, Hugo de Brito (coord.). *Lançamento tributário e a decadência*. Fortaleza e São Paulo: Dialética e ICET. 2002.

ZUBALLI, Umberto, Il controllo della discrezionalitá. In: *ill Potere discrezionale e controllo giudiziario, a cura di Vera Parisio*, Giuffre Editore, Milano. 1998.